Z

BIBLIOTHÈQUE
LATINE-FRANÇAISE

PUBLIÉE

.SOUS LES AUSPICES

DE S. A. R.

MONSIEUR LE DAUPHIN

—

C. L. F. PANCKOUCKE, ÉDITEUR,

IMPRIMERIE DE C. L. F. PANCKOUCKE,
RUE DES POITEVINS, N° 14.

BIBLIOTHÈQUE

LATINE-FRANÇAISE

COLLECTION

DES CLASSIQUES LATINS

AVEC LA TRADUCTION EN REGARD.

DIXIÈME LIVRAISON.

PARIS

C. L. F. PANCKOUCKE

MEMBRE DE L'ORDRE ROYAL DE LA LÉGION D'HONNEUR

ÉDITEUR, RUE DES POITEVINS, N°. 14.

M DCCC XXVIII.

MÉMOIRES

DE

JULES CÉSAR

TRADUCTION NOUVELLE

PAR M. ARTAUD

PROFESSEUR AU COLLÈGE ROYAL DE LOUIS-LE-GRAND.

TOME PREMIER.

PARIS

C. L. F. PANCKOUCKE

MEMBRE DE L'ORDRE ROYAL DE LA LÉGION D'HONNEUR

ÉDITEUR, RUE DES POITEVINS, Nº. 14.

M DCCC XXVIII.

NOTICE

SUR

JULES CÉSAR.

Caius-Julius César, l'un de ces hommes extraordinaires que la Providence semble avoir fait naître pour changer la face du monde, parut à Rome à l'époque de ces luttes ardentes, où d'ambitieux citoyens, les uns *ne voulant point d'égal*, les autres *ne voulant point de maître*, préludaient par la chute d'un rival à la ruine de la patrie. Très-jeune, il avait été témoin des proscriptions de Marius et de Sylla, dont il blâma la cruauté. Il lui semblait que ces deux Romains eussent pu gouverner Rome sans l'opprimer. Il se promit, s'il tentait jamais cette entreprise, d'en préparer le succès par des actions d'éclat et par d'éminens services. Chaque jour la force des choses amenait ce moment fatal, où Rome se verrait contrainte d'accepter un maître; mais César eût été humilié de devoir quelque chose à cette lente puissance du temps qui décide du sort des empires en minant les résistances : la seule autorité qu'il fût flatté de reconnaître, c'était son génie. Il voulait être tout par

lui-même, et non par les autres. Aussi, voit-on plus
tard que, s'il demanda quelque place, ce ne fut que par
une sorte de déférence pour les usages établis, ayant
toujours pris ses mesures pour s'en emparer, en cas de
refus..... Mais étudions ce grand homme dans les principaux actes de sa vie.

Orphelin à l'âge de seize ans, sans soutien dans Rome,
il se vit exposé aux caprices toujours imminens d'une
inimitié d'instinct, qu'avait conçue contre lui le puissant Sylla. Le dictateur le dédaigna cependant, désarmé
par sa jeunesse. Plus tard, il sembla se repentir d'avoir
épargné en lui un allié de Marius. Il le poursuivit, l'exclut des places et du partage des legs; il lui fit, enfin,
l'honneur de le redouter. « Je vois dans ce jeune homme,
disait-il, plus d'un Marius. » César s'aperçut qu'il avait
troublé cette âme profonde, et que peut-être sa mort
était résolue. Il crut sagement que le meilleur moyen
pour la détourner, c'était de se faire oublier. Il se retira donc en Bithynie, à la cour du roi Nicomède, où
il acquit une fâcheuse célébrité.

Enfin, Sylla mourut. Au premier bruit de ce trépas,
César s'échappe de sa retraite; il accourt à Rome, résolu de faire tourner à son profit les troubles qui agi-
taient la capitale du monde. Surpris dans la traversée
par des pirates, près de l'île Pharmacuse, il passa cinq
semaines dans la société de ces hommes sauvages et
sanguinaires qui, en l'arrêtant, venaient de lui demander vingt talens pour sa rançon. « Je vous en promets
cinquante; mais songez au respect que vous devez à un
prisonnier de mon rang. » Son seul regard leur impose.

Ils se soumettent à ses ordres, subissent ses hauteurs et ses mépris, se taisent dès qu'il leur commande le silence. *Il semblait moins*, dit Plutarque, *qu'il fût leur captif que leur maître*. Ces hommes grossiers craignaient de troubler son sommeil; ils écoutaient la lecture de ses écrits; et lui, quand ils n'applaudissaient pas aux bons endroits, il les traitait d'hommes stupides. « *Je vous ferai pendre*, » leur disait-il. Se croyant plus puissans que lui, ils riaient de ses menaces. Sorti de leurs mains, et devenu possesseur de quelques vaisseaux, il les poursuivit, les atteignit, et leur tint parole.

Le voici dans Rome, d'où il est bientôt forcé de s'exiler précipitamment pour prévenir les suites d'une accusation scandaleuse, par lui intentée contre un père de la patrie. Il part pour Rhodes, où il séjourne quelque temps; il s'y livre à l'étude de la rhétorique, sous Apollonius, fils de Molon, dont Cicéron avait suivi l'école; enfin, il reparaît à Rome. Remis en grâce auprès du sénat et du peuple, il se fait nommer tribun des soldats, puis questeur. C'est alors qu'il fit ses premières preuves dans la carrière de l'éloquence. Il prononça l'oraison funèbre de sa tante Julie, femme de Marius, et de Cornélie, fille de Cinna, sa seconde femme, qu'il perdait à la fleur de son âge. Dans son premier discours, cédant à un mouvement de vaine gloire, il se plaît à faire connaître ses ancêtres qu'il fait descendre du roi Ancus-Marcius et de Vénus, mère d'Énée. « Ainsi, disait-il, on trouve dans ma famille la sainteté des rois qui sont les maîtres du monde, et la majesté des dieux qui sont les maîtres des rois. »

Toutefois, de nouveaux projets d'ambition firent place aux regrets, peut-être sincères, qu'il éprouva de la perte de Cornélie. Pompée était devenu l'idole du sénat : César comprit tout l'avantage d'une alliance avec ce grand homme. D'accord avec Cicéron, il fit donner à Pompée le commandement général des armées. Pompée, pour n'être point en reste, accorda sa fille Pompeïa à César qui espérait beaucoup de ce mariage.

C'est vers ce temps qu'il prit l'administration de l'Espagne ultérieure. Une particularité caractéristique se rattache à cette gestion. Des Romains le surprirent un jour dans un temple d'Hercule, contemplant, avec un sentiment d'extase et les yeux mouillés de larmes, une belle statue d'Alexandre-le-Grand. « Se peut-il que je n'aie rien fait encore de mémorable, s'écriait-il, dans un âge où le héros de la Macédoine avait déjà soumis une partie du monde ! »

Nous le voyons, un peu plus tard, arriver au consulat. Dans cette place, il jeta les fondemens de sa future grandeur. Voulant se rendre agréable au peuple, il se livra à des dépenses qui n'avaient aucune borne. D'où venaient ces trésors inépuisables ? où étaient ses ressources ? Ses richesses semblaient s'accroître en proportion de ses dépenses. Dans son édilité avec Bibulus, où il eut l'adresse de s'approprier ce qui avait été fait de bien en commun par les deux collègues, il embellit de monumens Rome et les provinces, fit creuser un vaste cirque pour un spectacle de gladiateurs, et le peupla si abondamment, que l'on prit l'alarme à Rome de ce nombre prodigieux d'athlètes qu'il y avait introduits. On disait

qu'il en aurait pu faire une armée. Le peuple applau-
dissait à ces prodigalités : les grands, au contraire, les
vieux partisans de Sylla, frémirent et cabalèrent contre
lui. « Ce n'était plus sourdement et timidement, disaient-
ils, que César minait la république; il l'attaquait le front
levé, avec audace. » Pour lui, il ne cachait plus son mépris pour eux. Il les bravait, il les humiliait, en remettant en honneur les trophées de Marius qu'ils avaient
proscrits, et faisant arborer, dans le Capitole, les dépouilles des Cimbres et des Teutons. Il réussit, malgré
leurs brigues, à se faire nommer grand pontife, en remplacement de Metellus. Sans prendre parti ouvertement
pour Catilina et ses complices, il contraria encore le
sénat en opinant pour des mesures de clémence. L'exal-
tation des esprits, poussés par Caton, fut telle, dans
cette cause, que des épées furent tirées contre César.
Il contempla ce mouvement sans pâlir; et, protégé par
quelques hommes sages [1], il sortit du sénat en congé-
diant ses licteurs, en se dépouillant des insignes de ses
dignités, et il se retira tranquillement dans une de ses
maisons.

Il est rare qu'une attaque intempestive de notre part
ne prépare pas le triomphe de notre ennemi. La passion, même bien intentionnée, ressemble à l'injustice.
Le peuple ne vit plus en César qu'un grand citoyen op-
primé par des consulaires : il vint lui offrir son secours.
L'adroit César se donna le mérite de la modération, en

---

[1] Et par Cicéron, dont la prudence craignait de pousser à bout
cet esprit audacieux et entreprenant.

le refusant. Le sénat y fut pris; soit par crainte, soit par un retour vers l'équité, il adressa une députation à César, pour le presser de reprendre son rang parmi les pères de la patrie. César, avec les dehors d'une bienveillance toute patriotique, céda à leurs prières. Bientôt accusé tardivement d'avoir favorisé les desseins parricides de Catilina, qui avait cessé de vivre, il se défend encore contre Vettius et le questeur Novius qui l'ont étourdiment dénoncé, sans preuve; et cette attaque nouvelle lui prépare un nouveau triomphe. D'autres ovations se succèdent, elles sont le prix, du moins, des plus grandes actions militaires; et l'illustration dont brille déjà le pacificateur de l'Espagne, et dont va briller le vainqueur des Gaules, n'est, pour ainsi dire, qu'un reflet de l'illustration de la patrie.

César, Pompée et Crassus avaient formé entre eux ce premier triumvirat si funeste à la république. L'audace, sûre de l'impunité, envahissait la capitale et les provinces; mais, dans ces trois parts du pouvoir, la plus forte était celle de César. Il dédommageait Crassus et Pompée de leurs sacrifices, l'un par des trésors, l'autre par des déférences. Appuyé par Pompée, son gendre, et par Pison, son beau-père, il demanda et obtint le gouvernement des Gaules[1]. Neuf années lui suffirent pour dompter ces peuples que l'on croyait indomptables; en

---

[1] Pour assurer le succès de sa demande, il avait fait désigner Pison consul, pour l'année. Cicéron et Caton s'étaient déclarés, mais vainement, contre lui, l'un par des attaques brusques et directes, l'autre par de malignes insinuations et des sarcasmes. César l'emporta.

neuf années, il avait emporté d'assaut plus de huit cents villes, subjugué trois cents peuples, affronté sur les champs de bataille l'effort de trois millions d'hommes armés, et fait douze cent mille prisonniers de guerre.

Durant ce laps de temps, les liens qui l'avaient uni à Pompée et à Crassus s'étaient relâchés : les nœuds de l'ambition se rompent dès que l'intérêt qui les formait a cessé. Pompée, pour se déclarer contre César, n'attendait qu'une occasion ou qu'un prétexte. Une place de consul devenue vacante offrit l'occasion ; le respect des lois et l'intérêt de l'état fournirent le prétexte. César, encore retenu dans les Gaules, écrivit au sénat, pour lui demander une place de consul, en remplacement du consul décédé ; il priait qu'on la lui conservât pour l'époque où expirerait son commandement ; et ne négligeant pas plus cette fois que les autres les moyens de succès, il ordonne à ses amis de reprendre le cours de ses libéralités. Fidèles à remplir ses vues, ceux-ci les portent jusqu'à la profusion. Il s'attache ses innombrables débiteurs, en leur remettant leurs dettes ; par de magnifiques présens, il gagne les rois et les provinces. Cependant on s'alarme à Rome. Le consul Marcellus, interprète du mécontentement des patriciens, parle au nom du salut de la patrie ; et, en vertu du *plébiscite* qui exclut du consulat les citoyens absens de Rome, il demande que les prétentions de César soient rejetées ; il veut même qu'il abandonne son armée, qu'il rentre à Rome sans condition...... Ces mesures hostiles décident César. Il obtempère à ce rappel. Rome va le revoir, mais non pas soumis et désarmé. Il gravit les Alpes, suivi de

trois cents chevaux et de cinq mille hommes à pied ; il
passe le Rubicon : il avait paru hésiter sur ses bords.
Honteux de ce mouvement de faiblesse, il s'élance sur
une barque; *le sort en est jeté*, s'écrie-t-il, et déjà il a
touché l'autre rive, et déjà il est aux portes de Rome.
Il y entre en citoyen, sans son armée qu'il avait confiée
à ses lieutenans. «Je viens, sénateurs, dit-il, vous rendre compte de ma conduite. Après dix ans d'absence,
qu'il est doux de se retrouver avec des amis!» Le peuple
l'avait reçu avec acclamations; le sénat se joignit au
peuple.

Bientôt, pourtant, le parti des vrais Romains s'unit
à Pompée, mais pour fléchir, après de vaines résistances,
sous la fortune de César, dans les plaines de Pharsale.
Le vainqueur n'abusa pas de la victoire; il dédaigna la
vengeance, s'éleva jusqu'à l'héroïsme, en brûlant, sans
les avoir lues, les lettres trouvées dans le camp de son
rival; il pleura même sa mort. Vainqueur, plus tard,
des lieutenans de Pompée, il régla les affaires de l'Égypte,
battit en courant le fils du grand Mithridate; et, après
avoir reçu cinq fois les honneurs du triomphe, il ne
songea plus qu'à préparer pour la république d'utiles
réformes, qu'à fonder des institutions durables, qu'à en-
richir la capitale du monde de magnifiques monumens;
il voulut y réveiller le souvenir des anciens jeux de la
Grèce, de ses spectacles si variés et si pompeux. Il renouvela, avec plus de magnificence que jamais, les combats de gladiateurs, déploya tout l'appareil des fêtes dans
des représentations théâtrales, offertes en toutes les langues, comme s'il eût voulu faire participer à ces plaisirs

tous les peuples de la terre, se concilier leur amour, mériter leur reconnaissance.

La nature avait comblé César de ses dons les plus précieux. Les ressources de son esprit tenaient du prodige, ayant en soi assez de talens divers pour faire réussir toutes les ambitions, si son cœur avide de gloire les eût conçues toutes à la fois. Quintilien dit de lui, qu'il parlait comme il combattait, avec la même supériorité. Il paraît qu'il s'était exercé dans tous les genres de littérature. Or, pour lui, s'y exercer, c'était y réussir. Dans sa jeunesse, il avait fait une tragédie d'*OEdipe*, qui eut le suffrage général, mais qu'Auguste, on ne sait pourquoi, empêcha de publier. A cette époque, l'éloquence était parvenue à l'apogée de sa gloire. César, dans cette carrière, avait, comme Démosthènes, trouvé des rivaux dans ses contemporains, dans Cicéron, dans Hortensius, etc.; mais Cicéron, dit Quintilien, était le seul orateur qu'on pût légitimement opposer à César. Cicéron, de son côté, reconnaissait que, de tous les orateurs, César était le seul qui parlât le latin avec une exquise élégance. « Au milieu de ses grandes occupations, il a trouvé, disait-il, le temps de composer un ouvrage excellent sur l'art d'écrire. Il remarque qu'ayant *un goût sûr*, César évite les expressions vicieuses introduites dans le style par beaucoup d'écrivains; qu'il n'emploie que celles que prescrivent l'urbanité et le génie de sa langue; qu'il pare son style des ornemens de l'éloquence, et que son discours ressemble à un tableau d'un dessin pur et correct, exposé dans un beau jour. » — « Puisque tout le monde, ajoute-t-il, est d'accord sur ce mérite de Cé-

sar, je ne vois pas qui l'on pourrait placer au dessus de
lui. Sa voix, son geste, sa physionomie, tout annonce
l'élévation de son caractère; et son mépris pour les fi-
nesses recherchées et pour les subtiles combinaisons du
langage prouve son bon goût. »

On caractérisait l'éloquence de César par ce mot :
Vim Cæsaris. Ses harangues, en effet, étaient regardées
comme des modèles remplis d'énergie, de chaleur, de mouvemens oratoires. Ses harangues et tous ses plaidoyers
ont été perdus. Tacite qualifiait ainsi César : *Summus
auctorum divus Julius*. S'il partageait, comme orateur,
avec Cicéron, l'admiration des Romains, il partagea de
même, avec Tite-Live et Salluste, la palme du genre his-
torique. Il excella, de plus, dans l'épigramme. *L'Anti-
Caton* prouve qu'il réussissait dans la satire; et par ses
livres sur l'*analogie*, il mérita d'être placé au rang des
plus habiles grammairiens. Rien ne parut être étranger
à son investigation curieuse et conquérante, dans la carrière du savant et de l'homme de lettres. Il fit des *éphé-
mérides*, des traités sur l'*astronomie*, sur les *aruspices*,
des livres de *sentences* et de *dits mémorables*. Ses *Éphé-
mérides* étaient une œuvre posthume. Versé dans la
science du droit, il avait projeté de faire un code mieux
ordonné et plus complet du droit romain, et il en avait
tracé le plan analytique. Il fonda des bibliothèques publiques, dont il confia la régie au savant Varron. Pline
nous apprend que César lisait, écrivait, dictait, écou-
tait, répondait, le tout en même temps. Souvent il occupait à la fois quatre secrétaires. De tant de composi-
tions, nous n'avons plus que ses *Commentaires* sur les

guerres des Gaules et sur la guerre civile, les premières en sept livres, la seconde en trois[1]. Ces ouvrages sont un des plus précieux restes de l'Antiquité. Comme on l'a remarqué, il est bien difficile de parler de soi décemment et dignement; de ne pas faire sa part plus forte que celle des autres, en parlant des autres et de soi. César semble pourtant s'être placé, dans ces mémoires, au dessus des faiblesses humaines. S'il n'est pas toujours véridique, ce n'est pas pour falsifier les faits à son avantage; c'est parce qu'il n'a pas pris assez de précautions pour s'en assurer; c'est parce qu'il a cru, peut-être avec trop de confiance, les rapports de ses lieutenans. On a reconnu ou cru reconnaître *des lacunes* dans ses mémoires. Qui est-ce qui peut se flatter d'avoir tout dit? Ses Commentaires sont l'œuvre d'un esprit plein de sagacité et de sagesse. Là, il est tout ensemble clair et précis. Il force, par la vivacité de sa narration, le lecteur à le suivre dans ses expéditions militaires, en Égypte, en Italie, en Grèce, en Espagne, dans les Gaules, dans l'Asie, dans l'Afrique. Cicéron s'exprime ainsi sur cet ouvrage : « Les Commentaires de César sont simples, clairs, élégans. L'auteur a dépouillé son style d'ornemens, comme on rejette un vêtement inutile. Il n'a eu que la prétention de laisser des matériaux à ceux qui voudront écrire l'his-

---

[1] On doit le huitième livre de la Guerre des Gaules à Hirtius Pansa, qu'on croit avoir été l'un des secrétaires de César, son lieutenant dans cette guerre, et qui périt, un an après lui, à la bataille de Modène. Hirtius a fait aussi un livre de la guerre d'Afrique, de celle d'Alexandrie et de celle d'Espagne.

LAYA.
**

toire. C'est un piège qu'il a tendu aux insensés qui cher-
cheront à le parer de colifichets d'emprunt : mais, bien
sûrement, il a ôté aux hommes de bons sens le courage
d'écrire après lui [1]. »

César avait la taille élevée, le visage arrondi, le teint
presque pâle, l'œil noir et vif, le regard scrutateur et
pénétrant. Son tempérament robuste s'était fait à braver
toutes les variations de l'air : seulement, vers ses der-
nières années, il eut des intermittences de faiblesse et
quelques atteintes d'épilepsie. Sa mise était soignée jusqu'à la coquetterie ; sa robe, garnie de franges flottantes,
se nouait par une ceinture élégante qui retombait avec
une apparente négligence, pleine de recherche. Il n'af-
fectait peut-être ce désordre que pour donner le change
aux méfiances de Sylla, qui ne fut pas dupe de la ruse.
« Je n'aime pas ce jeune homme *à ceinture lâche*, » avait
dit le dictateur.

Les plus grands hommes ont leurs petitesses. Comme
il était chauve, il s'étudiait à ramener sur son front nu
ses cheveux de derrière ; et, plus tard, la coiffure de lau-
riers que portaient les dictateurs l'affranchit de ce soin
minutieux. Ami du luxe et de la magnificence, il recher-
chait, avec l'inquiète curiosité d'un parvenu, les bijoux,
les tableaux précieux, les statues rares, et celles qui

---

[1] Les commentaires appartiennent à l'*éloquence tempérée*. Cependant, un critique allemand, en 1720 (dit Blair), a choisi cet
ouvrage comme un parfait modèle de *sublime*, et a composé un
volume in-4° tout exprès pour démontrer que les commentaires
contiennent l'application la plus exacte et la plus complète de
toutes les règles du *sublime*, telles que Longin les a tracées.

étaient travaillées par les mains les plus habiles. Il aimait les distinctions, les adulations, les témoignages de déférence; et le sénat, faible et servile, ou peut-être cherchant à le rendre ridicule, pour mieux assurer sa perte, l'entretint dans ce goût, en l'accablant de ses respects. Il s'accoutuma si bien aux obséquieuses prévenances de ce corps, qu'il finit par recevoir ses hommages, assis et avec indifférence.

César fut dissolu dans ses mœurs. L'histoire a immortalisé le scandale de ses liaisons avec le roi de Bithynie. On l'accusait un jour, devant Cicéron, d'ambitionner le trône : « Ne vous étonnez pas, dit ce grand orateur, qu'après avoir aimé un roi, il aime la royauté. » On n'aurait pas pu compter les femmes qu'il avait séduites. Dans ce nombre entraient des épouses et des filles de consulaires. Quoique ses libéralités pour elles fussent excessives [1], il restait maître de lui-même au milieu de ces séductions. La reine d'Égypte, alors dans toute la fraîcheur et l'éclat de sa beauté, ne put l'enchaîner à ses attraits. Du moins, il eut une vertu qui manqua au conquérant de l'Asie, la sobriété. S'il fut incontinent, il ne fut pas intempérant, comme Alexandre. Caton disait que de tous ceux qui avaient conspiré la ruine de la république, César *était le seul qui ne se fût point enivré.*

Toutes les qualités qui font l'homme aimable, il les posséda. Son esprit profond et flexible sut mener toutes les intrigues, grandes et petites. *Il n'avait pas moins*

---

[1] Épris d'amour pour Servilia, mère de Brutus, il lui fit présent d'une perle qui coûtait six millions de sesterces.

d'esprit que de cœur, dit Bayle, et l'on a faussement avancé qu'il eut autant de bonheur que de bonne conduite. Les grands hommes se font leur fortune eux-mêmes. Les circonstances ont pu le favoriser; mais, lui eussent-elles manqué, il les eût fait naître. Il sut vaincre, à l'exemple de la foule des conquérans; mais il fut du très-petit nombre de ceux qui surent garder leurs conquêtes. La vigilance, une activité extraordinaire, le besoin d'agir tant que quelque chose reste à faire, sont en lui des qualités propres et toutes caractéristiques. Après la journée de Pharsale, il eût perdu peut-être tous les fruits de son triomphe, sans ce besoin de son âme de ne laisser rien d'inachevé. Vous le voyez qui s'empresse de recueillir les débris de son armée, afin de ne donner ni paix ni trève à son rival.

Il bravait les présages, que tout le monde redoutait ou respectait autour de lui. Marchant contre Scipion et Juba, il veut s'élancer du vaisseau sur la rive, et il tombe... « *Je te tiens, Afrique!* » s'écrie-t-il, avec une présence d'esprit admirable, tournant en sa faveur l'augure dont l'équipage s'alarmait.

On admire à la guerre la vivacité de ses conceptions. Souvent, il livrait le combat comme à l'improviste; mais, avec tant de sûreté dans l'exécution et de sécurité dans les traits de son visage, qu'on eût dû croire que son action était le fruit d'un plan médité. Plus d'une fois, frappé de l'imminence des dangers, il fit partir tous les chevaux de l'armée, afin de fermer la fuite à ses troupes, et de ne leur laisser d'autre moyen de salut que la victoire.

Adoré de ses soldats, il trouvait en eux les auxiliaires de ses entreprises. Eux ne voyaient que leur général. Il leur semblait que sa gloire fût devenue la leur. Ils s'associaient de corps et d'âme à ses périls, pleurant de désespoir, s'il leur refusait de les partager, craignant son mépris plus que la mort, et pleins de reconnaissance de ce qu'il voulait bien leur permettre de mourir sous ses drapeaux et sous ses yeux [1]. Aussi, avait-on raison de dire que les soldats de la république n'étaient plus que les soldats de César. Et pourtant, il les contenait par une discipline impitoyable ; mais il les dédommageait de ses rigueurs, en les intéressant dans ses pillages, que ceux-ci ne s'épargnaient pas. C'était là, disait César, *le fond des guerres civiles.*

Il s'en faut, pourtant, que son amour pour eux fût désintéressé. Il les ménageait, mais comme les moyens et les instrumens de ses victoires. Il y eut toujours quelque chose de personnel, même dans ses actes de vertu. Sa clémence, tant célébrée, était utile à ses vues. Un ennemi relevé lui conciliait les cœurs de vingt ennemis sous les armes. Il versa ses bienfaits sur le peuple : c'était le plus infaillible moyen de se l'attacher par la reconnaissance, de l'amener à désirer un maître qui récompensait si bien les témoignages de zèle, d'amour et de dévouement. Cette marche était plus adroite et plus sûre

---

[1] A Durazzo, ils n'eurent pour toute nourriture que du pain d'herbe..... Pompée en frémit. « J'ai, dit-il, à combattre des bêtes féroces. » Pompée triompha pourtant. Les soldats de César, accablés de honte et de désespoir, vinrent le conjurer à genoux *de les faire décimer.* César, au lieu de les punir, les consola.

que celle de Sylla ; mais ses actes de clémence furent plus
funestes à la république, que les actes de tyrannie du
dictateur.

C'est surtout après la guerre civile qu'il fit adorer sa
bonté. Alors, il était maître; tout lui avait réussi. « *Aux
cœurs heureux les vertus sont faciles.* » Ses apologistes
les plus dévoués ne peuvent nier pourtant qu'il ne portât
jusqu'à l'abus l'exercice du pouvoir, et qu'il ne travaillât
sans cesse à l'agrandir. Telle est la maladie de l'ambitieux,
qu'on a si justement comparée à la soif de l'hydropique.
Le consulat, la censure, la dictature, les titres d'empe-
reur et de père de la patrie, une statue parmi celles des
rois, une chaise au théâtre, une chaire d'or au tribunat
et dans le sénat, une statue dans le cirque, des temples,
des autels, des prêtres, etc., rien n'assouvit sa soif ar-
dente : il lui fallait le titre de roi. « La république n'est
plus depuis Sylla, disait-il. Sylla ne comprit point sa position.... je comprends la mienne. Les Romains doivent
révérer mes paroles à l'égal de mes lois. » — « Que
parles-tu de présages, disait-il un jour à un augure:
c'est moi qui fais les présages; c'est par moi qu'ils sont
favorables ou contraires.... Tu n'as pas trouvé le cœur
de la victime? Est-ce donc un prodige qu'une bête n'ait
pas de cœur? »

Quelques tentatives furent faites pour le couronner.
Le peuple ne s'y prêta point de bonne grâce. Les esprits
des consulaires étaient irrités; la conjuration se forma.
Elle réussit *aux ides de mars.*

Quelques années avant sa mort, il s'était flatté de ramener le sénat : mais il l'avait trop humilié. On pardonne

tout, hors le mépris. Il s'était persuadé que les Romains avaient besoin de lui, prévoyant trop que Rome deviendrait la proie de quelque ambitieux qui n'aurait pas sa générosité. Il ne se trompa point dans cette dernière conjecture. Vingt-trois coups de poignard délivrèrent Rome de la tyrannie de César, pour lui faire subir la plus humiliante, comme la plus cruelle des tyrannies, sous des empereurs qui ne méritaient pas le nom d'hommes.

Il préparait les plus vastes entreprises, quand la mort vint rompre ses grands projets d'administration publique. On sait qu'il périt sous les poignards de ceux qu'il avait épargnés sur le champ de bataille, et qui, depuis, couverts de ses dons et de ses faveurs, se disaient partout ses amis.

Au moment de sa mort, il exerçait dans Rome et dans les provinces, sous le nom de dictateur, l'autorité d'un roi puissant. Il régnait par le fait; voulant régner par le droit, il se perdit. Jusqu'à cette époque, son génie avait triomphé de tous les obstacles : il n'y eut que le dernier d'insurmontable.

LAYA, DE L'ACADÉMIE FRANÇAISE.

MÉMOIRES

DE JULES CÉSAR

SUR

LA GUERRE DES GAULES.

C. JULII CÆSARIS

COMMENTARIORUM

DE BELLO GALLICO

LIBER I.

———

I. GALLIA est omnis divisa in partes tres, quarum unam
incolunt Belgæ, aliam Aquitani, tertiam, qui ipsorum
lingua Celtæ, nostra Galli appellantur. Hi omnes lingua, institutis, legibus inter se differunt. Gallos ab Aqui-
tanis Garumna flumen, a Belgis Matrona et Sequana dividit. Horum omnium fortissimi sunt Belgæ, propterea
quod a cultu atque humanitate Provinciæ longissime absunt, minimeque ad eos mercatores sæpe commeant, atque ea, quæ ad effeminandos animos pertinent, important : proximique sunt Germanis, qui trans Rhenum incolunt, quibuscum continenter bellum gerunt. Qua de
causa Helvetii quoque reliquos Gallos virtute præcedunt,
quod fere quotidianis prœliis cum Germanis contendunt,
quum aut suis finibus eos prohibent, aut ipsi in eorum
finibus bellum gerunt. Eorum una pars, quam Gallos ob-

MÉMOIRES

DE JULES CÉSAR

SUR

LA GUERRE DES GAULES.

LIVRE I.

I. Toute la Gaule[1] est divisée en trois parties, dont l'une est habitée par les Belges, l'autre par les Aquitains, la troisième par ceux que nous appelons Gaulois, et qui dans leur langue se nomment Celtes. Ces nations diffèrent entre elles par le langage, les mœurs et les lois. Les Gaulois sont séparés des Aquitains par la Garonne, des Belges par la Marne et la Seine. Les Belges sont les plus braves de tous ces peuples; étrangers aux mœurs élégantes et à la civilisation de la Province romaine, ils ne reçoivent point, du commerce extérieur, ces produits du luxe qui contribuent à énerver le courage : d'ailleurs, voisins des peuples de la Germanie qui habitent au delà du Rhin, ils sont continuellement en guerre avec eux. Par la même raison, les Helvétiens[2] surpassent en valeur le reste des Gaulois : ils luttent chaque jour avec

tinere dictum est, initium capit a flumine Rhodano; continetur Garumna flumine, Oceano, finibus Belgarum; attingit etiam ab Sequanis et Helvetiis flumen Rhenum; vergit ad septemtriones. Belgæ ab extremis Galliæ finibus oriuntur; pertinent ad inferiorem partem fluminis Rheni; spectant in septemtriones, et orientem solem. Aquitania a Garumna flumine ad Pyrenæos montes et eam partem Oceani, quæ est ad Hispaniam, pertinet; spectat inter occasum solis et septemtriones.

II. Apud Helvetios longe nobilissimus et ditissimus fuit Orgetorix. Is, M. Messala et M. Pisone coss., regni cupiditate inductus, conjurationem nobilitatis fecit, et civitati persuasit, ut de finibus suis cum omnibus copiis exirent : perfacile esse, quum virtute omnibus præstarent, totius Galliæ imperio potiri. Id hoc facilius eis persuasit, quod undique loci natura Helvetii continentur : una ex parte, flumine Rheno latissimo atque altissimo, qui agrum Helvetium a Germanis dividit; altera ex parte, monte Jura altissimo, qui est inter Sequanos et Helvetios ; tertia, lacu Lemanno et flumine Rhodano, qui Provinciam nostram ab Helvetiis dividit. His rebus fiebat, ut et minus late vagarentur, et minus facile finitimis bellum inferre possent : qua de causa homines bellandi cupidi magno dolore afficiebantur. Pro multitudine autem hominum, et pro gloria belli atque fortitudinis, angustos se fines habere arbitrabantur, qui in longitudinem millia passuum CCXL, in latitudinem CLXXX patebant.

les Germains pour les repousser, ou pour pénétrer eux-
mêmes sur leur territoire. La partie habitée par les Gaulois commence au Rhône, et a pour limites la Garonne,
l'Océan et le pays des Belges; elle va aussi jusqu'au Rhin
du côté des Helvétiens et des Séquanais[3]; elle est située
au nord. Le pays des Belges commence à l'extrême frontière de la Gaule[4], et est borné par la partie inférieure
du cours du Rhin; sa position est au nord-est. L'Aqui-
taine est bornée par la Garonne, les Pyrénées et l'Océan,
qui baigne aussi les côtes d'Espagne; elle est située au
nord-ouest[5].

II. Orgétorix était le plus distingué des Helvétiens
par sa naissance et par ses richesses. Poussé par l'ambition, il conjura avec la noblesse, sous le consulat de
M. Messala et de M. Pison[6], et engagea les habitans à
sortir du pays avec toutes leurs forces. Il disait que la
supériorité du courage leur assurerait aisément l'empire
de toute la Gaule. Il n'eut point de peine à les persuader :
de toutes parts resserrés par la nature des lieux, d'un
côté par le Rhin, fleuve large et profond qui les sépare
de la Germanie, d'un autre par le Jura, haute montagne
qui s'élève entre la Séquanie et l'Helvétie, d'un troisième
côté par le lac Leman et le Rhône qui les sépare de la
Province romaine, les Helvétiens ne pouvaient s'étendre
au loin ni porter facilement la guerre chez leurs voisins.
Cette situation affligeait vivement un peuple belliqueux.
Leur population nombreuse, la gloire de leurs armes,
le sentiment de leur courage, rendaient trop étroit pour
eux un pays qui avait deux cent quarante milles de long,
sur cent quatre-vingts de largeur.

III. His rebus adducti, et auctoritate Orgetorigis permoti, constituerunt, ea, quæ ad proficiscendum pertine-
rent, comparare; jumentorum et carrorum quam maximum numerum coemere; sementes quam maximas facere,
ut in itinere copia frumenti suppeteret; cum proximis
civitatibus pacem et amicitiam confirmare. Ad eas res
conficiendas biennium sibi satis esse duxerunt : in tertium annum profectionem lege confirmant. Ad eas res
conficiendas Orgetorix deligitur. Is ubi legationem ad civitates suscepit, in eo itinere persuadet Castico, Cata-
mantaledis filio, Sequano, cujus pater regnum in Sequanis multos annos obtinuerat, et a S. P. R. amicus
appellatus erat, ut regnum in civitate sua occuparet,
quod pater ante habuerat : itemque Dumnorigi, Æduo,
fratri Divitiaci, qui eo tempore principatum in civitate sua obtinebat, ac maxime plebi acceptus erat, ut
idem conaretur, persuadet; eique filiam suam in matrimonium dat. Perfacile factu esse illis probat conata perficere, propterea quod ipse suæ civitatis imperium ob-
tenturus esset : non esse dubium, quin totius Galliæ plurimum Helvetii possent : se suis copiis suoque exercitu
illis regna conciliaturum, confirmat. Hac oratione adducti, inter se fidem et jusjurandum dant, et, regno
occupato, per tres potentissimos ac firmissimos populos
totius Galliæ sese potiri posse sperant.

IV. Ea res ut est Helvetiis per indicium enuntiata,
moribus suis Orgetorigem ex vinculis causam dicere co-
egerunt : damnatum pœnam sequi oportebat, ut igni cre-
maretur. Die constituta causæ dictionis, Orgetorix ad
judicium omnem suam familiam, ad hominum millia de-

III. Entraînés par ces motifs et par l'ascendant d'Orgétorix, ils disposent tout pour le départ. Ils rassemblent
une multitude de chariots et d'attelages; ils ensemencent
toutes les terres, afin de s'assurer des vivres dans leur
marche; ils renouvellent avec leurs voisins les traités de
paix et d'alliance. Ils pensèrent que deux ans suffiraient
à ces préparatifs, et le départ fut fixé pour la troisième
année. Orgétorix est choisi pour diriger l'entreprise.
Chargé de négocier auprès des cités voisines, il engage
le Séquanais Casticus, fils de Catamantalède, à reprendre l'autorité de son père, qui long-temps avait régné chez
les Séquanais et qui avait reçu le titre d'ami des Romains.
Il inspire le même dessein à Dumnorix, frère de Divitiacus, qui tenait alors le premier rang chez les Éduens [7], et
jouissait de toute la faveur populaire; il lui donne sa fille
en mariage. Il leur prouve la facilité du succès; devant
lui-même s'emparer du souverain pouvoir chez sa nation
qui, sans contredit, est la plus puissante de la Gaule, il
les aidera de ses forces et de son armée pour leur assurer
l'autorité suprême. Persuadés par ces promesses, ils s'engagent par serment, dans l'espoir qu'une fois maîtres
des trois peuples les plus puissans et les plus braves, ils
rangeront facilement la Gaule entière sous leurs lois.

IV. Ce projet fut dénoncé aux Helvétiens, et, suivant
l'usage du pays, Orgétorix fut mis dans les fers, pour
répondre à l'accusation. Le feu devait être le châtiment
de son crime. Mais au jour fixé pour le procès, Orgétorix fit paraître au tribunal tous ses amis et ses serviteurs,

cem, undique coegit, et omnes clientes obæratosque
suos, quorum magnum numerum habebat, eodem con-
duxit : per eos, ne causam diceret, se eripuit. Quum civitas, ob eam rem incitata, armis jus suum exsequi conaretur, multitudinemque hominum ex agris magistratus
cogerent, Orgetorix mortuus est : neque abest suspicio,
ut Helvetii arbitrantur, quin ipse sibi mortem consciverit.

V. Post ejus mortem nihilominus Helvetii id, quod constituerant, facere conantur, ut e finibus suis exeant. Ubi
jam se ad eam rem paratos esse arbitrati sunt, oppida
sua omnia numero ad duodecim, vicos ad quadringen-
tos, reliqua privata ædificia incendunt, frumentum omne,
præter quod secum portaturi erant, comburunt, ut, domum reditionis spe sublata, paratiores ad omnia peri-
cula subeunda essent : trium mensium molita cibaria
sibi quemque domo efferre jubent. Persuadent Raura-
cis, et Tulingis, et Latobrigis finitimis, uti, eodem usi
consilio, oppidis suis vicisque exustis, una cum iis proficiscantur : Boiosque, qui trans Rhenum incoluerant,
et in agrum Noricum transierant, Noreiamque oppugna-
rant, receptos ad se socios sibi adsciscunt.

VI. Erant omnino itinera duo, quibus itineribus domo
exire possent : unum per Sequanos, angustum et difficile,
inter montem Juram et flumen Rhodanum, vix qua singuli carri ducerentur; mons autem altissimus impende-
bat, ut facile perpauci prohibere possent : alterum per
Provinciam nostram, multo facilius atque expeditius,
propterea quod Helvetiorum inter fines et Allobrogum,
qui nuper pacati erant, Rhodanus fluit, isque nonnullis
locis vado transitur. Extremum oppidum Allobrogum

au nombre de dix mille : il y rassembla également tous
ses cliens et ses débiteurs qui étaient fort nombreux, et
parvint, avec leur secours, à se soustraire au jugement.
Les citoyens indignés voulaient maintenir leur droit par
les armes, et déjà les magistrats rassemblaient le peuple
des campagnes, lorsque tout à coup Orgétorix mourut.
On suppose qu'il s'est lui-même donné la mort.

V. Cet évènement n'empêcha point les Helvétiens de
persister dans leur projet d'invasion. Lorsqu'ils se crurent suffisamment préparés, ils livrèrent aux flammes
toutes leurs villes au nombre de douze, leurs bourgs, au
nombre de quatre cents, et toutes les habitations parti-
culières. Ils brûlèrent le blé qu'ils ne purent emporter,
afin que l'impossibilité du retour fût pour eux un nouveau motif de braver tous les périls : ils ordonnent à chacun de prendre des vivres pour trois mois. Ils persuadent aux Rauraques[8], aux Tulinges, aux Latobriges,
leurs voisins, d'imiter leur exemple, de brûler leurs villes
et leurs bourgs, et de les suivre; ils associent à leur
projet les Boïens[9] qui s'étaient établis au delà du Rhin,
dans le Norique, après avoir pris Noreia.

VI. Ils n'avaient que deux chemins pour sortir de leur
pays. L'un, par les terres des Séquanais, entre le Jura
et le Rhône; c'était un défilé étroit et difficile, où un
chariot pouvait à peine passer; il était dominé par une
haute montagne, et une faible troupe suffisait pour fermer le passage; l'autre, plus court et plus aisé, traverse
la Province romaine. Le Rhône qui sépare l'Helvétie du
pays des Allobroges[10] nouvellement soumis, est guéable
en plusieurs endroits; et la dernière ville des Allobroges,

est, proximumque Helvetiorum finibus, Geneva. Ex eo
oppido pons ad Helvetios pertinet. Allobrogibus sese vel
persuasuros, quod nondum bono animo in populum romanum viderentur, existimabant; vel vi coacturos, ut
per suos fines eos ire paterentur. Omnibus rebus ad profectionem comparatis, diem dicunt, qua die ad ripam
Rhodani omnes conveniant : is dies erat a. d. v. kal.
apr., L. Pisone et A. Gabinio coss.

VII. Cæsari quum id nuntiatum esset, eos per Provinciam nostram iter facere conari, maturat ab urbe proficisci; et, quam maximis potest itineribus, in Galliam ulteriorem contendit, et ad Genevam pervenit : Provinciæ
toti quam maximum potest militum numerum imperat
(erat omnino in Gallia ulteriore legio una); pontem,
qui erat ad Genevam, jubet rescindi. Ubi de ejus adventu Helvetii certiores facti sunt, legatos ad eum mittunt, nobilissimos civitatis; cujus legationis Nameius et
Verudoctius principem locum obtinebant, qui dicerent,
sibi esse in animo, sine ullo maleficio iter per Provinciam facere, propterea quod aliud iter haberent nullum :
rogare, ut ejus voluntate id sibi facere liceat. Cæsar, quod
memoria tenebat, L. Cassium consulem occisum, exercitumque ejus ab Helvetiis pulsum, et sub jugum missum,
concedendum non putabat : neque homines inimico animo,
data facultate per Provinciam itineris faciendi, temperaturos ab injuria et maleficio existimabat. Tamen, ut spatium
intercedere posset, dum milites, quos imperaverat, convenirent, legatis respondit, diem se ad deliberandum
sumpturum : si quid vellent, a. d. idus april. reverterentur.

Genève, qui est aussi la plus rapprochée de l'Helvétie, communique avec elle par un pont. Ils crurent qu'ils persuaderaient aisément aux Allobroges, dont les dispositions envers les Romains paraissaient encore douteuses, de leur accorder le passage sur leurs terres, ou qu'ils les y contraindraient par la force. Tout étant prêt pour le départ, ils fixent le jour où l'on doit se réunir sur la rive du Rhône : c'était le 5 avant les calendes d'avril [11], sous le consulat de L. Pison et d'Aulus Gabinius.

VII. César apprenant que les Helvétiens songent à passer par la Province romaine, part de Rome à la hâte, se rend à grandes journées dans la Gaule ultérieure, et arrive à Genève. Il n'y avait alors qu'une seule légion dans toute la Province. César ordonne toutes les levées de troupes qu'elle peut fournir, et fait rompre le pont de Genève. Les Helvétiens, instruits de son arrivée, députèrent vers lui les plus nobles d'entre eux, à la tête desquels étaient Nameius et Verudoctius, pour dire qu'ils avaient l'intention de traverser la Province sans y commettre aucun dommage; que n'ayant point d'autre chemin, ils le priaient d'y consentir. César était peu disposé à accueillir leur demande. Il se rappelait que ce même peuple avait tué le consul L. Cassius, et fait passer son armée sous le joug; et il ne pensait pas que des ennemis si acharnés pussent s'abstenir de désordres et de violences, s'ils obtenaient la permission de traverser le pays. Cependant, pour laisser aux troupes qu'il avait commandées le temps de se réunir, il répondit qu'il y réfléchirait, et que, s'ils voulaient savoir sa résolution, ils eussent à revenir aux ides d'avril [12].

VIII. Interea ea legione, quam secum habebat, militibusque, qui ex Provincia convénerant, a lacu Lemanno,
qui in flumen Rhodanum influit, ad montem Juram, qui
fines Sequanorum ab Helvetiis dividit, millia passuum
decem novem murum, in altitudinem pedum sedecim, fos-
samque perducit. Eo opere perfecto, præsidia disponit,
castella communit, quo facilius, si se invito transire conarentur, prohibere possit. Ubi ea dies, quam constituerat cum legatis, venit, et legati ad eum reverterunt, negat, se more et exemplo populi romani posse iter ulli
per Provinciam dare; et si vim facere conentur, prohibi-
turum ostendit. Helvetii, ea spe dejecti, navibus junctis, ratibusque compluribus factis, alii vadis Rhodani,
qua minima altitudo fluminis erat, nonnunquam inter-
diu, sæpius noctu, si perrumpere possent, conati, operis munitione et militum concursu et telis repulsi, hoc
conatu destiterunt.

IX. Relinquebatur una per Sequanos via, qua, Sequanis invitis, propter angustias ire non poterant. His quum
sua sponte persuadere non possent, legatos ad Dumnorigem Æduum mittunt, ut eo deprecatore a Sequanis impetrarent. Dumnorix gratia et largitione apud Sequanos
plurimum poterat, et Helvetiis erat amicus, quod ex ea
civitate Orgetorigis filiam in matrimonium duxerat, et,
cupiditate regni adductus, novis rebus studebat, et quam
plurimas civitates suo sibi beneficio habere obstrictas volebat. Itaque rem suscipit, et a Sequanis impetrat, ut
per fines suos Helvetios ire patiantur; obsidesque uti in-

VIII. Dans cet intervalle, César employa la légion qu'il avait déjà, et les soldats qui arrivaient de la Province, à élever, depuis le lac Leman que le Rhône traverse, jusqu'au mont Jura qui sépare la Séquanie de l'Helvétie, un rempart de dix-neuf mille pas de longueur, et de la hauteur de seize pieds; il y joignit un fossé. Ce travail achevé, il établit des postes dans des positions fortifiées, pour repousser plus facilement l'ennemi, s'il entreprenait de forcer le passage. Les députés revinrent au jour marqué : il leur dit que les usages du peuple romain lui défendaient d'accorder le passage à travers la Province, et que, s'ils tentaient de le forcer, il ne le souffrirait pas. Déçus dans cette espérance, les Helvétiens essaient de passer le Rhône, les uns sur des nacelles jointes ensemble, ou sur des radeaux faits à la hâte, les autres à gué, vers les parties où le fleuve est le moins profond, quelquefois de jour, plus souvent de nuit; mais le rempart les arrête, nos soldats les repoussent, et ils se voient obligés de renoncer à leur dessein.

IX. Il leur restait un chemin par la Séquanie, mais si étroit qu'ils ne pouvaient le traverser sans le consentement de cette nation. Désespérant de l'obtenir par eux-mêmes, il prient l'Éduen Dumnorix de parler en leur faveur. Il était puissant chez les Séquanais par son crédit et par ses largesses; son mariage avec la fille d'Orgétorix le rendait ami des Helvétiens; d'ailleurs, ambitieux de régner et avide de changemens, il voulait s'assurer par des services l'attachement d'un grand nombre de cités. Il s'entremit donc auprès des Séquanais, et obtint, pour les Helvétiens, le passage sur leur territoire. De part et

ter sese dent, perficit : Sequani, ne itinere Helvetios
prohibeant; Helvetii, ut sine maleficio et injuria tran-
seant.

X. Caesari renuntiatur, Helvetiis esse in animo, per
agrum Sequanorum et Aeduorum iter in Santonum fines
facere, qui non longe a Tolosatium finibus absunt, quae
civitas est in Provincia. Id si fieret, intelligebat magno
cum Provinciae periculo futurum, ut homines bellicosos,
populi romani inimicos, locis patentibus maximeque
frumentariis finitimos haberet. Ob eas causas ei munitioni, quam fecerat, T. Labienum legatum praefecit :
ipse in Italiam magnis itineribus contendit, duasque ibi
legiones conscribit, et tres, quae circum Aquileiam hie-
mabant, ex hibernis educit, et, qua proximum iter in
ulteriorem Galliam per Alpes erat, cum his quinque legionibus ire contendit. Ibi Centrones, et Graioceli, et
Caturiges, locis superioribus occupatis, itinere exercitum prohibere conantur. Compluribus his proeliis pulsis, ab Ocelo, quod est citerioris Provinciae extremum,
in fines Vocontiorum ulterioris Provinciae die septimo
pervenit : inde in Allobrogum fines, ab Allobrogibus in
Segusianos exercitum ducit. Hi sunt extra Provinciam
trans Rhodanum primi.

XI. Helvetii jam per angustias et fines Sequanorum
suas copias traduxerant, et in Aeduorum fines pervenerant, eorumque agros populabantur. Aedui, quum se
suaque ab iis defendere non possent, legatos ad Caesarem
mittunt, rogatum auxilium : Ita se omni tempore de populo Romano meritos esse, ut paene in conspectu exercitus nostri agri vastari, liberi eorum in servitutem abduci,

d'autre, on se donne des ôtages, les uns s'engageant à ne point inquiéter les Helvétiens, les autres à s'abstenir de tout désordre.

X. On annonce à César que les Helvétiens se disposent à traverser les terres des Séquanais et des Éduens, pour se diriger vers les Santones [13], peuples voisins de Toulouse, ville de la Province romaine [14]. Il comprit à quels périls elle serait exposée, si elle avait pour voisins, dans un pays fertile et découvert, des hommes belliqueux et ennemis des Romains. Il confie donc à son lieutenant T. Labienus, la garde du retranchement qu'il avait élevé ; pour lui, il marche en Italie à grandes journées, y lève deux légions, en retire trois de leurs quartiers d'hiver près d'Aquilée, et, à la tête de ces cinq légions, prend par les Alpes le plus court chemin de la Gaule ultérieure. Là, les Centrones, les Graïoceliens et les Caturiges [15], qui avaient occupé les hauteurs, veulent arrêter ses troupes. Il les bat en plusieurs rencontres, et se rend en sept journées d'Ocèle, dernière place de la Province citérieure, au territoire des Vocontiens [16], limite de la Province ultérieure [17] : de là il pénètre chez les Allobroges, puis chez les Ségusiens, qui sont le premier peuple hors de la Province, au delà du Rhône.

XI. Déjà les Helvétiens ayant franchi les défilés du Jura et le pays des Séquanais, étaient arrivés chez les Éduens dont ils ravageaient les terres. Ceux-ci, trop faibles pour se défendre, envoient demander du secours à César. Dans tous les temps ils avaient, disaient-ils, trop bien mérité du peuple romain, pour qu'on laissât dévaster leurs champs, emmener leurs enfans en servitude, prendre et détruire leurs

oppida expugnari non debuerint. Eodem tempore Ædui,
Ambarri quoque, necessarii et consanguinei Æduorum,
Cæsarem certiorem faciunt, sese, depopulatis agris, non
facile ab oppidis vim hostium prohibere : item Allobroges, qui trans Rhodanum vicos possessionesque habebant, fuga se ad Cæsarem recipiunt, et demonstrant, sibi,
præter agri solum, nihil esse reliqui. Quibus rebus adductus Cæsar, non exspectandum sibi statuit, dum, omnibus fortunis sociorum consumptis, in Santones Helvetii
pervenirent.

Flumen est Arar, quod per fines Æduorum et Sequanorum in Rhodanum influit incredibili lenitate, ita ut
oculis, in utram partem fluat, judicari non possit. Id
Helvetii ratibus ac lintribus junctis transibant. Ubi per
exploratores Cæsar certior factus est, tres jam copiarum
partes Helvetios id flumen traduxisse, quartam vero
partem citra flumen Ararim reliquam esse; de tertia vigilia cum legionibus tribus e castris profectus, ad eam
partem pervenit, quæ nondum flumen transierat. Eos
impeditos et inopinantes aggressus, magnam eorum partem concidit : reliqui fugæ sese mandarunt, atque in
proximas silvas abdiderunt. Is pagus appellabatur Ti-
gurinus : nam omnis civitas Helvetia in quatuor pagos
divisa est. Hic pagus unus, quum domo exisset, patrum
nostrorum memoria, L. Cassium consulem interfecerat,
et ejus exercitum sub jugum miserat. Ita, sive casu, sive
consilio deorum immortalium, quæ pars civitatis Hel-
vetiæ insignem calamitatem populo romano intulerat,
ea princeps pœnas persolvit. Qua in re Cæsar non solum
publicas, sed etiam privatas injurias ultus est, quod ejus

villes sous les yeux de nos légions. Au même instant, les
Ambarres [18], amis et alliés des Éduens, informent César
que leurs campagnes sont ravagées et qu'ils peuvent à peine
défendre leurs villes. Enfin, les Allobroges qui avaient
aussi des bourgs et des terres de l'autre côté du Rhône,
viennent se réfugier auprès de César, et déclarent qu'il
ne leur reste plus que le sol de leurs champs. Ces plaintes
émurent César, et il ne crut pas devoir laisser aux Helvétiens le temps de ruiner le pays de nos alliés, et de
parvenir ainsi jusqu'aux terres des Santones.

XII. La Saône, qui forme la limite commune des
Éduens et des Séquanais, verse ses eaux dans le Rhône
avec une telle lenteur que l'œil peut à peine distinguer la
direction du courant. Les Helvétiens la passaient sur des
radeaux et sur des barques jointes ensemble. César averti
par ses éclaireurs que les trois quarts de leurs troupes
avaient déjà traversé la Saône, et que le reste était encore sur l'autre rive, part de son camp à la troisième
veille [19] avec trois légions, et atteint ceux qui n'avaient
pas encore passé le fleuve. Il les trouve en désordre, les
attaque à l'improviste, et en tue un grand nombre; les
autres prennent la fuite, et se cachent dans les bois. Ils
appartenaient au canton Tigurien [20] : car toute l'Helvétie
est divisée en quatre cantons. C'étaient ceux de ce canton
qui, dans une expédition hors de leur pays, avaient jadis
tué le consul L. Cassius, et fait passer son armée sous le
joug. Ainsi, soit effet du hasard, soit par la volonté des
dieux, cette partie des états helvétiques, qui avait porté
un coup si cruel au peuple romain, fut la première à en
porter la peine. Dans cette vengeance publique, César

soceri L. Pisonis avum, L. Pisonem legatum, Tigurini
eodem prœlio, quo Cassium, interfecerant.

XIII. Hoc prœlio facto, reliquas copias Helvetiorum
ut consequi posset, pontem in Arari faciendum curat,
atque ita exercitum traducit. Helvetii, repentino ejus adventu commoti, quum id, quod ipsi diebus viginti æger-
rime confecerant, ut flumen transirent, uno illum die
fecisse intelligerent, legatos ad eum mittunt : cujus legationis Divico princeps fuit, qui bello Cassiano dux
Helvetiorum fuerat. Is ita cum Cæsare agit : « Si pacem
populus romanus cum Helvetiis faceret, in eam partem
ituros atque ibi futuros Helvetios, ubi eos Cæsar con-
stituisset atque esse voluisset : sin bello persequi per-
severaret, reminisceretur et veteris incommodi populi
romani, et pristinæ virtutis Helvetiorum. Quod improviso unum pagum adortus esset, quum ii, qui flumen
transissent, suis auxilium ferre non possent, ne ob eam
rem aut suæ magnopere virtuti tribueret, aut ipsos de-
spiceret : se ita a patribus majoribusque suis didicisse,
ut magis virtute, quam dolo contenderent, aut insidiis
niterentur. Quare, ne committeret, ut is locus, ubi constitissent, ex calamitate populi romani et internecione
exercitus nomen caperet, aut memoriam proderet. »

XIV. His Cæsar ita respondit : « Eo sibi minus dubi-
tationis dari, quod eas res, quas legati Helvetii comme-
morassent, memoria teneret ; atque eo gravius ferre,
quo minus merito populi romani accidissent : qui si
alicujus injuriæ sibi conscius fuisset, non fuisse difficile
cavere ; sed eo deceptum, quod neque commissum a se

vengea aussi une injure personnelle; car l'aïeul de son
beau-père L. Pison[21], lieutenant de Cassius, avait été tué
par les Tiguriens dans le même combat.

XIII. Après ce combat, il fait jeter un pont sur la
Saône, afin d'atteindre le reste des ennemis, et traverse
le fleuve avec son armée. Les Helvétiens, étonnés de
l'arrivée soudaine de César, à qui un seul jour avait suffi
pour ce passage, qu'ils avaient eu beaucoup de peine à effectuer en vingt jours, lui envoient des députés. Le chef de
cette députation était Divicon, le même qui commandait
les Helvétiens lors de la défaite de Cassius. Il dit à César
que si le peuple romain voulait vivre en paix avec eux,
ils se rendraient et s'établiraient dans les lieux qui leur
seraient assignés; mais que, s'il persistait à leur faire la
guerre, il se rappelât l'échec des armes romaines et l'antique valeur des Helvétiens; que pour avoir surpris un
canton isolé, lorsque les autres séparés par le fleuve, ne
pouvaient lui porter secours, il ne devait ni trop pré-
sumer de lui-même, ni les mépriser; qu'ils avaient appris
de leurs ancêtres à se fier au courage plus qu'à la ruse
et aux embuscades; qu'il prît donc garde de rendre le
lieu même où ils se trouvaient à jamais célèbre dans le
souvenir des hommes, par le désastre des Romains et la
destruction de son armée.

XIV. César répondit qu'il se rappelait trop bien les
faits cités par les Helvétiens pour hésiter sur ce qu'il devait faire; qu'il en gardait un ressentiment d'autant plus
vif, que les Romains avaient moins mérité leur malheur;
s'ils avaient eu la conscience de quelque tort envers eux,
ils se seraient aisément tenus sur leurs gardes : mais ils

intelligeret, quare timeret; neque sine causa timendum putaret. Quod si veteris contumeliæ oblivisci vellet, num etiam recentium injuriarum, quod, eo invito, iter per Provinciam per vim tentassent, quod Æduos, quod Ambarros, quod Allobrogas vexassent, memoriam deponere posse? Quod sua victoria tam insolenter gloriarentur, quodque tam diu se impune tulisse injurias admirarentur, eodem pertinere : consuesse enim deos immortales, quo gravius homines ex commutatione rerum doleant, quos pro scelere eorum ulcisci velint, his secundiores interdum res et diuturniorem impunitatem concedere. Quum ea ita sint, tamen, si obsides ab iis sibi dentur, uti ea, quæ polliceantur, facturos intelligat, et si Æduis de injuriis, quas ipsis sociisque eorum intulerint, item si Allobrogibus satisfaciant, sese cum iis pacem esse facturum. » Divico respondit : « Ita Helvetios a majoribus suis institutos esse, uti obsides accipere, non dare, consueverint : ejus rei populum romanum esse testem. »

XV. Hoc responso dato, discessit. Postero die castra ex eo loco movent. Idem Cæsar facit; equitatumque omnem, ad numerum quatuor millium, quem ex omni Provincia et Æduis atque eorum sociis coactum habebat, præmittit, qui videant, quas in partes hostes iter faciant. Qui, cupidius novissimum agmen insecuti, alieno loco cum equitatu Helvetiorum prœlium committunt; et pauci de nostris cadunt. Quo prœlio sublati Helvetii, quod quingentis equitibus tantam multitudinem equitum propulerant, audacius subsistere, nonnunquam ex novissimo agmine prœlio nostros lacessere cœperunt. Cæsar

avaient été surpris, parce que n'ayant rien fait qui dût
leur inspirer de crainte, ils ne croyaient pas devoir
prendre de précautions sans motif. César, quand même
il voudrait oublier cet ancien outrage, pourrait-il effacer
le souvenir de torts plus récens, des efforts qu'ils ont
faits pour traverser la Province romaine malgré lui, et
des ravages qu'ils avaient commis chez les Éduens, chez
les Ambarres, chez les Allobroges? L'orgueil insolent que
leur inspirait leur victoire, et la longue impunité dont
ils s'étonnaient, n'étaient pas moins significatifs pour lui :
souvent les dieux immortels accordent aux coupables
quelques succès, et diffèrent le châtiment pour le rendre
plus terrible. Quoi qu'il en soit, s'ils lui livrent des ôtages
comme garans de leurs promesses, et s'ils donnent aux
Allobroges, aux Éduens, et à leurs alliés satisfaction
du tort qu'ils ont souffert, il consent à faire la paix. Divicon répondit que les Helvétiens avaient appris de leurs
pères à recevoir et non à donner des ôtages ; que les
Romains le savaient assez.

XV. Après cette réponse, il se retira. Le lendemain,
ils lèvent leur camp ; César fait de même, et détache en
avant toute sa cavalerie au nombre de quatre mille
hommes, levés tant dans la Province que chez les Éduens
leurs alliés, avec ordre d'observer la marche des ennemis. Ces cavaliers ayant poursuivi l'arrière-garde avec
trop d'ardeur, furent obligés de combattre dans un lieu
désavantageux et firent quelque perte. Ce succès enfla
le cœur des Helvétiens. Fiers d'avoir repoussé avec cinq
cents chevaux une cavalerie si nombreuse, ils devinrent
plus hardis à nous attendre, et quelquefois à nous har-

suos a prœlio continebat, ac satis habebat in præsentia, hostem rapinis, pabulationibus populationibusque prohibere. Ita dies circiter quindecim iter fecerunt, uti inter novissimum hostium agmen, et nostrum primum, non amplius quinis aut senis millibus passuum interesset.

XVI. Interim quotidie Cæsar Æduos frumentum, quod essent publice polliciti, flagitare : nam propter frigora, quod Gallia sub septemtrionibus, ut ante dictum est, posita est, non modo frumenta in agris matura non erant, sed ne pabuli quidem satis magna copia suppetebat : eo autem frumento, quod flumine Arare navibus subvexerat, propterea uti minus poterat, quod iter ab Arare Helvetii averterant, a quibus discedere nolebat. Diem ex die ducere Ædui; conferri, comportari, adesse dicere. Ubi se diutius duci intellexit, et diem instare, quo die frumentum militibus metiri oporteret, convocatis eorum principibus, quorum magnam copiam in castris habebat, in his Divitiaco, et Lisco, qui summo magistratu præerat (quem Vergobretum appellant Ædui, qui creatur annuus, et vitæ necisque in suos habet potestatem), graviter eos accusat, quod, quum neque emi, neque ex agris sumi posset, tam necessario tempore, tam propinquis hostibus, ab iis non sublevetur; præsertim quum magna ex parte eorum precibus adductus bellum susceperit, multo etiam gravius, quod sit destitutus, queritur.

XVII. Tum demum Liscus, oratione Cæsaris adductus, quod antea tacuerat, proponit : «Esse nonnullos, quorum auctoritas apud plebem plurimum valeat, qui

celer avec leur arrière-garde. César retenait ses soldats et se contentait pour le moment de s'opposer aux rapines et aux dévastations de l'ennemi. On marcha ainsi environ quinze jours, sans que l'arrière-garde ennemie fût séparée de notre avant-garde de plus de cinq ou six mille pas.

XVI. Cependant César pressait les Éduens de lui livrer le blé qu'ils s'étaient engagés à lui fournir ; car la Gaule étant au nord, comme nous l'avons dit, et sous un climat froid, la moisson n'était pas encore mûre ; le fourrage même manquait. Quant aux blés qu'il avait fait charger sur la Saône, ils ne lui étaient d'aucun usage, parce que les Helvétiens s'étaient éloignés de cette rivière, et qu'il ne voulait pas les perdre de vue. Les Éduens différaient toujours, disant qu'on rassemblait les grains, qu'on les transportait, qu'ils allaient arriver. Dans ces retards prolongés, César voyant approcher le jour où il fallait distribuer les vivres aux soldats, convoque les principaux Éduens qui étaient en grand nombre dans le camp, entre autres Divitiacus et Liscus : celui-ci occupait alors la magistrature suprême que les Éduens appellent *Vergobret*[22], charge annuelle et qui donne droit de vie et de mort. César leur reproche avec force de ne point venir à son aide en un besoin si pressant, et lorsqu'en présence de l'ennemi, il ne trouvait point de vivres à acheter ou à prendre dans les campagnes ; leur abandon était d'autant plus coupable, qu'il avait entrepris la guerre sur leurs instances.

XVII. Alors Liscus, ému de ces plaintes, déclare ce qu'il avait tû jusque là : qu'il y avait chez eux certains personnages, en crédit auprès du peuple, et dont l'in-

privatim plus possint, quam ipsi magistratus. Hos sedi-
tiosa atque improba oratione multitudinem deterrere,
ne frumentum conferant, quod præstare debeant. Si jam
principatum Galliæ obtinere non possint, Gallorum, quam
Romanorum, imperiæ perferre satius esse; neque dubitare
debere, quin,. si Helvetios superaverint Romani, una
cum reliqua Gallia Æduis libertatem sint erepturi. Ab
iisdem nostra consilia, quæque in castris gerantur, hostibus enuntiari : hos a se coerceri non posse; quin etiam,
quod necessario rem coactus Cæsari enuntiarit, intelligere sese, quanto id cum periculo fecerit; et ob eam
causam, quam diu potuerit, tacuisse. »

XVIII. Cæsar hac oratione Lisci Dumnorigem, Di-
viatici fratrem, designari sentiebat : sed, quod pluribus
præsentibus eas res jactari nolebat, celeriter concilium
dimittit; Liscum retinet. Quærit ex solo ea, quæ in conventu dixerat. Dicit liberius atque audacius. Eadem secreto ab aliis quærit; reperit esse vera : « Ipsum esse Dumnorigem, summa audacia, magna apud plebem propter liberalitatem gratia, cupidumque rerum novarum :
complures annos portoria, reliquaque omnia Æduorum
vectigalia parvo pretio redempta habere; propterea quod,
illo licente, contra liceri audeat nemo. His rebus et suam
rem familiarem auxisse, et facultates ad largiendum
magnas comparasse; magnum numerum equitatus suo
sumptu semper alere, et circum se habere : neque solum
domi, sed etiam apud finitimas civitates largiter posse :
atque hujus potentiæ causa matrem in Biturigibus homini illic nobilissimo ac potentissimo collocasse : ipsum
ex Helvetiis uxorem habere : sororem ex matre, et pro-

fluence privée étouffait celle des magistrats; que ces
hommes, par des discours séditieux et pervers, détour-
naient le peuple de fournir le blé qui était dû, en disant
que s'ils ne pouvaient être les maîtres de la Gaule, ils
devaient du moins préférer la domination des Gaulois à
celle des Romains, qui, une fois vainqueurs de l'Helvétie,
les dépouilleraient eux-mêmes de la liberté. Il ajouta
que ces mêmes hommes informaient l'ennemi de nos
projets et de tout ce qui se passait dans le camp; qu'il
n'avait pas le pouvoir de les réprimer; qu'il savait même
à quel péril l'exposait cette déclaration, arrachée par la
nécessité; que telle avait été la cause de son silence.

XVIII. César vit bien que ce discours désignait Dumnorix, frère de Divitiacus; mais ne voulant pas traiter
cette affaire devant un trop grand nombre de témoins,
il rompt l'assemblée, et ne retient que Liscus. Resté seul
avec lui, il le presse de s'expliquer; Liscus parle avec
plus de liberté et d'assurance. César prend d'autres in-
formations secrètes; elles prouvent la vérité du récit de
Liscus. Dumnorix était un homme hardi et ambitieux,
que ses libéralités avaient mis en faveur auprès du peuple : depuis plusieurs années, il avait obtenu à vil prix
la perception des péages et autres impôts des Éduens,
parce que personne n'osait mettre enchère sur lui : par
ce moyen il avait accru sa fortune, et s'était mis en état
de prodiguer des largesses : on le voyait toujours suivi
d'une cavalerie nombreuse qu'il entretenait à ses frais.
Il avait autant de crédit chez les peuples voisins, que
dans son propre pays. C'est ainsi qu'il avait fait épouser
à sa mère l'un des hommes les plus nobles et les plus

pinquas suas nuptum in alias civitates collocasse : favere
et cupere Helvetiis propter eam affinitatem : odisse etiam
suo nomine Cæsarem et Romanos, quod eorum adventu
potentia ejus deminuta, et Divitiacus frater in antiquum
locum gratiæ atque honoris sit restitutus. Si quid accidat Romanis, summam in spem regni obtinendi per Helvetios venire; imperio populi romani non modo de regno,
sed etiam de ea, quam habeat, gratia desperare. » Reperiebat etiam in quærendo Cæsar, « quod prœlium
equestre adversum paucis ante diebus esset factum, initium ejus fugæ factum a Dumnorige atque ejus equitibus (nam equitatu, quem auxilio Cæsari Ædui miserant,
Dumnorix præerat), eorum fuga reliquum esse equitatum perterritum. ».

XIX. Quibus rebus cognitis, quum ad has suspiciones
certissimæ res accederent, quod per fines Séquanorum
Helvetios traduxisset, quod obsides inter eos dandos cu-
rasset, quod ea omnia non modo injussu suo et civitatis,
sed etiam inscientibus ipsis fecisset, quod a magistratu
Æduorum accusaretur; satis esse causæ arbitrabatur,
quare in eum aut ipse animadverteret, aut civitatem
animadvertere juberet. His omnibus rebus unum repug-
nabat, quod Divitiaci fratris summum in populum romanum studium, summam in se voluntatem, egregiam
fidem, justitiam, temperantiam cognoverat : nam, ne
ejus supplicio Divitiaci animum offenderet, verebatur.
Itaque priusquam quidquam conaretur, Divitiacum ad
se vocari jubet, et, quotidianis interpretibus remotis,
per C. Valerium Procillum, principem Galliæ provinciæ, familiarem suum, cui summam rerum omnium fi-

puissans chez les Bituriges [23]; lui-même avait pris femme
chez les Helvétiens; il avait marié sa sœur et ses parentes
dans d'autres cités. Lié aux Helvétiens par sa femme, il
était leur ami. Il haïssait d'ailleurs personnellement César
et les Romains, dont la présence avait affaibli son autorité, en rendant à son frère Divitiacus son ancien rang
et ses honneurs; si les Romains succombaient, il espérait, à l'aide des Helvétiens, s'emparer du souverain
pouvoir; sous leur domination, il perdait un trône et
même son ancienne influence. César apprit encore que
l'échec du dernier combat de cavalerie était dû à Dumnorix, qui commandait les cavaliers envoyés par les
Éduens; il avait fui le premier; son exemple avait effrayé et entraîné le reste.

XIX. Les soupçons de César étaient confirmés par
des preuves certaines : c'était Dumnorix qui avait obtenu
pour les Helvétiens le passage par le pays des Séquanais;
c'était lui qui les avait engagés à se donner mutuellement
des ôtages; il avait tout fait sans l'ordre de César et des
Éduens, et même à leur insu : le magistrat de sa nation
l'accusait. César avait sans doute assez de motifs pour
sévir, ou pour appeler sur lui la sévérité de ses concitoyens. Mais une seule considération le retenait; c'était
l'attachement de Divitiacus, son frère, au peuple romain,
son dévouement pour lui, sa fidélité à toute épreuve, sa
justice, sa modération : il craignait de l'aliéner par le
supplice de son frère. Aussi, avant de rien décider, il
fait venir Divitiacus, et, renvoyant les interprètes ordi-
naires, il s'entretient avec lui par l'organe de C. Valerius
Procillus, le premier personnage de la Province romaine,

dem habebat, cum eo colloquitur : simul commonefacit, quæ ipso præsente in concilio Gallorum de Dumnorige sint dicta, et ostendit, quæ separatim quisque de eo apud se dixerit : petit atque hortatur, ut sine ejus offensione animi vel ipse de eo, causa cognita, statuat, vel civitatem statuere jubeat.

XX. Divitiacus multis cum lacrymis, Cæsarem complexus, obsecrare cœpit, « ne quid gravius in fratrem statueret : scire se, illa esse vera, nec quemquam ex eo plus, quam se, doloris capere; propterea quod, quum ipse gratia plurimum domi atque in reliqua Gallia, ille minimum propter adolescentiam posset, per se crevisset: quibus opibus ac nervis non solum ad minuendam gratiam, sed pæne ad perniciem suam uteretur : sese tamen et amore fraterno, et existimatione vulgi commoveri. Quod si quid ei a Cæsare gravius accidisset, quum ipse eum locum amicitiæ apud eum teneret, neminem existimaturum, non sua voluntate factum : qua ex re futurum, uti totius Galliæ animi a se averterentur. » Hæc quum pluribus verbis flens a Cæsare peteret, Cæsar ejus dextram prendit : consolatus rogat finem orandi faciat : tanti ejus apud se gratiam esse ostendit, uti et reipublicæ injuriam, et suum dolorem ejus voluntati ac precibus condonet. Dumnorigem ad se vocat; fratrem adhibet; quæ in eo reprehendat, ostendit; quæ ipse intelligat, quæ civitas queratur, proponit; monet, ut in reliquum tempus omnes suspiciones vitet; præterita se Divitiaco fratri condonare dicit. Dumnorigi custodes ponit, ut, quæ agat, quibuscum loquatur, scire possit.

son ami, et son confident intime. Il lui rappelle ce qui
a été dit de Dumnorix dans l'assemblée des Gaulois, en
sa présence; il lui fait connaître ce que chacun lui a
appris en particulier; il l'engage et l'exhorte à ne point
s'offenser, si lui-même décide de son sort après l'avoir
entendu, ou s'il ordonne à ses compatriotes de le juger.

XX. Divitiacus tout en larmes embrasse César et le
conjure d'épargner son frère. Il convient de tout; et personne n'en peut être plus affligé que lui, qui, après avoir
employé tout le crédit dont il jouissait chez sa nation et
dans le reste de la Gaule, pour contribuer à l'élévation
d'un frère que son jeune âge laissait sans autorité, l'a vu se
servir de l'influence qu'il lui devait, pour affaiblir son pouvoir et même pour le perdre. Cependant l'amour fraternel
et la crainte de l'opinion publique le retiennent. « On sait,
dit-il, l'amitié qui me lie à vous : si vous sévissez contre
lui, tout le monde me croira l'auteur de son supplice, et
je verrai s'éloigner de moi les cœurs de tous les Gaulois. »
Il parlait encore, et versait des larmes abondantes; César lui prend la main, le rassure, le conjure de cesser ses
prières et lui dit qu'il fait assez cas de son amitié pour sacrifier à ses désirs le ressentiment des injures de l'état et
des siennes propres. Aussitôt il fait venir Dumnorix en
présence de son frère; là, il lui reproche sa conduite; il
lui déclare les soupçons qu'il a contre lui, et les plaintes
de ses concitoyens; il l'engage à éviter de se rendre sus-
pect à l'avenir, et lui annonce qu'il oublie le passé en faveur de Divitiacus; mais il le fait garder à vue, pour être
instruit de ses discours et de ses actions.

XXI. Eodem die ab exploratoribus certior factus, hostes sub monte consedisse millia passuum ab ipsius castris octo; qualis esset natura montis, et qualis in circuitu ascensus, qui cognoscerent, misit. Renuntiatum est, facilem esse. De tertia vigilia T. Labienum, legatum propraetore, cum duabus legionibus, et iis ducibus qui iter cognoverant, summum jugum montis ascendere jubet; quid sui consilii sit, ostendit. Ipse de quarta vigilia eodem itinere, quo hostes ierant, ad eos contendit, equitatumque omnem ante se mittit. P. Considius, qui rei militaris peritissimus habebatur, et in exercitu L. Sullae, et postea in M. Crassi fuerat, cum exploratoribus praemittitur.

XXII. Prima luce, quum summus mons a T. Labieno teneretur, ipse ab hostium castris non longius mille et quingentis passibus abesset, neque, ut postea ex captivis comperit, aut ipsius adventus, aut Labieni, cognitus esset, Considius, equo admisso, ad eum accurrit; dicit, montem, quem a Labieno occupari voluerit, ab hostibus teneri; id se a Gallicis armis atque insignibus cognovisse. Caesar suas copias in proximum collem subducit; aciem instruit. Labienus, ut erat ei praeceptum a Caesare, ne proelium committeret, nisi ipsius copiae prope hostium castra visae essent, ut undique uno tempore in hostes impetus fieret, monte occupato nostros exspectabat, proelioque abstinebat. Multo denique die per exploratores Caesar cognovit, et montem a suis teneri, et Helvetios castra movisse, et Considium, timore perterritum, quod non vidisset, pro viso sibi renuntiasse. Eo

XXI. Le même jour, averti par ses éclaireurs que l'ennemi était campé au pied d'une montagne, à huit milles de son camp, il envoya reconnaître la nature du terrain et les circuits par lesquels on pouvait arriver au sommet de la montagne. On lui rapporta que l'accès en était facile. Il fait partir, à la troisième veille [24], T. Labienus, son lieutenant, avec deux légions et les mêmes guides qui avaient fait la reconnaissance, lui ordonne d'occuper la hauteur, et lui expose son plan. Pour lui, à la quatrième veille [25], il marche aux ennemis par le même chemin qu'ils avaient pris, et envoie toute la cavalerie en avant. A la tête des éclaireurs était Considius, dont on vantait l'habileté, et qui avait servi dans les armées de L. Sylla et de M. Crassus.

XXII. Le jour commençait à paraître : T. Labienus s'était emparé du sommet de la montagne, et César n'était qu'à quinze cents pas des ennemis, sans qu'ils eussent connaissance de son arrivée ni de celle de Labienus, comme on le sut ensuite des prisonniers, lorsque Considius revient à toute bride, annonçant que la montagne dont Labienus devait s'emparer est occupée par l'ennemi, qu'il a reconnu les armes et les enseignes gauloises. César se retire sur la plus proche colline et range son armée en bataille. Labienus, qui avait l'ordre de ne point livrer bataille avant de voir les troupes de César près du camp ennemi, afin que l'attaque fût simultanée sur tous les points, restait sur la hauteur et attendait nos légions, sans engager le combat. Il était grand jour lorsque César apprit par ses éclaireurs que Labienus occupait la montagne et que les Helvétiens étaient partis : Considius, aveuglé par

die, quo consuerat intervallo, hostes sequitur, et millia
passuum tria ab eorum castris castra ponit.

XXIII. Postridie ejus diei (quod omnino biduum su-
pererat, quum exercitu frumentum metiri oporteret, et
quod a Bibracte, oppido Æduorum longe maximo ac
copiosissimo, non amplius millibus passuum XVIII aberat), rei frumentariæ prospiciendum existimavit, iter ab
Helvetiis avertit, ac Bibracte ire contendit. Ea res per
fugitivos L. Æmilii, decurionis equitum Gallorum, hostibus nuntiatur. Helvetii, seu quod timore perterritos
Romanos discedere a se existimarent, eo magis, quod
pridie, superioribus locis occupatis, prœlium non commisissent, sive eo, quod re frumentaria intercludi posse
confiderent, commutato consilio atque itinere converso,
nostros a novissimo agmine insequi ac lacessere cœperunt.

XXIV. Postquam id animum advertit, copias suas
Cæsar in proximum collem subducit, equitatumque, qui
sustineret hostium impetum, misit. Ipse interim in colle
medio triplicem aciem instruxit legionum quatuor vete-
ranarum, ita, uti supra se in summo jugo duas legiones,
quas in Gallia citeriore proxime conscripserat, et omnia
auxilia collocaret; ac totum montem hominibus compleri, et interea sarcinas in unum locum conferri, et
eum ab his, qui in superiore acie constiterant, muniri
jussit. Helvetii, cum omnibus suis carris secuti, impedimenta in unum locum contulerunt: ipsi, confertissima
acie rejecto nostro equitatu, phalange facta, sub primam nostram aciem successerunt.

XXV. Cæsar, primum suo, deinde omnium ex con-

la peur, avait donné une fausse nouvelle. Ce même jour
César suivit l'ennemi à la distance accoutumée, et campa
à trois milles de leur armée.

XXIII. Le lendemain, comme il ne restait plus que
deux jours jusqu'à la distribution[26] du blé aux soldats,
et qu'on n'était qu'à dix-huit milles de Bibracte, la plus
grande et la plus riche des villes éduennes, César pen-
sant qu'il fallait s'occuper des vivres, s'éloigna des Helvétiens et se dirigea vers Bibracte. Quelques transfuges
de L. Emilius, décurion de la cavalerie gauloise, en
avertirent les ennemis. Ceux-ci, attribuant notre retraite
à la crainte, d'autant plus que la veille, étant maîtres
des hauteurs, nous n'avions pas combattu, ou espérant peut-être de nous couper les vivres, changèrent
subitement de projet, revinrent sur leurs pas, et se mirent à harceler notre arrière-garde.

XXIV. César voyant ce mouvement, réunit ses troupes
sur une hauteur voisine, et envoya sa cavalerie pour soutenir l'attaque de l'ennemi. En même temps, il rangea
quatre légions de vieilles troupes, sur trois lignes, au
milieu de la colline, et, au sommet, deux légions nouvellement levées dans la Gaule citérieure[27], avec tous
les auxiliaires; il garnit ainsi toute la montagne, et rassembla tous les bagages en un endroit qu'il fit fortifier
par les troupes placées sur le sommet de la colline. Les
Helvétiens, qui le suivaient avec tous leurs chariots, réunirent aussi leurs bagages; leurs bataillons serrés repoussent notre cavalerie; ils se forment en phalange et
chargent notre première ligne.

XXV. César renvoie son cheval, ainsi que tous les

spectu remotis equis, ut, æquato omnium periculo, spem fugæ tolleret, cohortatus suos, prœlium commisit. Milites, e loco superiore pilis missis, facile hostium phalangem perfregerunt. Ea disjecta, gladiis districtis in eos impetum fecerunt. Gallis magno ad pugnam erat impedimento, quod, pluribus eorum scutis uno ictu pilorum transfixis et colligatis, quum ferrum se inflexisset, neque evellere, neque, sinistra impedita, satis commode pugnare poterant; multi ut, diu jactato brachio, præoptarent scutum manu emittere, et nudo corpore pugnare. Tandem, vulneribus defessi, et pedem referre, et, quod mons suberat circiter mille passuum, eo se recipere cœperunt. Capto monte, et succedentibus nostris, Boii et Tulingi, qui hominum millibus circiter xv agmen hostium claudebant, et novissimis præsidio erant, ex itinere nostros latere aperto aggressi, circumvenere : et id conspicati Helvetii, qui in montem sese receperant, rursus instare, et prœlium redintegrare cœperunt. Romani conversa signa bipartito intulerunt : prima ac secunda acies, ut victis ac submotis resisteret; tertia, ut venientes sustineret.

XXVI. Ita, ancipiti prœlio, diu atque acriter pugnatum est. Diutius quum nostrorum impetum sustinere non possent, alteri se, ut cœperant, in montem receperunt, alteri ad impedimenta et carros suos se contulerunt. Nam hoc toto prœlio, quum ab hora septima ad vesperum pugnatum sit, aversum hostem videre nemo potuit. Ad multam noctem etiam ad impedimenta pugnatum est, propterea quod pro vallo carros objecerant, et e loco

autres, afin de rendre le péril égal, et la fuite impossible;
il exhorte sa troupe et marche au combat. Nos soldats,
lançant leurs traits d'en haut, rompent sans peine la phalange ennemie, et la voyant en désordre, chargent l'épée
à la main. Les Gaulois étaient fort gênés pour combattre :
plusieurs de leurs boucliers étaient percés et en quelque
sorte cloués ensemble[28] par des javelots qui les avaient
frappés du même coup; le fer s'était recourbé; ils ne pouvaient l'arracher ni se servir du bras gauche : un grand
nombre, après de vains efforts, se décidèrent à jeter leurs
boucliers et combattirent à découvert. Mais bientôt accablés de blessures, ils commencèrent à lâcher pied, et
se retirèrent à un mille de là, sur une montagne. Ils s'en
emparent, et les nôtres les suivent, lorsque les Boïens et
les Tulingiens qui, au nombre de quinze mille environ,
fermaient la marche et soutenaient l'arrière-garde ennemie, nous prennent en flanc et nous enveloppent. Les
Helvétiens qui s'étaient retirés sur la hauteur, s'en aperçoivent et reviennent à la charge. Les Romains tournent
leurs enseignes et font face des deux côtés; ils opposent
leurs deux premières lignes à ceux qu'ils avaient repoussés sur la montagne, et l'autre aux nouveaux assaillans.

XXVI. Ce double combat fut long et opiniâtre. Enfin,
les ennemis ne pouvant plus nous résister, se retirèrent,
les uns sur la montagne où ils s'étaient d'abord repliés,
les autres vers leurs bagages et leurs chariots. Pendant
tout le combat, qui dura depuis la septième heure[29] jusqu'au soir, on ne put voir un Gaulois tourner le dos. On
se battit encore près des bagages bien avant dans la nuit :
ils s'étaient fait un rempart de leurs chariots, et de là

superiore in nostros venientes tela conjiciebant, et nonnulli inter carros rotasque mataras ac tragulas subji-
ciebant, nostrosque vulnerabant. Diu quum esset pugnatum, impedimentis castrisque nostri potiti sunt. Ibi
Orgetorigis filia, atque unus e filiis captus est. Ex eo
prœlio circiter millia hominum cxxx superfuerunt, eaque
tota nocte continenter ierunt : nullam partem noctis itinere intermisso, in fines Lingonum die iv pervenerunt,
quum et propter vulnera militum, et propter sepulturam
occisorum, nostri, triduum morati, eos sequi non potuissent. Cæsar ad Lingonas litteras nuntiosque misit,
ne eos frumento, neve alia re juvarent : qui si juvissent,
se eodem loco, quo Helvetios, habiturum. Ipse, triduo
intermisso, cum omnibus copiis eos sequi cœpit.

XXVII. Helvetii, omnium rerum inopia adducti, legatos de deditione ad eum miserunt. Qui quum eum in
itinere convenissent, seque ad pedes projecissent, sup-
pliciterque locuti flentes pacem petissent, atque eos in
eo loco, quo tum essent, suum adventum exspectare
jussisset, paruerunt. Eo postquam Cæsar pervenit, obsides, arma, servos, qui ad eos perfugissent, poposcit.
Dum ea conquiruntur et conferuntur, nocte intermissa,
circiter hominum millia vi ejus pagi, qui Verbigenus
appellatur, sive timore perterriti, ne, armis traditis,
supplicio afficerentur, sive spe salutis inducti, quod,
in tanta multitudine dedititiorum, suam fugam aut oc-
cultari, aut omnino ignorari posse existimarent, prima
nocte ex castris Helvetiorum egressi, ad Rhenum fines-
que Germanorum contenderunt.

ils lançaient sur nous une grêle de traits : d'autres, se glis-
sant entre les roues, nous blessaient avec des javelots et
des flèches. Ce ne fut qu'après de longs efforts qu'on s'empara du camp et des bagages ; la fille d'Orgétorix et un de
ses fils tombèrent entre nos mains. Après cette bataille, il
leur restait environ cent trente mille hommes : ils marchèrent toute la nuit sans faire halte, continuèrent leur route
même pendant les nuits, et arrivèrent le quatrième jour
sur les terres des Lingons [30] ; le soin des blessés et la sé-
pulture des morts nous avaient retenus trois jours et nous
n'avions pu les poursuivre. César défendit aux Lingons, par
ses lettres et ses envoyés, d'accorder à l'ennemi ni vivres
ni secours, avec menace, s'ils le faisaient, de les traiter
comme les Helvétiens. Après ces trois jours de retard, il
se mit avec toutes ses troupes à la poursuite de l'ennemi.

XXVII. Les Helvétiens, réduits à l'extrémité, députent
vers César pour traiter de leur soumission. Les envoyés
le rencontrèrent en marche, se jetèrent à ses pieds et
implorèrent la paix en pleurant. César ordonna aux Helvétiens de l'attendre dans le lieu même où ils se trouvaient : ils obéirent. A son arrivée, César leur demande
des ôtages, leurs armes, les esclaves fugitifs. Tandis qu'on
s'occupe d'exécuter ces ordres, environ six mille hommes
du canton appelé Verbigène [31] s'échappent à la faveur
de la nuit : craignant qu'on ne les mît à mort après les
avoir désarmés, peut-être espérant que, dans une si
grande multitude, on ne s'apercevrait pas de leur fuite,
ils sortent du camp des Helvétiens à la première veille, et
se dirigent vers le Rhin et les frontières de la Germanie.

XXVIII. Quod ubi Cæsar resciit, quorum per fines ierant, his, uti conquirerent et reducerent, si sibi purgati esse vellent, imperavit : reductos in hostium numero habuit : reliquos omnes, obsidibus, armis, perfugis traditis, in deditionem accepit. Helvetios, Tulingos, Latobrigos in fines suos, unde erant profecti, reverti jussit; et quod, omnibus frugibus amissis, domi nihil erat, quo famem tolerarent, Allobrogibus imperavit, ut iis frumenti copiam facerent : ipsos oppida vicosque, quos incenderant, restituere jussit. Id ea maxime ratione fecit, quod noluit, eum locum, unde Helvetii discesserant, vacare; ne propter bonitatem agrorum Germani, qui trans Rhenum incolunt, e suis finibus in Helvetiorum fines transirent, et finitimi Galliæ provinciæ Allobrogibusque essent. Boios, petentibus Æduis, quod egregia virtute erant cogniti, ut in finibus suis collocarent, concessit : quibus illi agros dederunt, quosque postea in parem juris libertatisque conditionem atque ipsi erant, receperunt.

XXIX. In castris Helvetiorum tabulæ repertæ sunt litteris græcis confectæ, et ad Cæsarem relatæ; quibus in tabulis nominatim ratio confecta erat, qui numerus domo exisset eorum, qui arma ferre possent; et item separatim pueri, senes, mulieresque. Quarum omnium rerum summa erat, capitum Helvetiorum millia CCLXIII, Tulingorum millia XXXVI, Latobrigorum XIV, Rauracorum XXIII, Boiorum XXXII : ex his, qui arma ferre possent, ad millia XCII. Summa omnium fuerunt ad millia CCCLXVIII. Eorum, qui domum redierunt, censu ha-

XXVIII. Dès que César en fut instruit, il ordonna aux peuples sur les terres desquels ils devaient passer, de les saisir et de les ramener, s'ils ne voulaient être regardés comme complices. Les fugitifs furent livrés, et traités en ennemis. Les autres Helvétiens reçurent leur pardon après avoir donné armes, ôtages et transfuges. Il ordonna aux Helvétiens, aux Tulinges, aux Latobriges de retourner aux lieux d'où ils étaient partis. Comme ils n'avaient plus de vivres, et qu'ils ne devaient point trouver chez eux de subsistances, il chargea les Allobroges de leur fournir du blé; il enjoignit aux Helvétiens de relever leurs villes et leurs bourgs qu'ils avaient incendiés. Il ne voulait point que ce pays restât désert, de peur que la fertilité du sol n'y attirât les Germains d'outre-Rhin, et qu'ils ne devinssent ainsi voisins de notre province et des Allobroges. A la demande des Éduens, il permit aux Boïens, peuple renommé pour sa valeur, de s'établir sur leurs frontières : on leur donna des terres, et bientôt ils partagèrent tous les privilèges et les droits des anciens habitans.

XXIX. On trouva dans le camp des Helvétiens des registres écrits en lettres grecques [32], et qui furent remis à César. Ils indiquaient par leur nom tous ceux qui étaient sortis du pays, le nombre des hommes en état de porter les armes, et séparément celui des vieillards, des enfans et des femmes. On y comptait deux cent soixante-trois mille Helvétiens, trente-six mille Tulinges, quatorze mille Latobriges, vingt-trois mille Rauraciens, trente-deux mille Boïens : parmi eux, quatre-vingt-douze mille combattans; en tout, trois cent soixante huit mille

bito, ut Cæsar imperaverat, repertus est numerus millium c et x.

XXX. Bello Helvetiorum confecto, totius fere Galliæ legati, principes civitatum, ad Cæsarem gratulatum convenerunt : « Intelligere sese, tametsi, pro veteribus Helvetiorum injuriis populi romani, ab iis pœnas bello repetisset, tamen eam rem non minus ex usu terræ Galliæ, quam populi romani accidisse; propterea quod eo consilio, florentissimis rebus, domos suas Helvetii reliquissent, ut toti Galliæ bellum inferrent, imperioque potirentur, locumque domicilio ex magna copia deligerent, quem ex omni Gallia opportunissimum ac fructuosissimum judicassent, reliquasque civitates stipendiarias haberent. Petierunt, uti sibi concilium totius Galliæ in diem certam indicere, idque Cæsaris voluntate facere, liceret : sese habere quasdam res, quas ex communi consensu ab eo petere vellent. » Ea re permissa, diem concilio constituerunt, et jurejurando, ne quis enuntiaret, nisi quibus communi consilio mandatum esset, inter se sanxerunt.

XXXI. Eo concilio dimisso, iidem principes civitatum, qui ante fuerant ad Cæsarem, reverterunt, petieruntque, uti sibi secreto de sua omniumque salute cum eo agere liceret. Ea re impetrata, sese omnes flentes Cæsari ad pedes projecerunt : « Non minus se id contendere et laborare, ne ea, quæ dixissent, enuntiarentur, quam uti ea, quæ vellent, impetrarent; propterea quod, si enuntiatum esset, summum in cruciatum se venturos viderent. » Locutus est pro his Divitiacus

têtes. D'après le recensement ordonné par César, le nombre de ceux qui rentrèrent dans leur pays fut de cent dix mille.

XXX. Cette guerre étant terminée, des députés de presque toute la Gaule[33] et les principaux citoyens de chaque cité vinrent féliciter César. Ils savaient bien, disaient-ils, que le peuple romain, en faisant la guerre à l'Helvétie, avait voulu venger d'anciennes injures ; mais la Gaule n'en profitait pas moins que Rome ; car les Helvétiens n'avaient quitté leur pays dans l'état le plus florissant, que pour porter les armes dans les Gaules, s'en rendre maîtres, choisir parmi tant de contrées les plus riches et les plus fertiles, et rendre tout le reste tributaire. Ils demandèrent en même temps à César la permission de convoquer l'assemblée générale de toute la Gaule, pour y traiter de quelques affaires qu'ils voulaient lui soumettre en commun. César y consentit ; ils fixèrent le jour de la réunion, et s'engagèrent par serment de n'en rien révéler que du consentement de tous.

XXXI. Après la clôture de cette assemblée, les mêmes citoyens, qui avaient déjà paru devant César, revinrent vers lui et demandèrent à l'entretenir en particulier de choses qui intéressaient leur sûreté et celle de la Gaule entière. Ayant obtenu audience, ils se jetent à ses pieds tout en larmes, et implorent instamment le secret, tout en réclamant sa bienveillance pour l'objet de leur demande. Si leur démarche était connue, ils devaient s'attendre aux plus cruels tourmens. L'éduen Divitiacus prit pour

Æduus : « Galliæ totius factiones esse duas : harum alterius principatum tenere Æduos, alterius Arvernos. Hi quum tantopere de potentatu inter se multos annos contenderent, factum esse, uti ab Arvernis Sequanisque Germani mercede arcesserentur. Horum primo circiter millia xv Rhenum transisse : posteaquam agros, et cultum, et copias Gallorum homines feri ac barbari adamassent, traductos plures : nunc esse in Gallia ad c et xx millium numerum : cum his Æduos eorumque clientes semel atque iterum armis contendisse; magnam calamitatem pulsos accepisse, omnem nobilitatem, omnem senatum, omnem equitatum amisisse. Quibus prœliis calamitatibusque fractos, qui et sua virtute, et populi romani hospitio atque amicitia plurimum ante in Gallia potuissent, coactos esse Sequanis obsides dare nobilissimos civitatis, et jurejurando civitatem obstringere, sese neque obsides repetituros, neque auxilium a populo romano imploraturos, neque recusaturos, quo minus perpetuo sub illorum ditione atque imperio essent. Unum se esse ex omni civitate Æduorum, qui adduci non potuerit, ut juraret, aut suos liberos obsides daret. Ob eam rem se ex civitate profugisse, et Romam ad senatum venisse, auxilium postulatum, quod solus neque jurejurando, neque obsidibus teneretur. Sed pejus victoribus Sequanis, quam Æduis victis, accidisse; propterea quod Ariovistus, rex Germanorum, in eorum finibus consedisset, tertiamque partem agri Sequani, qui esset optimus totius Galliæ, occupavisset, et nunc de altera parte tertia Sequanos decedere juberet, propterea quod paucis mensibus ante Harudum millia hominum

eux la parole, et dit que la Gaule se divisait en deux
partis dont l'un avait pour chefs les Éduens, l'autre
les Arvernes[34]. Après une lutte prolongée pour la pré-
éminence, les Arvernes, de concert avec les Séquanais,
attirèrent les Germains par les avantages qu'ils leur offrirent. D'abord quinze mille Germains passèrent le Rhin;
la fertilité du sol de la Gaule, ses richesses, sa civilisation, plurent bientôt à ces hommes grossiers et barbares,
et en attirèrent un plus grand nombre; il s'en trouve
maintenant cent vingt mille dans la Gaule. Les Éduens
et leurs alliés en sont venus deux fois aux mains avec
eux, et ont été vaincus; dans ces défaites, ils ont perdu
toute leur noblesse, tous leurs sénateurs, tous leurs chevaliers. Épuisé par ces revers, ce peuple, que sa valeur
et l'amitié des Romains avaient rendu si puissant dans
la Gaule, s'est vu forcé de donner en ôtages aux Séquanais l'élite de ses citoyens, et de s'engager par serment
à ne redemander jamais ces ôtages, à n'implorer jamais
le secours du peuple romain, à ne jamais essayer de se
soustraire au joug de ses vainqueurs. Il est le seul des
Éduens qui n'ait pu se résoudre à prêter serment, ni à
donner ses enfans en ôtage; s'il a pu fuir de son pays et
venir à Rome implorer le secours du sénat, c'est qu'il
était le seul qui ne fût retenu par aucun lien. Mais les
Séquanais vainqueurs ont été encore plus malheureux
que les Éduens vaincus : Arioviste, roi des Germains,
s'est établi sur leurs frontières, a pris le tiers de leur
territoire qui est le meilleur de toute la Gaule, et maintenant il leur ordonne de céder un autre tiers à vingt-
quatre mille Harudes qui, depuis peu de mois, sont venus

XXIV ad eum venissent, quibus locus ac sedes pararen-
tur. Futurum esse paucis annis, uti omnes ex Galliæ finibus pellerentur, atque omnes Germani Rhenum transirent : neque enim conferendum esse Gallicum cum
Germanorum agro, neque hanc consuetudinem victus
cum illa comparandam. Ariovistum autem, ut semel
Gallorum copias prœlio vicerit, quod prœlium factum
sit ad Magetobriam, superbe et crudeliter imperare, obsides nobilissimi cujusque liberos poscere, et in eos omnia exempla cruciatusque edere, si qua res non ad nu-
tum, aut ad voluntatem ejus facta sit : hominem esse
barbarum, iracundum, temerarium : non posse ejus
imperia diutius sustineri : nisi si quid in Cæsare populoque romano sit auxilii, omnibus Gallis idem esse faciendum, quod Helvetii fecerint, ut domo emigrent;
aliud domicilium, alias sedes, remotas a Germanis,
petant; fortunamque, quæcumque accidat, experiantur.
Hæc si enuntiata Ariovisto sint, non dubitare, quin de
omnibus obsidibus, qui apud eum sint, gravissimum
supplicium sumat. Cæsarem vel auctoritate sua atque
exercitus, vel recenti victoria, vel nomine populi romani deterrere posse, ne major multitudo Germanorum
Rhenum traducatur; Galliamque omnem ab Ariovisti
injuria posse defendere. »

XXXII. Hac oratione a Divitiaco habita, omnes, qui
aderant, magno fletu auxilium a Cæsare petere cœperunt. Animadvertit Cæsar, unos ex omnibus Sequanos
nihil earum rerum facere, quas ceteri facerent; sed
tristes, capite demisso, terram intueri. Ejus rei quæ
causa esset, miratus, ex ipsis quæsiit. Nihil Sequani

le joindre, et demandent à s'établir. Dans peu d'années, tous les Germains auront passé le Rhin et chassé les Gaulois : car le sol de la Germanie ne peut se comparer à celui de la Gaule, non plus que la manière de vivre des deux pays. Arioviste, depuis qu'il a vaincu les Gaulois à Magétobrie[35], commande en tyran superbe et cruel; il prend en ôtage les enfans des plus nobles familles, et déploie sur eux toute sa cruauté, au moindre évènement qui contrarie ses désirs ou ses ordres. C'est un homme féroce, emporté, furieux, dont on ne peut supporter plus long-temps le despotisme. Si César et le peuple romain refusent de les secourir, il ne reste plus aux Gaulois qu'à abandonner leur pays, à l'exemple des Helvétiens, à aller chercher loin des Germains d'autres terres et d'autres demeures, et à tenter la fortune, quel que soit le sort qu'elle leur réserve. Si Arioviste vient à connaître leur démarche, nul doute qu'il ne livre tous les ôtages aux plus affreux supplices. César seul, par l'autorité de sa gloire et la force de son armée, par l'éclat de sa victoire récente, par le nom du peuple romain, peut arrêter les invasions des Germains, et défendre la Gaule entière contre la tyrannie d'Arioviste.

XXXII. Divitiacus cessa de parler, et tous les assistans, fondant en larmes, implorent le secours de César. Les Séquanias seuls s'abstenaient de faire comme les autres; tristes, abattus, ils attachaient leurs regards sur la terre. César étonné leur en demande la cause. Ils ne répondent point, et gardent obstinément un morne si-

respondere, sed in eadem tristitia taciti permanere.
Quum ab iis sæpius quæreret, neque ullam omnino vo-
cem exprimere posset, idem Divitiacus Æduus respondit : « Hoc esse miseriorem gravioremque fortunam Sequanorum, quam reliquorum, quod soli ne in occulto
quidem queri, nec auxilium implorare auderent, absen-
tisque Ariovisti crudelitatem, velut si coram adesset,
horrerent : propterea quod reliquis tamen fugæ facultas
daretur; Sequanis vero, qui intra fines suos Ariovistum
recepissent, quorum oppida omnia in ejus potestate
essent, omnes cruciatus essent perferendi. »

XXXIII. His rebus cognitis, Cæsar Gallorum animos
verbis confirmavit, pollicitusque est, sibi eam rem curæ
futuram : magnam se habere spem, et beneficio suo et
auctoritate adductum Ariovistum, finem injuriis facturum. Hac oratione habita, concilium dimisit. Et secundum ea multæ res eum hortabantur, quare sibi eam rem
cogitandam et suscipiendam putaret; in primis, quod
Æduos, fratres consanguineosque sæpenumero ab senatu
appellatos, in servitute atque in ditione videbat Germanorum teneri, eorumque obsides esse apud Ariovistum
ac Sequanos, intelligebat : quod in tanto imperio populi
romani turpissimum sibi et reipublicæ esse arbitrabatur.
Paulatim autem Germanos consuescere Rhenum transire, et in Galliam magnam eorum multitudinem venire,
populo romano periculosum videbat : neque sibi homines feros ac barbaros temperaturos existimabat, quin,
quum omnem Galliam occupassent, ut ante Cimbri Teu-
tonique fecissent, in Provinciam exirent, atque inde in

lence. Il réitère ses instances, sans pouvoir tirer un mot
, de leur bouche. Alors l'éduen Divitiacus reprend la parole : «Tel est, dit-il, le triste sort des Séquanais, plus
déplorable encore que celui des autres Gaulois : ils n'osent
se plaindre même en secret, ni réclamer un appui ; trem-
blant au seul nom d'Arioviste absent, comme s'il était
lui-même devant leurs yeux. Au moins les autres ont la
liberté de fuir ; mais les Séquanais qui ont reçu Arioviste
sur leurs terres, qui lui ont livré toutes leurs villes, sont
réduits à endurer tous les tourmens. »

XXXIII. César, instruit de ces détails, relève par
quelques mots le courage des Gaulois et leur promet de
veiller sur leurs intérêts ; il espère qu'Arioviste, par
égard pour son autorité et pour ses bienfaits, cessera de
les opprimer. Après ces paroles il congédia l'assemblée.
Ces plaintes et plusieurs autres motifs engageaient César
à prendre cette affaire en grande considération ; il voyait
les Éduens que le sénat avait souvent honorés du titre
de frères et d'alliés, maintenant sous le joug des Germains, livrant des ôtages entre les mains des Séquanais
et d'Arioviste, ce qui était une honte pour lui-même, et
pour la république alors si puissante. Il voyait combien
il était dangereux pour Rome d'habituer ainsi les Germains à passer le Rhin et à venir en grand nombre dans
la Gaule : sans doute ces peuples grossiers et barbares,
une fois maîtres de la Gaule, ne manqueraient pas, à
l'exemple des Cimbres et des Teutons, de se jeter sur
la Province romaine et de là sur l'Italie, d'autant plus

Italiam contenderent; præsertim quum Sequanos a Provincia nostra Rhodanus divideret. Quibus rebus quam
maturrime occurrendum putabat. Ipse autem Ariovistus
tantos sibi spiritus, tantam arrogantiam sumpserat, ut
ferendus non videretur.

XXXIV. Quamobrem placuit ei, ut ad Ariovistum
legatos mitteret, qui ab eo postularent, uti aliquem locum medium utriusque colloquio diceret : velle sese de
republica et summis utriusque rebus cum eo agere. Ei
legationi Ariovistus respondit : « Si quid ipsi a Cæsare
opus esset, sese ad eum venturum fuisse : si quid ille se
velit, illum ad se venire oportere. Præterea se neque
sine exercitu in eas partes Galliæ venire audere, quas
Cæsar possideret, neque exercitum sine magno commeatu atque emolimento in unum locum contrahere
posse : sibi autem mirum videri, quid in sua Gallia,
quam bello vicisset, aut Cæsari, aut omnino populo romano negotii esset. »

XXXV. His responsis ad Cæsarem relatis, iterum ad
eum Cæsar legatos cum his mandatis mittit : « Quoniam
tanto suo populique romani beneficio affectus (quum in
consulatu suo rex atque amicus a senatu appellatus
esset), hanc sibi populoque romano gratiam referret,
ut in colloquium venire invitatus gravaretur, neque de
communi re dicendum sibi et cognoscendum putaret,
hæc esse, quæ ab eo postularet : primum, ne quam hominum multitudinem amplius trans Rhenum in Galliam
traduceret; deinde obsides, quos haberet ab Æduis,
redderet; Sequanisque permitteret, ut, quos illi haberent, voluntate ejus reddere illis liceret; neve Æduos

que le Rhône seul séparait les Séquanais de notre Province. César pensa qu'il fallait se hâter de prévenir ces périls. De plus, l'orgueil et l'insolence d'Arioviste s'étaient exaltés à un point vraiment intolérable.

XXXIV. Il résolut donc d'envoyer à Arioviste des députés pour l'inviter à choisir un lieu intermédiaire, où ils pussent traiter des intérêts de la république et d'affaires importantes pour l'un et pour l'autre. Arioviste répondit que s'il avait besoin de César, il l'irait trouver; que si César avait une demande à lui faire, il vînt lui-même; que d'ailleurs il ne pourrait se rendre sans armée dans la partie de la Gaule où César commandait, et qu'une armée ne pouvait être rassemblée sans embarras et sans beaucoup de frais : du reste, il avait peine à comprendre quelle affaire il pouvait avoir à démêler avec César ou avec Rome, dans cette Gaule conquise par ses armes.

XXXV. Cette réponse ayant été rapportée à César, il renvoya les députés vers Arioviste avec de nouvelles instructions. Puisque pour toute reconnaissance des faveurs dont il a été comblé par le peuple romain et par César qui, sous son consulat, lui avait fait accorder le titre de roi et d'ami, il refuse de se rendre à l'entrevue à laquelle il est invité, et de traiter avec les Romains de leurs intérêts communs, voici ce que César exige : Qu'il n'appelle plus des bords du Rhin dans la Gaule de nouvelles hordes de barbares; qu'il rende aux Éduens leurs ôtages, et permette aux Séquanais de rendre ceux qu'ils ont reçus; qu'il cesse d'inquiéter les Éduens ou de leur faire la guerre

injuria lacesseret, neve his sociisque eorum bellum inferret. Si id ita fecisset, sibi populoque romano perpe-
tuam gratiam atque amicitiam cum eo futuram : si non
impetraret, sese, quoniam M. Messala, M. Pisone coss.,
senatus censuisset, uti, quicunque Galliam provinciam
obtineret, quod commodo reipublicæ facere posset,
Æduos ceterosque amicos populi romani defenderet,
esse Æduorum injurias non neglecturum.

XXXVI. Ad hæc Ariovistus respondit : « Jus esse belli,
ut qui vicissent, iis, quos vicissent, quemadmodum vellent, imperarent : item populum romanum victis non
ad alterius præscriptum, sed ad suum arbitrium imperare consuesse. Si ipse populo romano non præscriberet,
quemadmodum suo jure uteretur; non oportere sese a populo romano in suo jure impediri. Æduos sibi, quoniam
belli fortunam tentassent, et armis congressi ac superati
essent, stipendiarios esse factos. Magnam Cæsarem injuriam facere, qui suo adventu vectigalia sibi deteriora
faceret. Æduis se obsides redditurum non esse; neque eis,
neque eorum sociis injuria bellum illaturum, si in eo
manerent, quod convenisset, stipendiumque quotannis
penderent : si id non fecissent, longe iis fraternum nomen
populi romani abfuturum. Quod sibi Cæsar denuntiaret,
se Æduorum injurias non neglecturum; neminem secum
sine sua pernicie contendisse. Quum vellet, congredere-
tur; intellecturum, quid invicti Germani, exercitatis-
simi in armis, qui inter annos xiv tectum non subissent,
virtute possent. » -

XXXVII. Hæc eodem tempore Cæsari mandata refe-
rebantur, et legati ab Æduis et a Treviris veniebant :

ainsi qu'à leurs alliés. S'il se soumet à ces demandes, il peut compter à jamais sur son amitié et sur la faveur du peuple romain : s'il s'y refuse, vu le décret du sénat, rendu sous le consulat de M. Messala et de M. Pison, qui autorise le gouverneur de la Gaule à faire ce qu'il juge utile à la république, et lui enjoint de défendre les Éduens et les autres alliés du peuple romain, il ne manquera pas de venger leurs injures.

XXXVI. Arioviste répondit que le droit de la guerre permettait au vainqueur de disposer à son gré des vaincus; que le peuple romain n'a pas l'habitude de consulter autrui sur la manière de traiter les peuples conquis. S'il ne prescrit pas aux Romains comment ils doivent user de la victoire, pourquoi le gêneraient-ils dans l'exercice de ses droits? Les Éduens sont devenus ses tributaires, parce qu'ils ont tenté le sort des armes, et qu'ils ont succombé. Il a lui-même à se plaindre de César, dont l'arrivée diminue ses revenus. Il ne rendra point les ôtages; il ne fera la guerre ni aux Éduens ni à leurs alliés, s'ils exécutent le traité et paient chaque année le tribut; autrement, le titre de frères et d'alliés du peuple romain leur servira peu. Quant à la menace que faïsait César de venger les injures des Éduens, on n'avait jamais combattu Arioviste impunément; qu'il vînt l'attaquer quand il voudrait, il apprendrait à connaître la valeur d'une nation aguerrie, indomptée, qui, depuis quatorze ans, n'avait pas couché sous un toit.

XXXVII. Au moment où César recevait cette réponse, les Éduens et les Tréviriens [36] lui envoyaient

Ædui questum, quod Harudes, qui nuper in Galliam transportati essent, fines eorum popularentur; sese ne obsidibus quidem datis pacem Ariovisti redimere potuisse : Treviri autem, pagos centum Suevorum ad ripam Rheni consedisse, qui Rhenum transire conarentur; iis præesse Nasuam et Cimberium fratres. Quibus rebus Cæsar vehementer commotus, maturandum sibi existimavit, ne, si nova manus Suevorum cum veteribus copiis Ariovisti sese conjunxisset, minus facile resisti posset. Itaque, re frumentaria, quam celerrime potuit, comparata, magnis itineribus ad Ariovistum contendit.

XXXVIII. Quum tridui viam processisset, nuntiatum est ei, Ariovistum cum suis omnibus copiis ad occupandum Vesontionem, quod est oppidum maximum Sequanorum, contendere, triduique viam a suis finibus processisse. Id ne accideret, magno opere sibi præcavendum Cæsar existimabat : namque omnium rerum, quæ ad bellum usui erant, summa erat in eo oppido facultas : idque natura loci sic muniebatur, ut magnam ad ducendum bellum daret facultatem; propterea quod flumen Dubis, ut circino circumductum, pæne totum oppidum cingit; reliquum spatium, quod est non amplius pedum DC, qua flumen intermittit, mons continet magna altitudine, ita ut radices ejus montis ex utraque parte ripæ fluminis contingant. Hunc murus circumdatus arcem efficit, et cum oppido conjungit. Huc Cæsar magnis diurnis nocturnisque itineribus contendit, occupatoque oppido, ibi præsidium collocat.

XXXIX. Dum paucos dies ad Vesontionem rei frumentariæ commeatusque causa moratur, ex perconta-

des députés. Les Éduens se plaignaient que les Harudes,
récemment arrivés dans la Gaule, dévastaient leur pays;
ils n'avaient pu acheter la paix d'Arioviste, même en
donnant des ôtages. Les Tréviriens annonçaient que
cent cantons des Suèves étaient campés sur les rives du
Rhin, prêts à passer le fleuve sous la conduite des deux
frères Nasua et Cimberius. Vivement ému de ces nouvelles, César résolut de se hâter : il craignait qu'il ne
devînt difficile de les réduire, si de nouvelles bandes de
Suèves se joignaient aux vieilles troupes d'Arioviste. Il
s'empresse de rassembler des vivres, et s'avance contre
Arioviste à grandes journées.

XXXVIII. Après trois jours de marche, il apprit
qu'Arioviste avait passé sa frontière depuis trois jours,
et se dirigeait avec toutes ses troupes contre Besançon,
la plus forte place des Séquanais. César crut devoir
faire tous ses efforts pour l'empêcher de s'emparer de
cette place, qui était abondamment fournie de munitions
de toute espèce, et dont la position naturelle offrait de
grands avantages pour soutenir la guerre : la rivière du
Doubs l'environne presque tout entière, et décrit un
cercle à l'entour ; l'intervalle qu'elle ne baigne point, et
qui n'a pas plus de six cents pieds, est couvert par une
haute montagne, dont la base touche des deux côtés aux
rives du Doubs. Une enceinte de murs forme de cette
montagne une citadelle ; et la joint à la ville. César marche
jour et nuit, s'en rend maître, et y met une garnison.

XXXIX. Pendant les jours qu'il passa à Besançon,
afin de pourvoir aux subsistances, les questions de nos

tione nostrorum, vocibusque Gallorum ac mercatorum,
qui ingenti magnitudine corporum Germanos, incredibili virtute atque exercitatione in armis esse prædica-
bant, sæpenumero sese cum iis congressos ne vultum
quidem atque aciem oculorum ferre potuisse, tantus subito timor omnem exercitum occupavit, ut non medio-
criter omnium mentes animosque perturbaret. Hic primum ortus est a tribunis militum, ac præfectis, reliquisque, qui ex urbe, amicitiæ causa, Cæsarem secuti,
magnum periculum miserabantur, quod non magnum in
re militari usum habebant : quorum alius alia causa illata, quam sibi ad proficiscendum necessariam esse diceret, petebat, ut ejus voluntate discedere liceret : nonnulli, pudore adducti, ut timoris suspicionem vitarent,
remanebant. Hi neque vultum fingere, neque interdum
lacrymas tenere poterant : abditi in tabernaculis aut suum
fatum querebantur, aut cum familiaribus suis commune
periculum miserabantur. Vulgo totis castris testamenta
obsignabantur. Horum vocibus ac timore paulatim etiam
ii, qui magnum in castris usum habebant, milites cen-
turionesque, quique equitatui præerant, perturbabantur.
Qui se ex his minus timidos existimari volebant, non se
hostem vereri, sed angustias itineris et magnitudinem
silvarum, quæ intercederent inter ipsos atque Ariovistum,
aut rem frumentariam, ut satis commode supportari
posset, timere dicebant. Nonnulli etiam Cæsari renuntia-
bant, quum castra moveri ac signa ferri jussisset, non fore
dicto audientes milites, nec propter timorem signa laturos.

XL. Hæc quum animadvertisset, convocato concilio,
omniumque ordinum ad id concilium adhibitis centurio-

soldats, les réponses des marchands et les propos des
Gaulois répandirent tout à coup dans l'armée une vive
terreur : ils ne parlaient que de la haute stature des Germains, de leur incroyable valeur, de leur habileté à ma-
nier les armes, de leur aspect terrible et menaçant, qui
souvent dans les combats les avait glacés d'épouvante :
le trouble s'empara de tous les cœurs. Cette frayeur commença par les tribuns militaires, les préfets, et d'autres,
qui, ayant suivi César par amitié, avaient peu d'expérience de la guerre : les uns, sous divers prétextes, demandaient à se retirer : d'autres, retenus par la honte,
ne restaient que pour n'être point soupçonnés de faiblesse. Mais ils ne pouvaient composer leurs visages, ni
retenir les larmes qui s'échappaient de leurs yeux : cachés
dans leurs tentes, ils gémissaient sur leurs destinées, ou
déploraient avec leurs amis le danger commun. Partout
on faisait son testament. Peu à peu, les plus aguerris
eux-mêmes, soldats et centurions, les commandans de
la cavalerie, se sentirent ébranlés par les plaintes et la
peur générale. Ceux qui affectaient plus de fermeté disaient qu'ils ne craignaient point l'ennemi, mais la difficulté des chemins, l'immense profondeur des forêts
placées entre eux et Arioviste, et le manque de vivres,
si les transports devenaient impossibles. On alla jusqu'à
dire à César qu'au moment où il ordonnerait de lever
le camp et de porter les enseignes en avant, le soldat effrayé n'obéirait pas et refuserait de se mettre en marche.

XL. A la vue de cette consternation, César assemble
un conseil, où il appelle les centurions de tous grades. Il

nibus, vehementer eos incusavit : « Primum, quod aut quam in partem, aut quo consilio ducerentur, sibi quaerendum aut cogitandum putarent. Ariovistum, se consule, cupidissime populi romani amicitiam appetisse : cur hunc tam temere quisquam ab officio discessurum judicaret? Sibi quidem persuaderi, cognitis suis postulatis, atque aequitate conditionum perspecta, eum neque suam, neque populi romani gratiam repudiaturum. Quod si furore atque amentia impulsus bellum intulisset, quid tandem vererentur? aut cur de sua virtute, aut de ipsius diligentia desperarent? Factum ejus hostis periculum patrum nostrorum memoria, quum, Cimbris et Teutonis a C. Mario pulsis, non minorem laudem exercitus, quam ipse imperator, meritus videbatur : factum etiam nuper in Italia, servili tumultu; quos tamen aliquis usus ac disciplina, quam a nobis accepissent, sublevarent. Ex quo judicari posset, quantum haberet in se boni constantia; propterea quod, quos aliquandiu inermos sine causa timuissent, hos postea armatos ac victores superassent. Denique hos esse eosdem, quibuscum saepenumero Helvetii congressi, non solum in suis, sed etiam in illorum finibus, plerumque superarint, qui tamen pares esse nostro exercitu non potuerint. Si quos adversum proelium et fuga Gallorum commoveret, hos, si quaererent, reperire posse, diuturnitate belli defatigatis. Gallis, Ariovistum, quum multos menses castris se ac paludibus tenuisset, neque sui potestatem fecisset, desperantes jam de pugna et dispersos subito adortum, magis ratione et consilio, quam virtute, vicisse. Cui rationi contra homines barbaros atque imperitos locus

leur reproche fortement « de vouloir pénétrer ses desseins, et s'informer du pays où il les mène. Arioviste, sous son consulat, a recherché avec empressement l'amitié du peuple romain : pourquoi supposer sans raison qu'il veuille s'écarter de son devoir? Quand il connaîtra ses demandes et leur équité, il se gardera sans doute de renoncer à son amitié et à celle des Romains. Si par un esprit de vertige et de démence il se décide à la guerre, pourquoi le craindre? pourquoi désespérer de leur valeur et de son activité? Nos pères ont éprouvé cet ennemi, lorsque sous C. Marius, nos soldats, chassant les Cimbres et les Teutons, s'acquirent autant de gloire que le général même : ils l'ont éprouvé récemment, en Italie, dans la révolte des esclaves, bien qu'alors l'ennemi pût avoir le secours de l'expérience et de notre discipline. On peut juger par là des avantages d'une ferme résolution, puisque ces esclaves que l'on avait craints tout désarmés qu'ils étaient, on les a soumis déjà victorieux et armés. Ce peuple est celui que les Helvétiens ont souvent mis en fuite non-seulement dans leur pays, mais en Germanie, sur ses propres frontières; et les Helvétiens n'ont pu nous résister. Si quelques-uns d'entre eux sont effrayés de la défaite des Gaulois, qu'ils en cherchent les causes : ils verront que les Gaulois étaient fatigués des longueurs de la guerre, qu'Arioviste, après s'être renfermé plusieurs mois dans son camp et ses marais sans s'exposer à une bataille, les avait attaqués tout à coup, déjà dispersés et désespérant de combattre, et les avait vaincus par adresse et par habileté, plutôt que par le courage. De tels moyens pouvaient réussir avec des bar-

fuisset, hac ne ipsum quidem sperare, nostros exercitus capi posse. Qui suum timorem in rei frumentariæ simulationem, angustiasque itinerum conferrent, facere arroganter, quum aut de officio imperatoris desperare, aut præscribere viderentur. Hæc sibi esse curæ : frumentum Sequanos, Leucos, Lingonas subministrare; jamque esse in agris frumenta matura : de itinere, ipsos brevi tempore judicaturos. Quod non fore dicto audientes milites, neque signa laturi dicantur, nihil se ea re commoveri : scire enim, quibuscunque exercitus dicto audiens non fuerit, aut, male re gesta, fortunam defuisse; aut, aliquo facinore comperto, avaritiam esse convictam. Suam innocentiam perpetua vita, felicitatem Helvetiorum bello esse perspectam. Itaque se, quod in longiorem diem collaturus esset, repræsentaturum, et proxima nocte de quarta vigilia castra moturum, ut quam primum intelligere posset, utrum apud eos pudor atque officium, an timor valeret. Quod si præterea nemo sequatur, tamen se cum sola decima legione iturum, de qua non dubitaret; sibique eam prætoriam cohortem futuram. » Huic legioni Cæsar et indulserat præcipue, et propter virtutem confidebat maxime.

XLI. Hac oratione habita, mirum in modum conversæ sunt omnium mentes, summaque alacritas et cupiditas belli gerendi innata est; princepsque decima legio per tribunos militum ei gratias egit, quod de se optimum judicium fecisset, seque esse ad bellum gerendum paratissimam confirmavit. Deinde reliquæ legiones per tribunos militum et primorum ordinum centuriones egerunt, uti Cæsari satisfacerent : se neque unquam du-

bares sans expérience; mais il n'espérait sans doute pas
les employer avec succès contre nos armées. Quant à
ceux qui, pour déguiser leur crainte, allèguent la difficulté des chemins et leurs inquiétudes sur les vivres,
il les trouve bien insolens de supposer que le général
manquera à son devoir, ou de prétendre le lui prescrire.
Ce soin le regarde : les Séquanais, les Leuques [37], les Lingons, fourniront le blé; déjà même la moisson est mûre :
quant aux chemins, ils en jugeront bientôt eux-mêmes.
On prétend que les soldats n'obéiront point, et ne leve-
ront pas les enseignes! ces propos l'inquiètent peu; il
sait que le soldat ne se révolte que contre un général
malheureux par sa faute, ou convaincu de cupidité et
de malversation : pour lui, sa vie entière prouve son in-
tégrité, et la guerre d'Helvétie son heureuse fortune :
c'est pourquoi il ordonnera sur-le-champ le départ qu'il
voulait différer; il levera le camp, la nuit suivante, à la
quatrième veille, afin de connaître si la crainte prévaut
chez eux sur l'honneur et le devoir. S'ils refusent de le
suivre, il partira avec la dixième légion, dont il ne doute
pas : elle sera sa cohorte prétorienne.» César avait toujours favorisé cette légion, et il comptait sur sa valeur.

XLI. Ces paroles firent dans les esprits un changement
merveilleux; elles inspirèrent une vive ardeur et le désir
du combat : la dixième légion envoya ses tribuns pour
rendre grâces à César d'avoir compté sur son courage,
et déclara qu'elle était prête à le suivre. Bientôt après
les autres légions députèrent aussi leurs tribuns et les
centurions des premiers rangs, pour s'excuser auprès de
lui, protestant qu'elles n'avaient jamais eu hésitation ni

bitasse, neque timuisse, neque de summa belli suum judicium, sed imperatoris esse, existimavisse. Eorum sa-
tisfactione accepta, et itinere exquisito per Divitiacum,
quod ex Gallis ei maximam fidem habebat, ut millium amplius quinquaginta circuitu, locis apertis, exercitum duceret, de quarta vigilia, ut dixerat, profectus est. Septimo die, quum iter non intermitteret, ab exploratoribus
certior factus est, Ariovisti copias a nostris millibus passuum IV et XX abesse.

XLII. Cognito Cæsaris adventu, Ariovistus legatos ad
eum mittit : quod antea de colloquio postulasset, id per
se fieri licere, quoniam propius accessisset; seque id sine
periculo facere posse existimare. Non respuit conditionem Cæsar : jamque eum ad sanitatem reverti arbitrabatur, quum id, quod antea petenti denegasset, ultro
polliceretur; magnamque in spem veniebat, pro suis
tantis populique romani in eum beneficiis, cognitis suis
postulatis, fore, uti pertinacia desisteret. Dies colloquio
dictus est, ex eo die quintus. Interim, quum sæpe ultro
citroque legati inter eos mitterentur, Ariovistus postulavit, ne quem peditem ad colloquium Cæsar adduceret:
vereri se, ne per insidias ab eo circumveniretur: uter-
que cum equitatu veniret: alia ratione se non esse venturum. Cæsar, quod neque colloquium interposita causa
tolli volebat, neque salutem suam Gallorum equitatu
committere audebat, commodissimum esse statuit, omnibus equis Gallis equitibus detractis, eo legionarios
milites legionis decimæ, cui quam maxime confidebat,
imponere, ut præsidium quam amicissimum, si quid

crainte, et que jamais elles n'avaient prétendu s'arroger
l'autorité qui appartient au général. César reçut leurs
excuses, et après avoir questionné sur les chemins Divitiacus, celui des Gaulois qui avait le plus sa confiance,
il résolut, pour mener l'armée par un pays ouvert, de
faire un détour de cinquante milles. Il partit à la quatrième veille, comme il l'avait annoncé, et après sept
jours d'une marche continue, il apprit par ses éclaireurs
que les troupes d'Arioviste n'étaient qu'à vingt-quatre [38]
milles des nôtres.

XLII. Arioviste instruit de l'arrivée de César, lui envoya des députés : « il acceptait, disait-il, l'entrevue,
maintenant que César était plus près, et que lui-même
pouvait s'y rendre sans danger. » César ne rejeta point
sa demande ; il crut qu'Arioviste revenait à des idées
plus saines, puisqu'il offrait de son propre mouvement
ce qu'il avait d'abord refusé. Il se flattait que le souvenir des bienfaits de César et du peuple romain, et en
même temps l'équité de ses demandes vaincraient son opiniâtreté. L'entrevue fut fixée au cinquième jour. Dans
cet intervalle, on s'envoya de fréquens messages de part
et d'autre ; Arioviste demanda que César n'amenât avec
lui aucun homme de pied : il craignait une surprise ;
tous les deux se feraient escorter par la cavalerie ; il ne
viendrait qu'à cette condition. César, qui ne voulait ni
rompre l'entrevue par un refus, ni commettre sa sûreté
à la cavalerie des Gaulois, imagina de prendre tous leurs
chevaux, et de les faire monter par les soldats de la
dixième légion qui avait toute sa confiance, afin d'avoir
au besoin une garde sûre et dévouée ; ce qui fit dire

opus facto esset, haberet. Quod quum fieret, non irridicule quidam ex militibus decimæ legionis dixit: «Plus, quam pollicitus esset, Cæsarem ei facere : pollicitum, se in cohortis prætoriæ loco decimam legionem habiturum; nunc ad equum rescribere. »

XLIII. Planities erat magna, et in ea tumulus terrenus satis grandis. Hic locus æquo fere spatio ab castris utrisque aberat. Eo, ut erat dictum, ad colloquium venerunt. Legionem Cæsar, quam equis devexerat, passibus ducentis ab eo tumulo constituit. Item equites Ariovisti pari intervallo constiterunt. Ariovistus, ex equis ut colloquerentur, et, præter se, denos ut ad colloquium adducerent, postulavit. Ubi eo ventum est, Cæsar initio orationis sua senatusque in eum beneficia commemoravit, quod rex appellatus esset a senatu, quod amicus, quod munera amplissima missa ; quam rem et paucis contigisse, et pro magnis hominum officiis consuesse tribui docebat : illum, quum neque aditum, neque causam postulandi justam haberet, beneficio ac liberalitate sua ac senatus ea præmia consecutum. Docebat etiam, quam veteres, quamque justæ causæ necessitudinis ipsis cum Æduis intercederent; quæ senatusconsulta, quoties, quamque honorifica in eos facta essent; ut omni tempore totius Galliæ principatum Ædui tenuissent, prius etiam, quam nostram amicitiam appetissent: populi romani hanc esse consuetudinem, ut socios atque amicos non modo sui nihil deperdere, sed gratia, dignitate, honore auctiores velit esse : quod vero ad amicitiam populi romani attulissent, id iis eripi, quis pati posset ? Postulavit deinde eadem, quæ legatis in man-

assez plaisamment à un soldat de cette légion, que César
allait au delà de ses promesses, puisque, ayant promis
de les faire prétoriens [39], il les faisait chevaliers.

XLIII. Dans une plaine spacieuse, à une distance à
peu près égale des deux camps, s'élevait un tertre assez
étendu. Ce fut le lieu choisi pour l'entrevue. César plaça
sa cavalerie à deux cents pas du tertre; les cavaliers
d'Arioviste s'arrêtèrent à la même distance. Arioviste
demanda que la conférence se tînt à cheval, et que l'un
et l'autre se fît accompagner de dix hommes. Lorsqu'on
fut en présence, César commença par lui rappeler ses
bienfaits et ceux du sénat : il avait été appelé roi par
le sénat; il avait reçu le titre d'ami; il avait été comblé
des plus riches présens, privilège rare, et que les Romains n'accordaient qu'à de grands services : ces honneurs il les avait obtenus, sans titre, sans espoir, de la
seule libéralité de César et du sénat. César lui rappela
aussi les anciennes liaisons et les justes motifs qui les
unissaient aux Éduens; il cita les sénatus-consultes ho-
norables tant de fois rendus en leur faveur; de tout
temps, même avant de rechercher notre amitié, les Éduens
avaient tenu le premier rang dans la Gaule; et tel est
l'usage du peuple romain, de vouloir que ses alliés et ses
amis, loin de rien perdre de leur puissance, accroissent
sans cesse leur crédit, leur dignité, leurs honneurs.
Qui pourrait souffrir qu'on leur enlevât ce qu'ils possédaient avant leur alliance avec Rome? César renouvela
ensuite les demandes qu'il avait déjà faites par ses dé-

datis dederat : « ne aut Æduis, aut eorum sociis bellum
inferret; obsides redderet : si nullam partem Germanorum domum remittere posset, at ne quos amplius Rhenum transire pateretur.»

XLIV. Ariovistus ad postulata Cæsaris pauca respondit; de suis virtutibus multa prædicavit : « Transisse
Rhenum sese non sua sponte, sed rogatum et arcessitum a Gallis; non sine magna spe magnisque præmiis
domum propinquosque reliquisse; sedes habere in Gallia, ab ipsis concessas; obsides ipsorum voluntate da-
tos; stipendium capere jure belli, quod victores victis
imponere consuerint; non sese Gallis, sed Gallos sibi
bellum intulisse; omnes Galliæ civitates ad se oppugnandum venisse, ac contra se castra habuisse; eas omnes copias a se uno prœlio fusas ac superatas esse. Si
iterum experiri velint, iterum paratum sese decertare;
si pace uti velint, iniquum esse, de stipendio recusare,
quod sua voluntate ad id tempus pependerint. Amicitiam populi romani sibi ornamento et præsidio, non detrimento esse oportere; idque se ea spe petisse. Si per
populum romanum stipendium remittatur, et dedititii
subtrahantur, non minus libenter sese recusaturum populi romani amicitiam, quam appetierit. Quod multitudinem Germanorum in Galliam transducat, id se sui
muniendi, non Galliæ impugnandæ causa facere : ejus
rei testimonium esse, quod, nisi rogatus, non venerit,
et quod bellum non intulerit, sed defenderit. Se prius in
Galliam venisse, quam populum romanum. Nunquam
ante hoc tempus exercitum populi romani Galliæ provinciæ fines egressum. Quid sibi vellet? cur in suas pos-

putés : qu'il ne fît la guerre ni aux Éduens ni à leurs
alliés; qu'il rendît les ôtages, et, s'il ne pouvait renvoyer
aucune de ses tribus germaines, qu'au moins il ne permît plus à d'autres de passer le Rhin.

XLIV. Arioviste répondit peu aux demandes de César, mais s'étendit longuement sur ses propres louanges.
Il n'avait point passé le Rhin de son propre mouvement, mais à la prière des Gaulois qui avaient imploré
son secours : il n'aurait point quitté son pays et ses
proches sans l'espoir d'une riche récompense : les terres
qu'il occupait dans les Gaules lui avaient été cédées par
les Gaulois : ils avaient livré volontairement des ôtages;
il leur a imposé un tribut en vertu des droits que donne
la victoire. Ce n'est point lui qui a commencé la guerre;
les Gaulois sont les agresseurs : toutes les peuplades de
la Gaule sont venues fondre sur lui : il a, dans un seul
combat, vaincu et dispersé toutes leurs forces. S'ils veulent encore tenter le sort des armes, ils le trouveront
prêt à combattre : s'ils préfèrent la paix, il est injuste
de lui refuser le tribut qu'ils ont volontairement payé
jusqu'à ce jour. Il croyait trouver dans l'amitié du peuple
romain honneur et appui, et non pas une occasion de
dommage; il l'a recherchée dans cet espoir. Mais si cette
amitié ne sert qu'à lui enlever ses subsides et ses tributaires, il y renonce aussi volontiers qu'il l'a désirée. S'il
fait passer tant de Germains dans la Gaule, c'est pour
sa sûreté, et non pour attaquer les Gaulois : ce qui le
prouve, c'est qu'il n'est venu que sur leur prière, et qu'il
n'a point déclaré la guerre le premier, mais qu'il l'a repoussée. Il est entré dans la Gaule avant les Romains.

sessiones veniret? provinciam suam esse hanc Galliam,
sicut illam nostram. Ut ipsi concedi non oporteret, si
in nostros fines impetum faceret, sic item nos esse ini-
quos, qui in suo jure se interpellaremus. Quod fratres
a senatu Æduos appellatos diceret, non se tam barbarum, neque tam imperitum esse rerum, ut non sciret,
neque bello Allobrogum proximo Æduos Romanis auxilium tulisse, neque ipsos in his contentionibus, quas
Ædui secum et cum Sequanis habuissent, auxilio populi
romani usos esse. Debere se suspicari, simulata Cæsarem amicitia, quod exercitum in Gallia habeat, sui op-
primendi causa habere. Qui nisi decedat, atque exercitum deducat ex his regionibus, sese illum non pro
amico, sed pro hoste habiturum : quod si eum interfe-
cerit, multis sese nobilibus principibusque populi romani gratum esse facturum : id se ab ipsis per eorum
nuntios compertum habere, quorum omnium gratiam
atque amicitiam ejus morte redimere posset. Quod si de-
cessisset, ac liberam possessionem Galliæ sibi tradidis-
set, magno se illum præmio remuneraturum, et quæcunque bella geri vellet, sine ullo ejus labore et periculo
confecturum. »

XLV. Multa ab Cæsare in eam sententiam dicta sunt,
quare negotio desistere non posset, « et neque suam,
neque populi romani consuetudinem pati, uti optime
meritos socios desereret : neque se judicare, Galliam potius esse Ariovisti, quam populi romani. Bello supera-
tos esse Arvernos et Rutenos a Q. Fabio Maximo, quibus populus romanus ignovisset, neque in provinciam
redegisset, neque stipendium imposuisset. Quod si anti-

Jusqu'alors aucune armée romaine n'était sortie de la Province. Que veut-on de lui ? pourquoi venir sur ses terres ? Cette partie de la Gaule est à lui, comme la nôtre est à nous. On ne lui permettrait point d'envahir nos frontières ; nous sommes donc injustes de venir le chercher sur ses domaines. Quant au titre de frères que le sénat a donné aux Éduens, il n'est point assez barbare, ni assez dénué d'expérience, pour ignorer que dans la dernière guerre des Allobroges, les Éduens n'ont pas plus envoyé de secours aux Romains, qu'ils n'en ont eux-mêmes reçu dans leurs démêlés avec lui et les Séquanais. Il a lieu de soupçonner que César, tout en se disant son ami, n'a une armée dans les Gaules, que pour le perdre. S'il ne s'éloigne, et ne retire ses troupes, il le traitera en ennemi et non en allié. Il sait par des messages qu'en le faisant périr, il plairait à plusieurs des grands de Rome ; sa mort lui vaudrait leur faveur et leur amitié. Mais qu'il se retire, qu'il lui laisse la libre possession de la Gaule, et pour lui témoigner sa reconnaissance, il épargnera à César tous les périls et les fatigues, en se chargeant des guerres qu'il voudrait entreprendre.

XLV. César prouva par plusieurs raisons qu'il ne pouvait se désister de son entreprise. Il n'était ni dans ses principes ni dans ceux du peuple romain d'abandonner des alliés qui avaient bien mérité de la république ; et il ne pensait pas que la Gaule appartînt à Arioviste plutôt qu'aux Romains. Déjà Q. Fabius Maximus avait vaincu les Arvernes et les Ruténiens[40] ; le peuple romain leur faisant grâce ne les a point réduits en province[41], et ne leur a point im-

quissimum quodque tempus spectari oporteret, populi
romani justissimum esse in Gallia imperium: si judicium
senatus observari oporteret, liberam debere esse Galliam,
quam bello victam suis legibus uti voluisset. »

XLVI. Dum hæc in colloquio geruntur, Cæsari nuntiatum est, equites Ariovisti propius tumulum accedere,
et ad nostros adequitare, lapides telaque in nostros conjicere. Cæsar loquendi finem fecit, seque ad suos recepit, suisque imperavit, ne quod omnino telum in hostes rejicerent. Nam etsi sine ullo periculo legionis delectæ
cum equitatu prœlium fore videbat, tamen committendum non putabat, ut, pulsis hostibus, dici posset, eos
ab se per fidem in colloquio circumventos. Posteaquam
in vulgus militum elatum est, qua arrogantia in colloquio Ariovistus usus, omni Gallia Romanis interdixisset,
impetumque in nostros ejus equites fecissent, eaque res
colloquium ut diremisset, multo major alacritas studiumque pugnandi majus exercitui injectum est.

XLVII. Biduo post Ariovistus ad Cæsarem legatos
mittit, velle se de his rebus, quæ inter eos agi cœptæ,
neque perfectæ essent, agere cum eo; uti aut iterum
colloquio diem constitueret, aut, si id minus vellet, ex
suis legatis aliquem ad se mitteret. Colloquendi Cæsari
causa visa non est, et eo magis, quod pridie ejus diei
Germani retineri non potuerant, quin in nostros tela
conjicerent. Legatum ex suis sese magno cum periculo
ad eum missurum, et hominibus feris objecturum, existimabat. Commodissimum visum est, C. Valerium Procillum, C. Valerii Caburi filium, summa virtute et hu-

posé de tribut. Si l'on s'en rapporte aux droits d'ancienneté, elle donne au peuple romain de justes prétentions à la souveraineté de la Gaule : si l'on se conforme au décret du sénat, la Gaule doit être libre, puisque, après la victoire, il a voulu qu'elle conservât ses lois.

XLVI. Pendant cet entretien, on vint annoncer à César que la cavalerie d'Arioviste s'approchait du tertre, s'avançait vers les nôtres, et lançait des pierres et des traits. César mit fin à la conférence, se retira vers les siens, et leur défendit de répondre par un seul trait, non qu'il craignît avec sa légion d'élite d'engager le combat, mais il ne voulait pas donner lieu aux ennemis d'attribuer leur défaite à la perfidie et à une surprise. Lorsqu'on sut dans le camp la hauteur avec laquelle Arioviste avait parlé, la défense faite aux Romains d'entrer dans la Gaule, et comment l'attaque soudaine de ses cavaliers avait rompu l'entrevue, nos soldats sentirent redoubler leur ardeur, et furent impatiens de combattre.

XLVII. Deux jours après, Arioviste envoya demander à César de reprendre la conférence qui avait été interrompue : il le priait de fixer un jour pour un nouvel entretien, ou au moins de lui envoyer un de ses lieutenans. César ne jugea pas à propos d'accorder cette entrevue, d'autant plus que la veille on n'avait pu empêcher les Germains de lancer des traits sur nos troupes ; il sentait aussi le danger d'envoyer un de ses lieutenans, et de l'exposer à leur cruauté. Il crut plus convenable de députer C. Valerius Procillus, jeune homme plein de courage et de sagesse, dont le père C. Valerius Caburus avait été

manitate adolescentem (cujus pater a C. Valerio Flacco
civitate donatus erat), et propter fidem, et propter lin-
guæ Gallicæ scientiam, qua multa jam Ariovistus longinqua consuetudine utebatur, et, quod in eo peccandi
Germanis causa non esset, ad eum mittere, et M. Met-
tium, qui hospitio Ariovisti usus erat. His mandavit,
ut, quæ diceret Ariovistus, cognoscerent, et ad se re-
ferrent. Quos quum apud se in castris Ariovistus conspexisset, exercitu suo præsente, conclamavit : « Quid ad
se venirent ? an speculandi causâ ? » Conantes dicere pro-
hibuit, et in catenas conjecit.

XLVIII. Eodem die castra promovit, et millibus passuum VI a Cæsaris castris sub monte consedit. Postridie
ejus diei præter castra Cæsaris suas copias transduxit, et
millibus passuum duobus ultra eum castra fecit, eo consilio, uti frumento commeatuque, qui ex Sequanis et Æduis
supportaretur, Cæsarem intercluderet. Ex eo die dies
continuos quinque Cæsar pro castris suas copias pro-
duxit, et aciem instructam habuit, ut, si vellet Ariovistus prœlio contendere, ei potestas non deesset. Ariovistus his omnibus diebus exercitum castris continuit :
equestri prœlio quotidie contendit. Genus hoc erat pugnæ, quo se Germani exercuerant. Equitum millia erant
sex ; totidem numero pedites velocissimi ac fortissimi, quos
ex omni copia singuli singulos, suæ salutis causa, delegerant : cum his in prœliis versabantur, ad hos se equites recipiebant : hi, si quid erat durius, concurrebant :
si qui, graviore vulnere accepto, equo deciderat, circumsistebant : si quo erat longius prodeundum, aut celerius

fait citoyen romain par C. Valerius Flaccus : on pouvait
se fier à lui, il connaissait la langue gauloise qu'une longue habitude avait rendue familière à Arioviste, et les
Germains n'avaient aucune raison de le maltraiter. César
lui adjoignit M. Mettius, qui était lié avec Arioviste par
les droits de l'hospitalité. Il les chargea d'entendre les propositions, et de lui en faire le rapport. Mais dès qu'Arioviste les vit dans son camp, il s'écria en présence de ses
soldats : «Que venez-vous faire ici? est-ce pour espionner?»
et sans attendre leur réponse, il les fit jeter dans les fers.

XLVIII. Il leva son camp le même jour, et vint l'as-
seoir au pied d'une montagne, à six mille pas de César.
Le lendemain, il fit marcher ses troupes à la vue des Romains et campa à deux milles au delà de César, afin d'intercepter les vivres qui venaient de la Séquanie et des
pays des Éduens. Pendant les cinq jours suivans, César
tint ses troupes rangées en bataille à la tête du camp,
pour laisser aux ennemis toute liberté d'engager le combat. Mais Arioviste, durant tout ce temps, tint ses troupes renfermées, et se borna chaque jour à des escarmouches de cavalerie : genre de combat assez familier aux
Germains. Six mille cavaliers choisissaient un pareil nombre de fantassins, parmi les plus agiles et les plus cou-
rageux : chacun d'eux veillait sur un cavalier, et le suivait dans les combats : la cavalerie se repliait sur eux :
si elle était en danger, les fantassins accouraient; si un cavalier blessé tombait de cheval, ils l'environnaient; s'il
fallait s'avancer rapidement ou faire une retraite préci-

recipiendum, tanta erat horum exercitatione celeritas, ut, jubis equorum sublevati, cursum adæquarent.

XLIX. Ubi eum castris se tenere Cæsar intellexit, ne diutius commeatu prohiberetur, ultra eum locum, quo in loco Germani consederant, circiter passus DC ab eis, castris idoneum locum delegit, acieque triplici instructa, ad eum locum venit. Primam et secundam aciem in armis esse, tertiam castra munire jussit. Hic locus ab hoste circiter passus sexcentos, uti dictum est, aberat. Eo circiter hominum numero XVI millia expedita cum omni equitatu Ariovistus misit, quæ copiæ nostros perterrerent, et munitione prohiberent. Nihilo secius Cæsar, ut ante constituerat, duas acies hostem propulsare, tertiam opus perficere jussit. Munitis castris, duas ibi legiones reliquit, et partem auxiliorum; quatuor reliquas in castra majora reduxit.

L. Proximo die, instituto suo, Cæsar e castris utrisque copias suas eduxit; paulumque a majoribus castris progressus, aciem instruxit, hostibusque pugnandi potestatem fecit. Ubi ne tum quidem eos prodire intellexit, circiter meridiem exercitum in castra reduxit. Tum demum Ariovistus partem suarum copiarum, quæ castra minora oppugnaret, misit : acriter utrinque usque ad vesperum pugnatum est. Solis occasu suas copias Ariovistus, multis et illatis et acceptis vulneribus, in castra reduxit. Quum ex captivis quæreret Cæsar, quamobrem Ariovistus prœlio non decertaret, hanc reperiebat causam, quod apud Germanos ea consuetudo esset, ut matres familiæ eorum sortibus et vaticinationibus declara-

pitée, l'exercice les avait rendus si agiles, qu'en se tenant à la crinière des chevaux, ils les suivaient à la course.

XLIX. César, voyant qu'Arioviste se tenait renfermé dans son camp et lui coupait les vivres, choisit une position avantageuse à six cents pas environ des Germains, et y dirigea son armée sur trois lignes. Il en tint deux sous les armes, et employa la troisième aux retranchemens. Ce lieu était, comme nous l'avons dit, à six cents pas à peu près de l'ennemi. Arioviste détacha seize mille hommes de troupes légères et toute sa cavalerie, pour effrayer nos soldats et interrompre les travaux. César, fidèle à son plan, ordonna aux deux premières lignes de combattre, et à la troisième d'achever les ouvrages. Le retranchement achevé, César y laisse deux légions avec une partie des auxiliaires, et ramène les quatre autres à l'ancien camp.

L. Le lendemain, selon son usage, il fit sortir ses troupes des deux camps, et, s'étant avancé à quelque distance du sien, les rangea en bataille et présenta le combat. Comme l'ennemi ne faisait aucun mouvement, il les fit rentrer vers le milieu du jour. Alors seulement Arioviste envoya une partie des siens contre le nouveau camp : le combat fut opiniâtre et dura jusqu'au soir. Au coucher du soleil, Arioviste ramena ses troupes, après une perte assez grande de part et d'autre. César ayant demandé aux prisonniers pourquoi Arioviste refusait de livrer bataille, apprit que c'était une coutume chez les Germains d'attendre que les femmes eussent consulté le sort et interrogé l'avenir, pour savoir si le moment

rent, utrum proelium committi ex usu esset, necne : eas ita dicere : « Non esse fas Germanos superare, si ante novam lunam proelio contendissent. »

LI. Postridie ejus diei Caesar praesidio utrisque castris, quod satis esse visum est, reliquit; omnes alarios in conspectu hostium pro castris minoribus constituit, quod minus multitudine militum legionariorum, pro hostium numero, valebat, ut ad speciem alariis uteretur. Ipse, triplici instructa acie, usque ad castra hostium accessit. Tum demum necessario Germani suas copias e castris eduxerunt, generatimque, constituerunt paribusque intervallis, Harudes, Marcomannos, Triboccos, Vangiones, Nemetes, Sedusios, Suevos; omnemque aciem suam rhedis et carris circumdederunt, ne qua spes in fuga relinqueretur. Eo mulieres imposuerunt, quae in proelium proficiscentes milites passis manibus flentes implorabant, ne se in servitutem Romanis traderent.

LII. Caesar singulis legionibus singulos legatos et quaestorem praefecit, uti eos testes suae quisque virtutis haberet. Ipse a dextro cornu, quod eam partem minime firmam hostium esse animum adverterat, proelium commisit. Ita nostri acriter in hostes, signo dato, impetum fecerunt; itaque hostes repente celeriterque procurrerunt, ut spatium pila in hostes conjiciendi non daretur. Rejectis pilis, cominus gladiis pugnatum est. At Germani, celeriter ex consuetudine sua phalange facta, impetus gladiorum exceperunt. Reperti sunt complures nostri milites, qui in phalangas insilirent, et scuta manibus revellerent, et desuper vulnerarent. Quum hostium

de combattre était arrivé. Elles avaient déclaré que les Germains ne pouvaient être vainqueurs, s'ils combattaient avant la nouvelle lune [42].

LI. Le jour suivant, César, après avoir laissé dans les deux camps une garde suffisante, plaça à la vue des ennemis, dans le nouveau camp, toutes les troupes auxiliaires : comme le nombre des légionnaires était inférieur à celui des ennemis, il produisait ses alliés pour étaler ses forces. Il rangea ensuite l'armée sur trois lignes, et marcha au camp d'Arioviste. Les Germains ne pouvant plus éviter le combat, sortirent enfin et se placèrent par ordre de nations à des intervalles égaux, Harudes, Marcomans [43], Tribocques [44], Vangions [45], Nemètes [46], Sedusiens, Suèves [47] ; pour s'interdire tout espoir de fuite, ils formèrent autour d'eux une barrière avec leurs chariots : du haut de ces chars, les femmes tout en pleurs tendaient les bras vers leurs époux, et les suppliaient de ne point les livrer en esclavage aux Romains.

LII. César mit à la tête de chaque légion un de ses lieutenans et un questeur, pour que chacun eût des témoins de son courage ; et il commença l'attaque par son aile droite, du côté où l'ennemi semblait être le plus faible. Au signal donné, nos troupes s'élancèrent avec tant d'impétuosité, et de son côté l'ennemi courut si vite à leur rencontre, qu'on n'eut pas le temps de lancer les javelots : on tira l'épée, et l'on combattit de près. Les Germains, selon leur usage, se formèrent promptement en phalange, pour soutenir notre choc. On vit alors plusieurs de nos soldats s'élancer sur cette voûte de boucliers que formait chaque phalange, les arracher, et frapper l'ennemi découvert.

acies a sinistro cornu pulsa atque in fugam conversa esset, a dextro cornu vehementer multitudine suorum nostram aciem premebant. Id quum animadvertisset P. Crassus, adolescens, qui equitatu praeerat, quod expeditior erat, quam hi, qui inter aciem versabantur, tertiam aciem laborantibus nostris subsidio misit.

LIII. Ita proelium restitutum est, atque omnes hostes terga verterunt, neque prius fugere destiterunt, quam ad flumen Rhenum millia passuum ex eo loco circiter quinquaginta pervenerunt. Ibi perpauci aut viribus confisi transnatare contenderunt, aut lintribus inventis sibi salutem repererunt. In his fuit Ariovistus, qui, naviculam deligatam ad ripam nactus, ea profugit : reliquos omnes consecuti equites nostri interfecerunt. Duae fuerunt Ariovisti uxores, una Sueva natione, quam domo secum adduxerat, altera Norica, regis Vocionis soror, quam in Gallia duxerat, a fratre missam : utraeque in ea fuga perierunt. Duae filiae harum, altera occisa, altera capta est. C. Valerius Procillus, quum a custodibus in fuga trinis catenis vinctus traheretur, in ipsum Caesarem, hostes equitatu persequentem, incidit. Quae quidem res Caesari non minorem, quam ipsa victoria, voluptatem attulit, quod hominem honestissimum provinciae Galliae, suum familiarem et hospitem, ereptum e manibus hostium, sibi restitutum videbat; neque ejus calamitate de tanta voluptate et gratulatione quidquam fortuna deminuerat. Is, se praesente, de se ter sortibus consultum dicebat, utrum igni statim necaretur, an in aliud tempus reservaretur; sortium beneficio se esse incolumem. Item M. Mettius repertus, et ad eum reductus est.

Tandis que l'aile gauche de l'ennemi était rompue et mise en fuite, à la droite les nôtres étaient vivement pressés par le nombre. Le jeune P. Crassus qui commandait la cavalerie, et n'était pas si engagé dans la mêlée, s'en aperçut, et envoya la troisième ligne pour soutenir nos soldats ébranlés.

LIII. Alors le combat fut rétabli, les ennemis prirent tous la fuite, et ne s'arrêtèrent qu'au Rhin, à cinquante milles environ du champ de bataille. Quelques-uns, se fiant à leur force, essayèrent de le passer à la nage, ou se sauvèrent dans des barques trouvées sur la rive. De ce nombre fut Arioviste : il trouva une barque attachée au rivage, et échappa ainsi. Tout le reste fut taillé en pièces par la cavalerie qui les poursuivait. Arioviste avait deux femmes [48], l'une Suève, qu'il avait amenée de sa patrie, l'autre du Norique, et sœur du roi Vocion, qui la lui avait envoyée en Gaule, où il l'épousa : toutes deux périrent dans la fuite. Elles avaient deux filles ; l'une fut tuée, et l'autre prise. C. Valerius Procillus était entraîné par ses gardiens, chargé d'une triple chaîne, lorsqu'il tomba aux mains de César lui-même, qui poursuivait l'ennemi avec ses cavaliers. Ce fut pour César un plaisir égal à celui de la victoire, que d'arracher aux mains de l'ennemi l'homme le plus honoré de la province, son ami et son hôte, sans qu'une perte aussi affligeante vînt altérer sa joie et son triomphe. Procillus lui apprit qu'il avait vu trois fois consulter le sort, pour décider s'il serait brûlé sur-le-champ, ou si l'on différerait son supplice ; et que trois fois le hasard l'avait sauvé. M. Mettius fut également retrouvé, et ramené à César.

LIV. Hoc prœlio trans Rhenum nuntiato, Suevi, qui ad ripas Rheni venerant, domum reverti cœperunt : quos Ubii, qui proximi Rhenum incolunt, perterritos insecuti, magnum ex his numerum occiderunt. Cæsar, una æstate duobus maximis bellis confectis, maturius paulo, quam tempus anni postulabat, in hiberna in Sequanos exercitum deduxit : hibernis Labienum præposuit : ipse in citeriorem Galliam ad conventus agendos profectus est.

LIV. Lorsqu'on eut appris cette victoire au delà du Rhin, les Suèves qui étaient déjà arrivés sur les bords du fleuve, retournèrent vers leur pays. Les Ubiens, voisins de cette rive, profitant de leur épouvante, les poursuivirent, et en tuèrent un grand nombre. César, ayant ainsi terminé deux grandes guerres en une seule campagne, mit l'armée en quartier d'hiver chez les Séquanais, un peu plus tôt que la saison ne l'exigeait. Il en confia le commandement à Labienus, et alla dans la Gaule citérieure tenir les assemblées.

NOTES

SUR LE LIVRE PREMIER.

1. *Toute la Gaule.* César ne comprend pas dans cette division le pays des Allobroges, ni la Gaule Narbonnaise, qui faisait déjà partie de la Province romaine.

2. *Les Helvétiens.* Les Suisses, alors appelés Helvétiens, étaient compris dans la Gaule, à laquelle on donnait, de ce côté là, le Rhin pour limite.

3. *Les Séquanais.* La Franche-Comté correspond au pays désigné par le nom des Séquanais ou Séquaniens.

4. *A l'extrême frontière de la Gaule.* Il faut toujours entendre ces positions par rapport à l'Italie.

5. *Elle est située au nord-ouest.* Presque toutes les traductions rendent ces mots *vergit ad septemtriones, spectant in septemtriones et orientem solem, spectat inter occasum solis et septemtriones,* par des paraphrases qui ne donnent pas une idée exacte du sens. L'auteur désigne simplement, par ces locutions, la position géographique des diverses provinces, toujours vues de l'Italie. Nous avons donc cru devoir employer dans notre traduction les mots consacrés *nord-est* et *nord-ouest.*

6. *Sous le consulat,* etc. Le consulat de Messala et de Pison, répond à l'an de Rome 693.

7. *Les Éduens.* La capitale des Éduens était Bibracte, depuis *Augustodunum,* Autun.

8. *Aux Rauraques,* etc. Territoire de Bâle. Les Tulinges et les Latobriges ne sont pas connus. Il est probable qu'ils appartenaient à quelque canton de la Germanie, voisin de l'Helvétie.

9. *Les Boïens.* Bavière.

10. *Du pays des Allobroges.* Savoie et Dauphiné.

11. *C'était le cinq avant les calendes d'avril.* Les calendes étant le premier jour de chaque mois, le cinquième, à partir des calendes d'avril, répondait au 28 mars. Le consulat de L. Pison et d'A. Gabinius tombe à l'an de Rome 696.

12. *Aux ides d'avril.* Les ides étaient le 13, pour huit mois de l'année, et le 15, pour les quatre autres.

13. *Les Santones.* La Saintonge.

14. *Ville de la Province romaine.* C'est-à-dire dans la Gaule Narbonnaise, qui était, comme nous l'avons dit, soumise aux Romains.

15. *Les Centrones, les Graïoceliens et les Caturiges.* Peuples de la Tarentaise, du Mont-Cénis, d'Embrun.

16 et 17. *Au territoire des Vocontiens.* La Province citérieure est la Gaule Cisalpine ou le Piémont, dont *Ocelum* ou Oneille était la dernière place : la Province ultérieure est la Gaule Transalpine; et le territoire des Vocontiens couvrait une partie du Dauphiné.

18. *Les Ambarres.* Les Ambarres occupaient le Charolais.

19. *La troisième veille;* c'est-à-dire vers le milieu de la nuit. On partageait la nuit en quatre veilles, de trois heures chacune : la première commençait à six heures du soir.

20. *Au canton Tigurien.* Le canton Tigurien est aujourd'hui celui de Zurich. On suppose que les quatre cantons qui partageaient alors l'Helvétie, étaient formés par les bassins des quatre fleuves principaux qui la traversent, savoir : l'Aar, la Reuss, la Linth ou Limmath, et la Thur. Quant au Rhin et au Rhône, ils forment, avec le Jura, les limites de la Suisse.

21. *Son beau-père L. Pison.* César avait épousé Calpurnie, fille de L. Pison.

22. *Vergobret.* En langue celtique *fear-go-breith,* homme qui rend des jugemens. Pendant long-temps, à Autun, le premier magistrat était appelé *vierg* ou *verg.*

23. *Bituriges.* Habitans du Berri.

24. *A la troisième veille.* De minuit à trois heures du matin.

25. *A la quatrième veille.* De trois à six heures du matin. *Voyez* la note 19.

26. *Jusqu'à la distribution.* Tous les mois on faisait aux soldats la distribution des vivres, et on leur payait leur solde.

27. *La Gaule citérieure.* La Gaule Cisalpine. *Voyez* plus haut la note 16.

28. *Cloués ensemble.* Pour concevoir comment les boucliers des Gaulois pouvaient être cloués ensemble par les javelots des Romains, il faut se rappeler que les combattans qui se trouvaient dans l'intérieur de la phalange, élevaient leurs boucliers au dessus de leur tête, et formaient ce que les Romains appelaient la tortue. Ces boucliers étant ainsi agencés les uns dans les autres, un même javelot pouvait en percer deux à la fois et les clouer ensemble.

29. *Depuis la septième heure.* Le jour était partagé en douze heures, dont la première commençait à six heures du matin.

30. *Lingons.* Pays de Langres.

31. *Verbigène.* La position de ce canton est incertaine.

32. *Lettres grecques.* César, lib. VI, cap. 16, nous dit que les Druides faisaient ordinairement usage des lettres grecques dans les écrits publics. Ce n'est point que cette langue fût bien connue de ces peuples, surtout de ceux du Nord, des Belges, des Nerviens. Nous voyons dans César, lib. V, cap. 58, qu'il écrivit à son lieutenant une lettre en grec, afin qu'elle ne pût être comprise des Nerviens, si elle tombait entre leurs mains. Il est probable d'ailleurs qu'il ne s'agit ici que de caractères grecs.

33. *Toute la Gaule.* César ne parle ici que de la Gaule Celtique; car alors les Belges se préparaient à la guerre.

34. *Les Arvernes.* Habitans de l'Auvergne.

35. *A Magétobrie.* Nous suivons la leçon d'Oberlin : d'autres lisent *Amagetobriæ.* C'est Montbéliard.

36. *Les Tréviriens.* Territoire de Trèves.

37. *Les Leuques.* Territoire de Toul.

38. *Vingt-quatre milles*. Environ sept ou huit lieues. La lieue commune de France, de 25 au degré, est évaluée à 2280 toises; et le mille romain, à 764.

39. *Les faire prétoriens*. La cohorte prétorienne était la garde du général.

40. *Ruténiens*. Ceux de Rodès.

41. *Réduits en province*. Les peuples réduits en Province romaine étaient privés de leurs lois, et soumis à un magistrat romain.

42. *Avant la nouvelle lune*. Cette superstition existait aussi chez les Grecs : elle empêcha les Spartiates de combattre à Marathon.

43. *Marcomans*. Position incertaine.

44. *Tribocques*. Alsace.

45. *Vangions*. Territoire de Worms.

46. *Némètes*. Spire. Les *Sédusiens*, peuplade aujourd'hui inconnue, mais qui habitait sur les bords du Rhin. On conjecture qu'ils occupaient le pays où est la ville de Selz.

47. *Suèves*. Souabe, et pays voisins.

48. *Avait deux femmes*. Tacite dit des Germains, c. 18, qu'ils sont les seuls barbares qui se contentent d'une seule femme. Un fort petit nombre d'entre eux en ont plusieurs, non par sensualité, mais à titre de noblesse. *Prope soli barbarorum singulis uxoribus contenti sunt, exceptis admodum paucis, qui, non libidine, sed ob nobilitatem, plurimis nuptiis ambiuntur.*

6.

LIBER II.

I. Quum esset Cæsar in citeriore Gallia in hibernis, ita uti supra demonstravimus, crebri ad eum rumores affe-rebantur, litterisque item Labieni certior fiebat, omnes Belgas, quam tertiam esse Galliæ partem dixeramus, contra populum romanum conjurare, obsidesque inter se dare; conjurandi has esse causas : primum, quod vererentur, ne, omni pacata Gallia, ad eos exercitus noster adduceretur; deinde, quod ab nonnullis Gallis sollicitarentur, partim qui, ut Germanos diutius in Gal-lia versari noluerant, ita populi romani exercitum hie-mare atque inveterascere in Gallia moleste ferebant; par-tim qui mobilitate et levitate animi novis imperiis stude-bant : ab nonnullis etiam, quod in Gallia a potentioribus, atque his, qui ad conducendos homines facultates habe-bant, vulgo regna occupabantur, qui minus facile eam rem in imperio nostro consequi poterant.

II. His nuntiis litterisque commotus Cæsar duas le-giones in citeriore Gallia novas conscripsit, et, inita æstate, in interiorem Galliam qui deduceret, Q. Pedium legatum misit. Ipse, quum primum pabuli copia esse in-ciperet, ad exercitum venit; dat negotium Senonibus,

LIVRE II.

I. César était, comme nous l'avons dit, en quartier
d'hiver dans la Gaule citérieure, lorsqu'il fut averti par
les bruits publics, et aussi par les lettres de Labienus,
que les Belges, qui occupaient un tiers de la Gaule,
se liguaient contre le peuple romain, et que déjà ces
peuples se donnaient mutuellement des ôtages. Cette
ligue avait diverses causes; d'abord ils craignaient
qu'après avoir pacifié la Gaule, notre armée ne marchât
contre eux : ils étaient d'ailleurs sollicités par un grand
nombre de Gaulois : ceux qui n'avaient pas voulu supporter le séjour des Germains en Gaule n'étaient pas
moins indignés de voir une armée romaine hiverner dans
le pays, et y prolonger son séjour : d'autres, par in-
constance et légèreté de caractère, désiraient un changement : quelques-uns, enfin, à qui leur crédit et des richesses suffisantes pour soudoyer des hommes, assuraient
d'ordinaire le souverain pouvoir dans la Gaule, pré-
voyaient qu'il leur serait moins facile de réussir sous la
domination des Romains.

II. César, inquiet de ces nouvelles, leva deux légions
dans la Gaule citérieure, et les envoya, au commencement de l'été, dans la Gaule intérieure, sous les ordres
de Q. Pedius, son lieutenant[1]. Il s'y rendit lui-même
dès que les fourrages furent assez abondants. Il chargea

reliquisque Gallis, qui finitimi Belgis erant, uti ea, quae
apud eos gerantur, cognoscant, seque de his rebus certiorem faciant. Hi constanter omnes nuntiaverunt, manus cogi, exercitum in unum locum conduci. Tum vero
dubitandum non existimavit, quin ad eos duodecimo
die proficisceretur. Re frumentaria provisa, castra movet, diebusque circiter xv ad fines Belgarum pervenit.

III. Eo quum de improviso celeriusque omnium opinione venisset, Remi, qui proximi Galliae ex Belgis sunt,
ad eum legatos, Iccium et Antebrogium, primos civitatis, miserunt, qui dicerent, se suaque omnia in fidem
atque potestatem populi romani permittere, neque se
cum Belgis reliquis consensisse, neque contra populum
romanum omnino conjurasse; paratosque esse et obsides dare, et imperata facere, et oppidis recipere, et frumento ceterisque rebus juvare; reliquos omnes Belgas
in armis esse; Germanosque, qui cis Rhenum incolunt,
sese cum his conjunxisse; tantumque esse eorum omnium furorem, ut ne Suessiones quidem, fratres consanguineosque suos, qui eodem jure et eisdem legibus utantur, unum imperium unumque magistratum cum ipsis
habeant, deterrere potuerint, quin cum his consenti-
rent.

IV. Quum ab his quaereret, quae civitates, quantaeque
in armis essent, et quid in bello possent, sic reperiebat:
plerosque Belgas esse ortos a Germanis, Rhenumque
antiquitus traductos, propter loci fertilitatem ibi consedisse, Gallosque, qui ea loca incolerent, expulisse; so-
losque esse, qui patrum nostrorum memoria, omni Gallia vexata, Teutones Cimbrosque intra fines suos ingredi

les Senonais[2] et les autres Gaulois, voisins de la Belgique, d'observer ce qui s'y passait et de l'en instruire. Tous s'accordèrent à lui dire qu'on levait des troupes et qu'une armée se rassemblait. César n'hésite plus à marcher, et il fixe son départ au douzième jour : après s'être pourvu de vivres, il lève son camp, et arrive en quinze jours sur la frontière des Belges.

III. On ne s'attendait point à une marche si rapide ; les Rémois, les plus voisins des Belges, lui envoyèrent aussitôt deux députés, Iccius et Antebrogius, les premiers de leur cité, pour remettre leurs personnes et leurs biens à la garde et sous la foi du peuple romain. Ils n'avaient point voulu se liguer avec les autres Belges, et conspirer contre les Romains : ils étaient prêts à donner des ôtages, à exécuter les ordres de César, à le recevoir dans leurs villes, à lui fournir des vivres et toute espèce de secours. Le reste de la Belgique est en armes ; les Germains qui habitaient en deçà du Rhin, se sont joints aux Belges : l'animosité est si grande, qu'eux-mêmes, frères et alliés des Suessions[3], unis avec eux par la conformité des lois et du gouvernement, soumis aux mêmes magistrats, n'ont pu les détourner de ces coupables projets.

IV. César demanda à ces députés quels étaient les peuples en armes, leur nombre et leurs forces. Il apprit que la plupart des Belges étaient d'origine germaine ; que leurs ancêtres, après avoir passé le Rhin, s'étaient fixés dans ces lieux à cause de la fertilité du sol, et en avaient chassé les Gaulois ; que seuls, du temps de nos pères, tandis que les Teutons et les Cimbres ravageaient

prohibuerint. Qua ex re fieri, uti earum rerum memoria
magnam sibi auctoritatem, magnosque spiritus in re militari sumerent. De numero eorum omnia se habere explorata, Remi dicebant, propterea quod propinquitati-
bus affinitatibusque conjuncti, quantam quisque multitudinem in communi Belgarum concilio ad id bellum
pollicitus sit, cognoverint. Plurimum inter eos Bellovacos, et virtute, et auctoritate, et hominum numero valere : hos posse conficere armata millia centum ; pollici-
tos ex eo numero electa millia LX, totiusque belli imperium sibi postulare : Suessiones suos esse finitimos ;
latissimos feracissimosque agros possidere ; apud eos fuisse
regem nostra etiam memoria Divitiacum, totius Galliæ
potentissimum, qui quum magnæ partis harum regionum, tum etiam Britanniæ imperium obtinuerit : nunc
esse regem Galbam ; ad hunc, propter justitiam pru-
dentiamque, summam totius belli omnium voluntate deferri : oppida habere numero XII, polliceri millia armata
quinquaginta ; totidem Nervios , qui maxime feri inter
ipsos habeantur, longissimeque absint : xv millia Atrebates : Ambianos x millia : Morinos xxv millia : Menapios IX millia : Caletos x millia : Velocasses et Veroman-
duos totidem : Aduatucos XXIX millia : Condrusos, Eburones, Cæræsos, Pæmanos, qui uno nomine Germani
appellantur, arbitrari ad XL millia.

toute la Gaule, ils avaient repoussé de leurs frontières
ces formidables ennemis. Ce souvenir leur inspirait une
haute idée de leur importance, et de hautes prétentions
militaires. Quant à leur nombre, les Rémois étaient à
même de le savoir exactement; liés avec eux par le voisinage et la parenté, ils savaient ce que, dans l'assemblée générale des Belges, chaque peuple s'était engagé à
fournir. Ceux qui tiennent le premier rang par leur influence, leur valeur, et leur population, sont les Bellovaques [4] : ils peuvent armer cent mille hommes; ils en
ont promis soixante mille d'élite, et prétendent à la direction suprême de la guerre. Les Suessions, leurs voisins,
possèdent un territoire très-étendu et très-fertile, sur
lequel avait régné de notre temps encore Divitiacus [5], le
plus puissant chef de la Gaule, qui joignait à une grande
partie de ces régions l'empire de la Bretagne [6] : aujour-
d'hui ils ont pour roi Galba, auquel tous les alliés ont,
d'un commun accord, déféré le commandement, pour sa
prudence et son équité. Ils ont douze villes, et ont promis
cinquante mille hommes. Les Nerviens [7], placés à l'extrémité de la Belgique, et les plus barbares d'entre ces
peuples, donnent le même nombre; les Atrebates [8], en
fournissent quinze mille; les Ambiens [9], dix mille; les
Morins [10], vingt-cinq mille; les Ménapiens [11], neuf mille;
les Calètes [12], dix mille; les Velocasses [13] et les Véromanduens [14], même nombre; les Aduatuques [15], vingt-
neuf mille; les Condrusiens [16], les Éburons [17], les Cérésiens et les Pémaniens [18], tous compris sous la dénomina-
tion de Germains, doivent en envoyer quarante mille.

V. Cæsar Remos cohortatus, liberaliterque oratione prosecutus, omnem senatum ad se convenire, principumque liberos obsides ad se adduci jussit. Quæ omnia ab his diligenter ad diem facta sunt. Ipse, Divitiacum Æduum magno opere cohortatus, docet, quanto opere reipublicæ communisque salutis intersit, manus hostium distineri, ne cum tanta multitudine uno tempore confligendum sit. Id fieri posse, si suas copias Ædui in fines Bellovacorum introduxerint, et eorum agros populari cœperint. His mandatis, eum ab se dimittit. Postquam omnes Belgarum copias in unum locum coactas ad se venire vidit, neque jam longe abesse, ab his, quos miserat, exploratoribus et ab Remis cognovit, flumen Axonam, quod est in extremis Remorum finibus, exercitum traducere maturavit, atque ibi castra posuit. Quæ res et latus unum castrorum ripis fluminis muniebat, et, post eum quæ essent, tuta ab hostibus reddebat, et commeatus ab Remis reliquisque civitatibus, ut sine periculo ad eum portari posset, efficiebat. In eo flumine pons erat. Ibi præsidium ponit, et in altera parte fluminis Q. Titurium Sabinum, legatum, cum sex cohortibus relinquit : castra in altitudinem pedum XII vallo, fossaque duodeviginti pedum, munire jubet.

VI. Ab his castris oppidum Remorum, nomine Bibrax, aberat millia passuum VIII. Id ex itinere magno impetu Belgæ oppugnare cœperunt. Ægre eo die sustentatum est. Gallorum eadem atque Belgarum oppugnatio est hæc. Ubi, circumjecta multitudine hominum totis mœnibus, undique lapides in murum jaci cœpti sunt, murusque defensoribus nudatus est, testudine facta por-

V. César encouragea les Rémois à persévérer dans
leurs sentimens, leur adressa des paroles obligeantes, et
ordonna à leur sénat de se rendre auprès de lui, et aux
principaux citoyens, de lui amener leurs enfans en ôtages.
Ils obéirent au jour marqué. Il échauffe ensuite le zèle
de l'éduen Divitiacus, et lui représente combien il im-
porte à la république et au salut commun de diviser les
forces de l'ennemi, pour n'avoir pas une si grande multitude à combattre à la fois. Il suffit que les Éduens entrent sur le territoire des Bellovaques, et le ravagent.
Divitiacus part avec cette mission. Dès que César apprit
de ses éclaireurs et des Rémois, que les Belges marchaient
sur lui avec toutes leurs troupes, et n'étaient plus qu'à
peu de distance, il se hâta de faire passer à son armée
la rivière d'Aisne, qui est à l'extrême frontière des Rémois, et plaça son camp sur la rive. De cette manière,
la rivière défendait un des côtés du camp; nos derrières
étaient en sûreté, et César pouvait sans péril tirer ses
vivres du pays Rémois et des autres villes. Sur cette rivière était un pont : il y établit un poste, et laissa sur
l'autre rive Q. Titurius Sabinus son lieutenant avec six
cohortes. Il éleva autour de son camp un retranchement
de douze pieds avec un fossé de dix-huit de profondeur.

VI. A huit milles de ce camp était une ville des Rémois, appelée Bibrax[19] : les Belges l'attaquèrent vivement sur leur passage, et la place se défendit tout le jour
avec peine. Leur manière d'assiéger est semblable à celle
des Gaulois[20]. Ils entourent les places avec toutes leurs
troupes, lancent de tous côtés des pierres sur le rempart pour écarter ceux qui le défendent; puis, se couvrant

tas succedunt, murumque subruunt. Quod tum facile
fiebat; nam, quum tanta multitudo lapides ac tela conjicerent, in muro consistendi potestas erat nulli. Quum
finem oppugnandi nox fecisset, Iccius Remus, summa
nobilitate et gratia inter suos, qui tum oppido præerat,
unus ex iis, qui legati de pace ad Cæsarem venerant,
nuntios ad eum mittit, nisi subsidium sibi submittatur,
sese diutius sustinere non posse.

VII. Eo de media nocte Cæsar, iisdem ducibus usus,
qui nuntii ab Iccio venerant, Numidas, et Cretas sagit-
tarios, et funditores Baleares subsidio oppidanis mittit:
quorum adventu et Remis, cum spe defensionis, studium propugnandi accessit, et hostibus eadem de causa
spes potiundi oppidi discessit. Itaque, paulisper apud
oppidum morati, agrosque Remorum depopulati, omnibus vicis ædificiisque, quos adire poterant, incensis, ad
castra Cæsaris omnibus copiis contenderunt, et ab millibus passuum minus II castra posuerunt : quæ castra,
ut fumo atque ignibus significabatur, amplius millibus
passuum VIII in latitudinem patebant.

VIII. Cæsar primo, et propter multitudinem hostium,
et propter eximiam opinionem virtutis, prœlio superse-
dere statuit : quotidie tamen equestribus prœliis, quid
hostis virtute posset, et quid nostri auderent, periclita-
batur. Ubi nostros non esse inferiores intellexit, loco pro
castris, ad aciem instruendam natura opportuno atque
idoneo (quod is collis, ubi castra posita erant, paululum ex planitie editus, tantum adversus in latitudinem
patebat, quantum loci acies instructa occupare poterat,

la tête de leurs boucliers, ils s'approchent des portes et
sappent la muraille : ce qui était alors fort aisé; car cette
grêle de pierres et de traits empêchait toute résistance sur
les remparts. La nuit mit fin à l'attaque. Le rémois Iccius,
qui commandait alors dans la ville, homme d'une haute
naissance et d'un grand crédit, l'un de ceux qui avaient
été députés vers César pour demander la paix, lui fit
dire qu'il ne pouvait tenir plus long-temps, s'il n'était
promptement secouru.

VII. Aussitôt, vers le milieu de la nuit, César fait partir des Numides[21], des archers Crétois[22], des frondeurs
Baléares[23], sous la conduite des mêmes hommes que lui
avait envoyés Iccius. Ce secours, qui ranima l'espoir des
assiégés et releva leur courage, ôta aux ennemis l'espérance de prendre la place. Ils restèrent quelque temps à
l'entour, dévastèrent la campagne, brûlèrent les bourgs
et maisons qui se trouvaient sur leur passage, puis ils
marchèrent avec toutes leurs troupes sur le camp de
César, et s'arrêtèrent à moins de deux milles. Les feux et
la fumée de leur camp indiquaient une étendue de plus
de huit mille pas.

VIII. César résolut d'abord de différer la bataille, à
cause du grand nombre des ennemis et de la haute idée
qu'il avait de leur valeur. Cependant chaque jour, par des
combats de cavalerie, il éprouvait le courage des ennemis, et l'audace des siens. Quand il vit que les nôtres ne
leur cédaient en rien, il marqua le champ de bataille, à
la tête du camp, dans une position avantageuse. La colline sur laquelle le camp était assis s'élevait insensiblement au dessus de la plaine, et était sur le devant assez

atque ex utraque parte lateris dejectus habebat, et frontem leniter fastigatus paulatim ad planitiem redibat), ab utroque latere ejus collis transversam fossam obduxit circiter passum CD, et ad extremas fossas castella constituit, ibique tormenta collocavit, ne, quum aciem instruxisset, hostes, quod tantum multitudine poterant, ab lateribus pugnantes suos circumvenire possent. Hoc facto, duabus legionibus, quas proxime conscripserat, in castris relictis, ut, si qua opus esset, subsidio duci possent, reliquas sex legiones pro castris in acie constituit. Hostes item suas copias ex castris eductas instruxerant.

IX. Palus erat non magna inter nostrum atque hostium exercitum. Hanc si nostri transirent, hostes exspectabant : nostri autem, si ab illis initium transeundi fieret, ut impeditos aggrederentur, parati in armis erant. Interim proelio equestri inter duas acies contendebatur. Ubi neutri transeundi initium faciunt, secundiore equitum proelio nostris, Caesar suos in castra reduxit. Hostes protinus ex eo loco ad flumen Axonam contenderunt, quod esse post nostra castra demonstratum est. Ibi vadis repertis, partem suarum copiarum transducere conati sunt, eo consilio, ut, si possent, castellum, cui praeerat Q. Titurius legatus, expugnarent, pontemque interscinderent; si minus potuissent, agros Remorum popularentur, qui magno nobis usui ad bellum gerendum erant, commeatuque nostros prohiberent.

X. Caesar, certior factus a Titurio, omnem equitatum, et levis armaturae Numidas, funditores, sagittariosque pontem traducit, atque ad eos contendit. Acriter in eo loco

étendue pour y déployer les troupes; elle s'abaissait à
droite et à gauche, et, se relevant légèrement vers le
centre, revenait en pente douce vers la plaine. A l'un et
l'autre côté de la colline, César fit creuser un fossé d'environ quatre cents pas; aux deux extrémités il éleva des
forts et y plaça les machines de guerre, pour empêcher
ses nombreux ennemis de le prendre en flanc et de l'envelopper pendant le combat. Il laissa ensuite dans le camp
les deux nouvelles légions, comme corps de réserve, et
rangea les six autres en bataille devant le camp. L'ennemi avait aussi fait sortir des troupes et disposé ses
lignes.

IX. Un marais peu étendu séparait les deux armées.
Chacune attendait, sous les armes, que l'autre essayât de
le passer, pour attaquer avec avantage. Cependant la cavalerie combattait de part et d'autre. Mais personne ne
voulant hasarder le passage, César, après le succès d'une
charge de cavalerie, fit rentrer ses légions. Aussitôt l'ennemi se dirigea vers la rivière d'Aisne, qui était, comme
on l'a dit, derrière nous : ils trouvèrent des endroits
guéables, et essayèrent de faire passer une partie de leurs
troupes. Leur projet était de prendre le fort commandé
par le lieutenant Q. Titurius, et de rompre le pont, ou
s'ils ne le pouvaient, de ravager le territoire des Rémois,
qui nous offrait de grandes ressources dans cette guerre,
et de nous couper les vivres.

X. Averti par Titurius, César passa le pont avec toute
sa cavalerie, ses Numides armés à la légère, ses frondeurs,
ses archers, et marcha à l'ennemi. Le combat fut opi-

pugnatum est. Hostes impeditos nostri in flumine aggressi, magnum eorum numerum occiderunt. Per eorum corpora reliquos audacissime transire conantes, multitudine telorum repulerunt; primos, qui transierant, equitatu circumventos interfecerunt. Hostes, ubi et de expugnando oppido, et de flumine transeundo spem se fefellisse intellexerunt, neque nostros in locum iniquiorem progredi pugnandi causa viderunt, atque ipsos res frumentaria deficere cœpit, concilio convocato, constituerunt, optimum esse, domum suam quemque reverti; ut, quorum in fines primum Romani exercitum introduxissent, ad eos defendendos undique convenirent; et potius in suis, quam in alienis finibus decertarent, et domesticis copiis rei frumentariæ uterentur. Ad eam sententiam cum reliquis causis hæc quoque ratio eos deduxit, quod Divitiacum atque Æduos finibus Bellovacorum appropinquare cognoverant. His persuaderi, ut diutius morarentur, neque suis auxilium ferrent, non poterat.

XI. Ea re constituta, secunda vigilia magno cum strepitu ac tumultu castris egressi, nullo certo ordine, neque imperio, quum sibi quisque primum itineris locum peteret, et domum pervenire properaret, fecerunt, ut consimilis fugæ profectio videretur. Hac re statim Cæsar per speculatores cognita, insidias veritus, quod, qua de causa discederent, nondum perspexerat, exercitum equitatumque castris continuit. Prima luce, confirmata re ab exploratoribus, omnem equitatum, qui novissimum agmen moraretur, præmisit. His Q. Pedium et L. Aurunculeium Cottam legatos præfecit. T. Labienum legatum

niâtre. Nos troupes les ayant surpris dans les embarras du passage[24], en tuèrent un grand nombre; les autres, sans être intimidés, s'efforçaient de passer sur les corps de leurs compagnons; ils furent repoussés par une grêle de traits; ceux qui avaient passé les premiers furent enveloppés par la cavalerie et taillés en pièces. Ainsi déçus dans leurs espérances, n'ayant pu ni se rendre maîtres de la place, ni traverser le fleuve, ni nous forcer à combattre sur un terrain désavantageux, déjà pressés par la disette qui commençait à se faire sentir, ils tinrent conseil et décidèrent que le meilleur parti était de retourner chacun dans son pays, et de se tenir prêts à voler au secours de ceux que les Romains attaqueraient les premiers. Ils combattraient avec plus d'avantage sur leur propre territoire, et ne craindraient point de manquer de vivres. Ce qui les décida surtout, ce fut la nouvelle que Divitiacus et les Éduens approchaient de la frontière des Bellovaques. On ne put retenir plus long-temps ces derniers et les empêcher d'aller défendre leurs foyers.

XI. Cette résolution étant prise, à la seconde veille ils sortent du camp à grand bruit, en tumulte, en désordre, sans reconnaître de chef, prenant chacun le premier chemin qui s'offrait, et se hâtant tous de gagner leur pays. Ce départ ressemblait à une fuite. César fut averti par ses vedettes; mais ignorant la cause de cette retraite précipitée, il craignit une embuscade et retint ses troupes dans le camp. Au point du jour, mieux instruit, il détacha toute sa cavalerie pour harceler l'arrière-garde. A la tête étaient Q. Pedius et L. Arunculeius Cotta, ses lieutenans. T. Labienus eut ordre

cum legionibus tribus subsequi jussit. Hi, novissimos adorti, et multa millia passuum prosecuti, magnam multitudinem eorum fugientium conciderunt, quum ab extremo agmine, ad quos ventum erat, consisterent, fortiterque impetum nostrorum militum sustinerent; prioresque (quod abesse a periculo viderentur, neque ulla necessitate, neque imperio continerentur), exaudito clamore, perturbatis ordinibus, omnes in fuga sibi præsidium ponerent. Ita sine ullo periculo tantam eorum multitudinem nostri interfecerunt, quantum fuit diei spatium : sub occasumque solis destiterunt, seque in castra, ut erat imperatum, receperunt.

XII. Postridie ejus diei Cæsar, prius quam se hostes ex pavore ac fuga reciperent, in fines Suessionum, qui proximi Remis erant, exercitum duxit, et, magno itinere confecto, ad oppidum Noviodunum contendit. Id ex itinere oppugnare conatus, quod vacuum ab defensoribus esse audiebat, propter latitudinem fossæ murique altitudinem, paucis defendentibus, expugnare non potuit. Castris munitis, vineas agere, quæque ad oppugnandum usui erant, comparare cœpit. Interim omnis ex fuga Suessionum multitudo in oppidum proxima nocte convenit. Celeriter vineis ad oppidum actis, aggere jacto, turribusque constitutis, magnitudine operum, quæ neque viderant ante Galli, neque audierant, et celeritate Romanorum permoti, legatos ad Cæsarem de deditione mittunt; et, petentibus Remis, ut conservarentur, impetrant.

XIII. Cæsar, obsidibus acceptis, primis civitatis at-

de les suivre avec trois légions. Ils atteignirent l'ennemi, le poursuivirent pendant plusieurs milles, et tuèrent un grand nombre de fuyards. Les derniers s'arrêtèrent et se défendirent vaillamment; mais ceux qui les précédaient se voyant éloignés du péril, et n'étant retenus ni par la nécessité, ni par l'ordre d'aucun chef, aussitôt qu'ils entendirent les cris des combattans, rompirent leurs rangs, et cherchèrent tous leur salut dans la fuite. Ainsi les nôtres en tuèrent, sans péril, une grande multitude, tant que dura le jour : au coucher du soleil ils cessèrent le carnage, et se retirèrent dans le camp suivant l'ordre qu'ils avaient reçu.

XII. Le lendemain, avant que l'ennemi se fût rallié et remis de son effroi, César mena son armée sur les terres des Suessions, les plus voisins des Rémois, et arriva après une longue marche à la ville de Noviodunum [25]. Sachant qu'il y avait peu d'hommes pour la défendre, il essaya de la prendre d'assaut; mais il ne put réussir, à cause de la largeur du fossé et de la hauteur des murs. Il se mit alors à retrancher son camp, fit des mantelets, et prépara tout ce qui était nécessaire pour un siège. Pendant ce temps, ceux des Suessions qui avaient échappé à la défaite, entrèrent de nuit dans la place. César ordonne sur-le-champ de dresser les mantelets [26], d'élever la terrasse [27], d'établir les tours : les Gaulois étonnés de la promptitude et de la grandeur de ces travaux, qu'ils n'avaient jamais vus, dont ils n'avaient même jamais ouï parler, envoient des députés pour capituler : sur la prière des Rémois, ils obtiennent la vie.

XIII. César se fit livrer toutes les armes : il prit pour

que ipsius Galbæ regis duobus filiis armisque omnibus
ex oppido traditis, in deditionem Suessiones accepit,
exercitumque in Bellovacos ducit. Qui quum se suaque
omnia in oppidum Bratuspantium contulissent, atque ab
eo oppido Cæsar cum exercitu circiter millia passuum v
abesset, omnes majores natu, ex oppido egressi, manus
ad Cæsarem tendere, et voce significare cœperunt, sese
in ejus fidem ac potestatem venire, neque contra populum romanum armis contendere. Item, quum ad oppidum accessisset, castraque ibi poneret, pueri mulieresque
ex muro passis manibus suo more pacem ab Romanis petierunt.

XIV. Pro his Divitiacus (nam post discessum Belgarum, dimissis Æduorum copiis, ad eum reverterat) fecit verba : « Bellovacos omni tempore in fide atque amicitia civitatis Æduæ fuisse : impulsos ab suis principibus,
qui dicerent, Æduos, a Cæsare in servitutem redactos,
omnes indignitates contumeliasque perferre, et ab Æduis
defecisse, et populo romano bellum intulisse : qui hujus
consilii principes fuissent, quod intelligerent, quantam
calamitatem civitati intulissent, in Britanniam profugisse. Petere non solum Bellovacos, sed etiam pro his
Æduos, ut sua clementia ac mansuetudine in eos utatur.
Quod si fecerit, Æduorum auctoritatem apud omnes
Belgas amplificaturum : quorum auxiliis atque opibus,
si qua bella inciderint, sustentare consuerint. »

XV. Cæsar, honoris Divitiaci atque Æduorum causa,
esse eos in fidem recepturum et conservaturum dixit:

ôtages les principaux d'entre eux, même les deux fils du
roi Galba, et marcha contre les Bellovaques. Ceux-ci
s'étaient renfermés avec tous leurs biens dans la place
de Bratuspantium[28]. César et son armée en étaient à cinq
milles, lorsque tous les vieillards, sortant de la ville,
vinrent lui tendre des mains suppliantes, criant qu'ils
se rendaient, et ne voulaient point faire la guerre aux
Romains. Comme il s'était approché de la place et éta-
blissait son camp, il vit les femmes et les enfans, qui, du
haut des murs, étendaient les mains et demandaient la
paix à leur manière.

XIV. Divitiacus parla en leur faveur (depuis la retraite des Belges, il avait renvoyé les troupes éduennes,
et était revenu auprès de César). Il représenta que de
tout temps les Bellovaques avaient été unis aux Éduens
par la foi et l'amitié : ils ont été entraînés par leurs chefs :
on leur disait que les Éduens, réduits par César à la
condition d'esclaves, enduraient toute sorte d'injures et
d'affronts; ils se sont alors détachés des Éduens, et ont
pris les armes. Les auteurs de ces pernicieux conseils,
sentant à quels malheurs ils avaient livré leur patrie,
viennent de s'enfuir en Bretagne. Ce ne sont plus les Bellovaques qui le supplient; les Éduens eux-mêmes réclam-
ment sa clémence. S'il cède à leurs prières, il augmen-
tera le crédit des Éduens auprès des Belges, qui leur
prêtent d'ordinaire leur secours et leur appui dans les
guerres qu'ils ont à soutenir.

XV. César répondit que, par égard pour Divitiacus et
pour les Éduens, il acceptait leur soumission, et leur

sed, quod erat civitas magna inter Belgas auctoritate,
atque hominum multitudine præstabat, DC obsides poposcit. His traditis, omnibusque armis ex oppido collatis, ab eo loco in fines Ambianorum pervenit, qui se
suaque omnia sine mora dediderunt. Eorum fines Nervii
attingebant; quorum de natura moribusque Cæsar quum
quæreret, sic reperiebat : «Nullum aditum esse ad eos
mercatoribus : nihil pati vini reliquarumque rerum, ad
luxuriam pertinentium, inferri, quod iis rebus relan-
guescere animos eorum, et remitti virtutem existimarent:
esse homines feros, magnæque virtutis : increpitare atque incusare reliquos Belgas, qui se populo romano
dedidissent, patriamque virtutem projecissent : confirmare, sese neque legatos missuros, neque ullam conditionem pacis accepturos.»

XVI. Quum per eorum fines triduum iter fecisset,
inveniebat ex captivis, Sabim flumen ab castris suis non
amplius millia passuum x abesse : trans id flumen omnes
Nervios consedisse, adventumque ibi Romanorum exspectare, una cum Atrebatibus et Veromanduis, finitimis suis (nam his utrisque persuaserant, ut eamdem
belli fortunam experirentur) : exspectari etiam ab his
Atuatucorum copias, atque esse in itinere : mulieres,
quique per ætatem ad pugnam inutiles viderentur, in
eum locum conjecisse, quo propter paludes exercitui
aditus non esset.

XVII. His rebus cognitis, exploratores centuriones-
que præmittit, qui locum idoneum castris deligant.
Quumque ex dedititiis Belgis reliquisque Gallis complures,
Cæsarem secuti, una iter facerent, quidam ex his, ut

laissait la vie : mais comme cette cité avait beaucoup
d'importance chez les Belges par son crédit et sa population, il demanda six cents ôtages. Dès qu'ils eurent été
livrés avec toutes les armes, il marcha contre les Ambiens : ceux-ci se rendirent aussitôt. Près de leurs pays
est celui des Nerviens. César s'informa du caractère et
des mœurs de ce peuple. Il apprit qu'ils ne permettaient
aucun accès au commerce étranger : ils rejettent l'usage
du vin et des autres superfluités propres à énerver les
âmes et à affaiblir le courage. Ces peuples sauvages et
intrépides reprochent amèrement aux autres Belges de
s'être donnés aux Romains, et d'avoir abjuré la vertu de
leurs pères : ils ont résolu de n'envoyer aucun député, et
de n'accepter la paix à aucune condition.

XVI. Après trois jours de marche sur leur territoire,
César apprit de ses prisonniers que la Sambre n'était qu'à
dix milles de son camp, et que les Nerviens [29] s'étaient
postés de l'autre côté de la rivière, pour y attendre l'armée romaine. Ils étaient réunis aux Atrébates [30] et aux
Véromanduens leurs voisins, qu'ils avaient engagés dans
la même entreprise; les Atuatuces [31], qu'ils attendaient
encore, étaient déjà en route : les femmes, et tous ceux
que leur âge rendait inutiles au combat, avaient été
placés dans un lieu défendu par des marais et inaccessible à une armée.

XVII. Sur cet avis, César envoya les éclaireurs et des
centurions pour choisir un camp. Il avait à sa suite plusieurs des Belges et autres Gaulois récemment soumis:
quelques-uns d'entre eux, comme on le sut depuis par

postea ex captivis cognitum est, eorum dierum consuetudine itineris nostri exercitus perspecta, nocte ad Nervios
pervenerunt, atque iis demonstrarunt, inter singulas legiones impedimentorum magnum numerum intercedere,
neque esse quidquam negotii, quum prima legio in castra
venisset, reliquæque legiones magnum spatium abessent,
hanc sub sarcinis adoriri: qua pulsa, impedimentisque di-
reptis, futurum, ut reliquæ contra consistere non auderent. Adjuvabat etiam eorum consilium, qui rem defere-
bant, quod Nervii antiquitus, cum equitatu nihil possent
(neque enim ad hoc tempus ei rei student, sed, quidquid
possunt, pedestribus valent copiis), quo facilius finitimo-
rum equitatum, si prædandi causa ad eos venisset, impe-
dirent, teneris arboribus incisis atque inflexis, crebrisque
in latitudinem ramis enatis, et rubis sentibusque interjectis effecerant, ut instar muri hæ sepes munimenta
præberent; quo non modo intrari, sed ne perspici quidem
posset. His rebus quum iter agminis nostri impediretur;
non omittendum sibi consilium Nervii existimaverunt.

XVIII. Loci natura erat hæc, quem locum nostri castris delegerant. Collis, ab summo æqualiter declivis, ad flumen Sabim, quod supra nominavimus, vergebat. Ab eo flumine pari acclivitate collis nascebatur, adversus huic et
contrarius, passus circiter ducentos, infima apertus, ab
superiore parte silvestris, ut non facile introrsus perspici posset. Intra eas silvas hostes in occulto sese continebant: in aperto loco secundum flumen, paucæ stationes,
equitum videbantur. Fluminis erat altitudo pedum circiter trium.

les prisonniers, observèrent avec soin, dans ces derniers
jours, la marche de notre armée, se rendirent de nuit auprès des Nerviens, et les avertirent que chaque légion
était séparée du reste de l'armée par une grande quantité
de bagages ; qu'il serait aisé d'attaquer à son arrivée la
première légion au milieu de ses équipages, et lorsque
les autres étaient encore très-éloignées ; que celles-ci la
voyant repoussée et dépouillée de ses bagages, n'ose-
raient faire résistance. Ce plan était d'autant mieux
conçu, que les Nerviens, de tout temps faibles en cavalerie (aujourd'hui même ils négligent cette partie, et
l'infanterie fait toute leur force), ont l'habitude, pour se
garantir contre les incursions de la cavalerie et des ma-
raudeurs voisins, de tailler et de courber de jeunes arbres, dont les longues branches entrelacées de ronces et
d'épines forment une espèce de mur impénétrable à l'œil
même. Comme cette disposition du terrain entravait la
marche de notre armée, les Nerviens crurent devoir profiter de l'avis qu'on leur donnait.

XVIII. Voici la position que les nôtres avaient choisie
pour établir leur camp : c'était une colline, qui depuis son
sommet s'abaissait insensiblement vers la Sambre. Vis-à-vis,
sur le bord opposé, à deux cents pas environ, s'élevait une
autre colline dont la pente était aussi douce : sa partie inférieure était nue et découverte ; son sommet, garni d'arbres assez épais pour que la vue ne pût y pénétrer. C'est
là que l'ennemi se tenait caché ; on apercevait seulement
quelques postes de cavalerie, dans la partie découverte,
le long de la rivière, dont la profondeur est d'environ
trois pieds.

XIX. Cæsar, equitatu præmisso, subsequebatur omnibus copiis : sed ratio ordoque agminis aliter se habebat, ac Belgæ ad Nervios detulerant. Nam, quod ad hostes appropinquabat, consuetudine sua Cæsar, sex legiones expeditas ducebat : post eas totius exercitus impedimenta collocarat : inde duæ legiones, quæ proxime conscriptæ erant, totum agmen claudebant, præsidioque impedimentis erant. Equites nostri, cum funditoribus sagittariisque flumen transgressi, cum hostium equitatu prœlium commiserunt. Quum se illi identidem in silvas ad suos reciperent, ac rursus ex silva in nostros impetum facerent, neque nostri longius, quam quem ad finem porrecta ac aperta loca pertinebant, cedentes insequi auderent; interim legiones sex, quæ primæ venerant, opere dimenso, castra munire cœperunt. Ubi prima impedimenta nostri exercitus ab his, qui in silvis abditi latebant, visa sunt (quod tempus inter eos committendi prœlii convenerat), ita, ut intra silvas aciem ordinesque constituerant, atque ipsi sese confirmaverant, subito omnibus copiis provolaverunt, impetumque in nostros equites fecerunt. Iis facile pulsis ac proturbatis, incredibili celeritate ad flumen decucurrerunt, ut pæne uno tempore et ad silvas, et in flumine, et jam in manibus nostris hostes viderentur. Eadem autem celeritate adverso colle ad nostra castra, atque eos, qui in opere occupati erant, contenderunt.

XX. Cæsari omnia uno tempore erant agenda : vexillum proponendum, quod erat insigne, quum ad arma concurri oporteret; signum tuba dandum; ab opere revocandi milites; qui paulo longius aggeris petendi causa processerant, arcessendi; acies instruenda, milites co-

XIX. César était précédé de sa cavalerie, et suivait avec le reste de ses troupes; mais l'ordre de marche différait de ce que les Belges avaient rapporté aux Nerviens. En arrivant près de l'ennemi, il avait, selon son usage, rapproché les six légions et placé tous les bagages sur les derrières de l'armée; les deux légions nouvellement levées fermaient la marche et veillaient au bagage. Nos cavaliers passèrent le fleuve avec les frondeurs et les archers, et engagèrent un combat avec la cavalerie des ennemis. Ceux-ci cédaient d'abord, se retiraient dans le bois; puis revenaient à la charge : mais les nôtres ne les poursuivaient point au delà de l'espace qui était découvert. Cependant les six légions qui marchaient en tête, tracèrent l'enceinte du camp et se mirent à le fortifier. Dès que les ennemis cachés dans le bois aperçurent les premiers bagages (c'était le moment qu'ils avaient fixé pour l'attaque), ils sortirent dans l'ordre où ils s'étaient rangés, s'élancèrent avec toutes leurs troupes, tombèrent sur notre cavalerie, qu'ils n'eurent pas de peine à renverser; et ils coururent vers le fleuve avec une si incroyable vitesse, qu'ils semblaient être au même instant dans le bois, au milieu de la rivière, et sur nous. On les vit avec la même promptitude attaquer notre colline, notre camp, et les travailleurs qui le retranchaient.

XX. César avait tout à faire à la fois : il fallait déployer l'étendard [32] qui donnait le signal de courir aux armes, faire sonner les trompettes, rappeler les soldats occupés aux travaux du camp, et rassembler ceux qui s'étaient écartés pour ramasser des fascines, ranger l'ar-

hortandi, signum dandum : quarum rerum magnam partem temporis brevitas et successus et incursus hostium
impediebat. His difficultatibus duæ res erant subsidio,
scientia atque usus militum, quod, superioribus prœliis
exercitati, quid fieri oporteret, non minus commode ipsi
sibi præscribere, quam ab aliis doceri poterant; et quod
ab opere singulisque legionibus singulos legatos Cæsar
discedere, nisi munitis castris, vetuerat. Hi, propter
propinquitatem et celeritatem hostium, nihil jam Cæsaris imperium spectabant, sed per se, quæ videbantur,
administrabant.

XXI. Cæsar, necessariis rebus imperatis, ad cohor-
tandos milites, quam in partem fors obtulit, decucurrit,
et ad legionem decimam devenit. Milites non longiore oratione cohortatus, quam uti suæ pristinæ virtutis memoriam
retinerent, neu perturbarentur animo, hostiumque impetum fortiter sustinerent; quod non longius hostes aberant, quam quo telum adjici posset, prœlii committendi
signum dedit. Atque in alteram partem item cohortandi
causa profectus, pugnantibus occurrit. Temporis tanta
fuit exiguitas, hostiumque tam paratus ad dimicandum animus, ut non modo ad insignia accommodanda, sed etiam
ad galeas induendas, scutisque tegimenta detrahenda
tempus defuerit. Quam quisque in partem ab opere casu
devenit, quæque prima signa conspexit, ad hæc constitit,
ne, in quærendis suis, pugnandi tempus dimitteret.

XXII. Instructo exercitu, magis ut loci natura de-
jectusque collis et necessitas temporis, quam ut rei militaris ratio atque ordo postulabat, quum diversis legio-

mée en bataille, haranguer les troupes et donner le mot
d'ordre[33] : le peu de temps et la présence de l'ennemi
victorieux empêchaient de tout faire. Deux choses pourvu-
rent à cet embarras : l'expérience et l'habileté des soldats
qui, instruits par tant de combats, n'étaient pas moins capables de se tracer à eux-mêmes leur conduite, que de
l'apprendre des autres; et ensuite, près de chaque légion,
la présence des lieutenans, à qui César avait défendu de
s'éloigner avant que les travaux du camp fussent achevés.
Chacun d'eux, pressé par l'ennemi, n'attendait point les
ordres de César; ils commandèrent ce qu'ils crurent à
propos de faire.

XXI. Après avoir pourvu au plus nécessaire, César
courut haranguer les troupes que le hasard lui présentait, et arriva à la dixième légion. Pour toute harangue
il leur dit de se rappeler leur ancienne valeur, de ne
point se troubler, de soutenir avec fermeté le choc des
ennemis. Comme ceux-ci étaient à portée du trait, il
donna le signal du combat, et partit pour en exhorter
d'autres : il les trouva déjà aux prises. L'attaque avait été
si brusque, et l'ennemi si ardent à combattre, qu'on
n'eut le temps ni de revêtir les insignes des grades, ni
de mettre les casques[34], ni d'ôter aux boucliers leur enveloppe[35]. Chacun en revenant des travaux, se plaça
au hasard sous les premières enseignes qu'il aperçut,
pour ne point perdre le temps de la bataille à chercher
les siennes.

XXII. Dans cette nécessité pressante, l'armée s'était
rangée selon la nature du terrain et la pente de la colline, plutôt que suivant les règles de l'art militaire. Les

nibus, aliæ alia in parte, hostibus resisterent, sepibus-
que densissimis, ut ante demonstravimus, interjectis,
prospectus impediretur; neque certa subsidia collocari,
neque quid in quaque parte opus esset provideri, neque
ab uno omnia imperia administrari poterant. Itaque in
tanta rerum iniquitate, fortunæ quoque eventus varii
sequebantur.

XXIII. Legionis nonæ et decimæ milites, ut in sinistra parte acie constiterant, pilis emissis, cursu ac lassitudine exanimatos vulneribusque confectos Atrebates
(nam his ea pars obvenerat) celeriter ex loco superiore
in flumen compulerunt; et transire conantes, insecuti
gladiis, magnam partem eorum impeditam interfecerunt.
Ipsi transire flumen non dubitaverunt; et, in locum iniquum progressi, rursus regressos ac resistentes hostes
redintegrato prœlio in fugam dederunt. Item alia in parte
diversæ duæ legiones, undecima et octava, profligatis
Veromanduis, quibuscum erant congressi, ex loco superiore in ipsis fluminis ripis prœliabantur. At tum totis
fere a fronte et ab sinistra parte nudatis castris, quum
in dextro cornu legio duodecima, et non magno ab eo
intervallo septima constitisset, omnes Nervii confertis-
simo agmine, duce Boduognato, qui summam imperii
tenebat, ad eum locum contenderunt : quorum pars
aperto latere legiones circumvenire, pars summum locum
castrorum petere cœpit.

XXIV. Eodem tempore equites nostri, levisque armaturæ pedites, qui cum iis una fuerant, quos primo hostium impetu pulsos dixeram, quum se in castra reciperent,

légions se défendaient chacune de son côté, séparées les
unes des autres par ces haies épaisses qui, comme nous
l'avons dit, interceptaient la vue; on ne pouvait ni envoyer les renforts où il en fallait, ni pourvoir à ce qui
était nécessaire sur chaque point, ni conserver l'unité
du commandement. Cette confusion produisit des acci-
dens et des fortunes diverses.

XXIII. Les soldats de la neuvième et de la dixième
légion placés à l'aile gauche de l'armée, après avoir lancé
leurs traits, tombèrent sur les Atrébates qu'ils voyaient
devant eux déjà fatigués, hors d'haleine, percés de coups,
et les eurent bientôt repoussés de la hauteur jusqu'au
fleuve. Ceux-ci essayaient de le passer à la hâte; les nôtres
les poursuivirent, et en tuèrent un grand nombre. Ils
traversèrent eux-mêmes la rivière, et s'engagèrent dans
une position désavantageuse : l'ennemi se retourna : ils
soutinrent un nouveau combat, et le mirent en fuite. Ailleurs, la onzième et la huitième légion avaient battu les
Véromanduens, et les repoussaient depuis la hauteur jusque sur les rives du fleuve. Le centre et l'aile gauche,
poursuivant ainsi l'ennemi, avaient laissé à découvert notre
aile droite, composée de la douzième et de la septième
légion, à quelque distance l'une de l'autre : tous les Nerviens, les rangs serrés, conduits par Boduognatus, leur
chef, se portèrent sur ce point : les uns enveloppèrent
nos légions par le flanc qui était découvert, les autres
gagnèrent la partie la plus élevée du camp.

XXIV. En ce moment, notre infanterie et notre cavalerie légère, qui avaient été repoussées ensemble par
le premier choc de l'ennemi, le rencontrèrent de front

adversis hostibus occurrebant, ac rursus aliam in partem fugam petebant : et calones, qui ab decumana porta ac summo jugo collis nostros victores flumen transisse conspexerant, prædandi causa egressi, quum respexissent, et hostes in nostris castris versari vidissent, præcipites fugæ sese mandabant. Simul eorum, qui cum impedimentis veniebant, clamor fremitusque oriebatur ; aliique aliam in partem perterriti ferebantur. Quibus omnibus rebus permoti equites Treviri, quorum inter Gallos virtutis opinio est singularis, qui auxilii causa a civitate missi ad Cæsarem venerant, quum multitudine hostium castra nostra compleri, legiones premi et pæne circumventas teneri, calones, equites, funditores, Numidas, diversos dissipatosque in omnes partes fugere vidissent, desperatis nostris rebus, domum contenderunt : Romanos pulsos superatosque, castris impedimentisque eorum hostes potitos, civitati renuntiaverunt.

XXV. Cæsar, ab decimæ legionis cohortatione ad dextrum cornu profectus, ubi suos urgeri, signisque in unum locum collatis, duodecimæ legionis confertos milites sibi ipsos ad pugnam esse impedimento ; quartæ cohortis omnibus centurionibus occisis, signiferoque interfecto, signo amisso, reliquarum cohortium omnibus fere centurionibus aut vulneratis, aut occisis, in his primopilo, P. Sextio Baculo, fortissimo viro, multis gravibusque vulneribus confecto, ut jam se sustinere non posset, reliquos esse tardiores ; et nonnullos ab novissimis desertos proelio excedere, ac tela vitare ; hostes neque a fronte ex inferiore loco subeuntes intermittere, et ab utroque latere instare ; et rem esse in angusto vidit, ne-

en revenant au camp, et s'enfuirent d'un autre côté. Les valets de l'armée, qui de la porte Décumane[36] et du haut de la colline avaient vu les nôtres traverser le fleuve en vainqueurs, étaient sortis pour piller; lorsqu'en se retournant ils aperçurent l'ennemi dans notre camp, ils prirent précipitamment la fuite. En même temps, on entendait les cris des conducteurs de bagages, qui, tout effrayés, couraient de côté et d'autre. A ce spectacle, les cavaliers de Trèves, si renommés chez les Gaulois pour leur valeur, et que leur cité avait envoyés à César comme auxiliaires, voyant notre camp rempli d'ennemis, nos légions pressées et presque enveloppées, les valets, les cavaliers, les frondeurs, les Numides, dispersés et fuyant de toutes parts, persuadés que tout était perdu, reprirent la route de leur pays, et publièrent la défaite entière des Romains, la prise de leur camp et de leurs bagages.

XXV. César, après avoir exhorté la dixième légion, se porta à l'aile droite; il trouva les troupes vivement pressées, toutes les enseignes pêle-mêle, les soldats entassés s'embarrassant l'un l'autre pour combattre; tous les centurions de la quatrième cohorte avaient péri; le porte-enseigne était mort, le drapeau pris, presque tous les centurions des autres cohortes étaient blessés ou tués; de ce nombre le primipile[37] P. Sextius Baculus, d'une bravoure remarquable, percé de tant de coups qu'il ne pouvait se soutenir; le reste était découragé; quelques-uns, à l'arrière-garde, se trouvant sans chefs, quittaient le champ de bataille, pour se mettre à l'abri des traits; l'ennemi ne cessait d'arriver du bas de la colline, et de presser le centre et les flancs : la

que ullum esse subsidium, quod summitti posset : scuto
ab novissimis uni militi detracto (quod ipse eo sine scuto
venerat), in primam aciem processit, centurionibusque
nominatim appellatis, reliquos cohortatus milites, signa
inferre et manipulos laxare jussit, quo facilius gladiis
uti possent. Cujus adventu spe illata militibus, ac redintegrato animo, quum pro se quisque, in conspectu imperatoris, et jam in extremis suis rebus, operam navare
cuperet, paulum hostium impetus tardatus est.

XXVI. Cæsar, quum septimam legionem, quæ juxta
constiterat, item urgeri ab hoste vidisset, tribunos militum monuit, ut paulatim sese legiones conjungerent, et
conversa signa in hostes inferrent. Quo facto, quum alius
alii subsidium ferrent, neque timerent, ne aversi ab
hoste circumvenirentur, audacius resistere ac fortius pugnare cœperunt. Interim milites legionum duarum, quæ
in novissimo agmine præsidio impedimentis fuerant, prœlio nuntiato, cursu incitato, in summo colle ab hostibus
conspiciebantur. Et T. Labienus, castris hostium poti-
tus, et ex loco superiore, quæ res in nostris castris gererentur, conspicatus, decimam legionem subsidio nostris misit. Qui, quum ex equitum et calonum fuga, quo
in loco res esset, quantoque in periculo et castra, et legiones, et imperator versaretur, cognovissent, nihil ad
celeritatem sibi reliqui fecerunt.

XXVII. Horum adventu tanta rerum commutatio est
facta, ut nostri, etiam qui vulneribus confecti procu-
buissent, scutis innixi, prœlium redintegrarent ; tum calones, perterritos hostes conspicati, etiam inermes ar-

situation était critique; on n'avait point de secours à espérer. César saisit alors le bouclier d'un soldat des derniers rangs (il avait laissé le sien), et s'avance à la première
ligne : il appelle les centurions par leurs noms, encourage
les soldats, fait porter en avant les enseignes et ouvrir
les files, pour mieux s'aider de l'épée. Son arrivée rend
l'espoir aux soldats; ils reprennent courage; chacun, sous
les yeux du général, cherche à payer de sa personne en
cette extrémité, et l'on parvient à ralentir l'impétuosité
de l'ennemi.

XXVI. César, remarquant que la septième légion, placée près de là, était aussi pressée par l'ennemi, avertit
les tribuns militaires de rapprocher peu à peu les deux
légions, afin qu'elles pussent unir leurs forces. De cette
manière, elles se prêtaient un mutuel secours, et, ne
craignant plus d'être enveloppées, elles commencèrent à
montrer plus d'audace et de courage. Cependant les deux
légions d'arrière-garde, qui escortaient le bagage, accourent à la nouvelle du combat, et se montrent aux ennemis sur le haut de la colline. De son côté, T. Labienus,
qui avait pris leur camp et qui découvrait de la hauteur
ce qui se passait dans le nôtre, envoie la dixième légion
pour nous secourir. Celle-ci comprenant, par la fuite des
cavaliers et des valets, que le camp, les légions et le général étaient en péril, précipita sa marche.

XXVII. Leur arrivée changea la face des choses : les
blessés se relevaient, et s'appuyant sur leurs boucliers,
recommençaient le combat : les valets, voyant l'ennemi
effrayé, se jetaient sans armes sur des hommes armés; les

8.

matis occurrerent; equites vero, ut turpitudinem fugæ
virtute delerent, omnibus in locis pugnæ se legionariis
militibus præferrent. At hostes, etiam in extrema spe salutis, tantam virtutem præstiterunt, ut, quum primi eorum cecidissent, proximi jacentibus insisterent, atque
ex eorum corporibus pugnarent; his dejectis, et coacer-
vatis cadaveribus, qui superessent, ut ex tumulo, tela
in nostros conjicerent, et pila intercepta remitterent;
ut non nequidquam tantæ virtutis homines judicari de-
beret ausos esse transire latissimum flumen, ascendere
altissimas ripas, subire iniquissimum locum quæ facilia
ex difficillimis animi magnitudo redegerat.

XXVIII. Hoc prœlio facto, et prope ad internecio-
nem gente ac nomine Nerviorum redacto, majores natu,
quos una cum pueris mulieribusque in æstuaria ac paludes collectos dixeramus, hac pugna nuntiata, quum
victoribus nihil impeditum, victis nihil tutum arbitrarentur, omnium qui supererant consensu, legatos ad
Cæsarem miserunt, seque ei dediderunt; et in comme-
moranda civitatis calamitate, ex DC ad III senatores, ex
hominum millibus LX vix ad D, qui arma ferre possent,
sese redactos esse dixerunt. Quos Cæsar, ut in miseros
ac supplices usus misericordia videretur, diligentissime
conservavit, suisque finibus atque oppidis uti jussit, et
finitimis imperavit, ut ab injuria et maleficio se suosque prohiberent.

XXIX. Atuatuci, de quibus supra scripsimus, quum
omnibus copiis auxilio Nerviis venirent, hac pugna nuntiata, ex itinere domum reverterunt; cunctis oppidis
castellisque desertis, sua omnia in unum oppidum, egre-

cavaliers, pour effacer la honte de leur fuite, rivalisaient partout avec les légions. Les ennemis, réduits à leur dernière chance de salut, n'étaient pas moins intrépides : quelqu'un tombait-il aux premiers rangs, celui qui le suivait prenait sa place, montait sur son corps, et combattait : de ces cadavres amoncelés ils se faisaient un rempart, d'où ils lançaient leurs traits et nous renvoyaient nos javelots : on ne s'étonnait plus que des hommes d'une si haute valeur eussent osé traverser une large rivière, gravir des bords escarpés, combattre en un poste désavantageux : ces difficultés s'étaient évanouies devant la grandeur de leur courage.

XXVIII. Après cette bataille, où la race et le nom des Nerviens furent presque entièrement détruits, les vieillards qu'ils avaient, comme on l'a dit, retirés dans des marais avec les enfans et les femmes, instruits de ce désastre, ne voyant plus d'obstacle pour le vainqueur, ni de sûreté pour les vaincus, sur l'avis unanime de ceux qui survivaient à la défaite, députèrent vers César et se rendirent. Voulant peindre leur malheur, ils dirent que de six cents sénateurs il n'en restait que trois ; que de soixante mille combattans, cinq cents à peine survivaient. César voulut user de clémence envers ces infortunés supplians, et pourvut avec soin à leur conservation ; il leur rendit leur territoire et leurs villes, et défendit à leurs voisins de leur faire aucun mal.

XXIX. Les Atuatuces [38], qui, comme il a été dit, venaient au secours des Nerviens avec toutes leurs troupes, rebroussèrent chemin, dès qu'ils apprirent l'issue de la bataille : ils abandonnèrent leurs villes et leurs forts,

gie natura munitum, contulerunt. Quod quum ex omnibus in circuitu partibus altissimas rupes despectusque
haberet, una ex parte leniter acclivis aditus, in latitudinem non amplius cc pedum, relinquebatur : quem
locum duplici altissimo muro munierant; tum magni
ponderis saxa et præacutas trabes in muro collocarant.
Ipsi erant ex Cimbris Teutonisque prognati; qui, quum
iter in Provinciam nostram atque Italiam facerent, iis
impedimentis, quæ secum agere ac portare non poterant, citra flumen Rhenum depositis, custodiæ ex suis
ac præsidio sex millia hominum una reliquerunt. Hi,
post eorum obitum, multos annos a finitimis exagitati,
quum alias bellum inferrent, alias illatum defenderent,
consensu eorum omnium pace facta, hunc sibi domicilio locum delegerunt.

XXX. Ac primo adventu exercitus nostri crebras ex
oppido excursiones faciebant, parvulisque prœliis cum
nostris contendebant : postea vallo pedum xii, in circuitu xv millium, crebrisque castellis circummuniti, oppido sese continebant. Ubi, vineis actis, aggere exstructo,
turrim procul constitui viderunt, primum irridere ex
muro atque increpitare vocibus, quo tanta machinatio
ab tanto spatio institueretur ? quibusnam manibus, aut
quibus viribus, præsertim homines tantulæ staturæ (nam
plerumque hominibus Gallis, præ magnitudine corporum
suorum, brevitas nostra contemptui est), tanti oneris turrim in muros sese collocare confiderent ?

et se renfermèrent avec tous leurs biens dans une seule place, que la nature avait singulièrement fortifiée. Environnée sur tous les points de son enceinte par des rocs escarpés et de profonds précipices, elle n'avait d'autre côté accessible qu'une pente douce, large d'environ deux cents pieds. Ils avaient fortifié cet endroit par une double muraille très-élevée, et ils y avaient amassé des quartiers de rocs et des poutres aiguisées. Ils descendaient de ces Cimbres et de ces Teutons qui, passant sur notre Province et delà en Italie, laissèrent en deçà du Rhin les bagages qu'ils ne pouvaient emporter, et en confièrent la garde à six mille d'entre eux. Après la défaite de leurs compagnons, ils furent long-temps en guerre avec les peuples voisins, tour à tour attaquant ou attaqués. Ils avaient enfin fait la paix, et d'un commun accord s'étaient fixés en ces lieux.

XXX. A l'arrivée de nos troupes, ils firent d'abord de fréquentes sorties, et engagèrent des escarmouches; mais quand on eut élevé une circonvallation de douze pieds de haut et de quinze milles de circuit, soutenue de forts nombreux, ils se tinrent renfermés dans la place. Lorsqu'ils nous virent de loin construire la tour, après avoir posé les mantelets et élevé la terrasse, ils se mirent à en rire du haut de leurs murailles, et demandèrent à grands cris ce que nous voulions faire, à une si grande distance, d'une si énorme machine? avec quelles mains et quelles forces des hommes tels que nous pourraient la remuer? (car les Gaulois, à cause de leur haute stature, méprisent notre petite taille); prétendions-nous approcher cette masse de leurs murs?

XXXI. Ubi vero moveri, et appropinquare mœnibus viderunt, nova atque inusitata specie commoti, legatos ad Cæsarem de pace miserunt, qui, ad hunc modum locuti : « Non se existimare Romanos sine ope divina bellum gerere, qui tantæ altitudinis machinationes tanta celeritate promovere et ex propinquitate pugnare possent : se suaque omnia eorum potestati permittere, dixerunt. Unum petere ac deprecari : si forte, pro sua clementia ac mansuetudine, quam ipsi ab aliis audirent, statuisset, Atuatucos esse conservandos, ne se armis despoliaret; sibi omnes fere finimitos esse inimicos, ac suæ virtuti invidere; a quibus se defendere, traditis armis, non possent; sibi præstare, si in eum casum deducerentur, quamvis fortunam a populo romano pati, quam ab his per cruciatum interfici, inter quos dominari consuessent. »

XXXII. Ad hæc Cæsar respondit : « Se magis consuetudine sua, quam merito eorum, civitatem conservaturum, si, priusquam aries murum attigisset, se dedidissent : sed deditionis nullam esse conditionem, nisi armis traditis; se id, quod in Nerviis fecisset, facturum, finitimisque imperaturum, ne quam dedititiis populi romani injuriam inferrent. » Re nuntiata ad suos, quæ imperarentur, facere dixerunt. Armorum magna multitudine de muro in fossam, quæ erat ante oppidum, jacta, sic ut prope summam muri aggerisque altitudinem acervi armorum adæquarent; et tamen circiter parte tertia, ut postea perspectum est, celata atque in oppido retenta : portis patefactis, eo die pace sunt usi.

XXXI. Mais lorsqu'ils la virent s'ébranler et s'avancer vers leurs murailles, étonnés d'un spectacle si nouveau, ils envoyèrent à César des députés pour demander la paix : ils parlèrent en ces termes : « Il faut que les Romains soient favorisés des dieux, pour mouvoir avec tant de promptitude de si hautes machines, et venir combattre de près. Nous remettons au pouvoir de César nos personnes et nos biens : nous demandons une seule grâce : si sa clémence et sa douceur, que nous avons entendu vanter, le portent à nous laisser la vie, qu'il ne nous dépouille pas de nos armes : tous nos voisins sont des ennemis jaloux de notre gloire : comment nous défendre, si nous sommes désarmés? Si telle doit être notre infortune, nous préférons tout souffrir du peuple romain, plutôt que d'expirer dans les tourmens par la main de ceux dont nous avons été les maîtres. »

XXXII. César répondit que sa clémence accoutumée, plutôt que leur conduite, l'engageait à conserver leur nation, s'ils se rendaient avant que le bélier [39] touchât leurs murailles; mais qu'il n'écouterait aucune proposition avant la remise de leurs armes. Il fera pour eux ce qu'il a fait pour les Nerviens; il défendra à leurs voisins d'insulter un peuple qui s'est rendu aux Romains. Lorsqu'on leur rapporta cette réponse, ils déclarèrent qu'ils allaient obéir. Du haut de leurs murailles ils jetèrent dans le fossé, qui était devant la place, une si grande quantité d'armes, que le monceau s'élevait presqu'à la hauteur du rempart et de notre terrasse; et cependant, comme on l'apprit par la suite, ils en avaient réservé et caché un tiers dans la ville : ils ouvrirent les portes, et le reste du jour fut paisible.

XXXIII. Sub vesperum Cæsar portas claudi, militesque ex oppido exire jussit, ne quam noctu oppidani a militibus injuriam acciperent. Illi, ante inito, ut intellectum est, consilio, quod, deditione facta, nostros præsidia deducturos, aut denique indiligentius servaturos crediderant, partim cum his, quæ retinuerant et celaverant, armis, partim scutis ex cortice factis, aut viminibus intextis, quæ subito, ut temporis exiguitas postulabat, pellibus induxerant, tertia vigilia, qua minime arduus ad nostras munitiones ascensus videbatur, omnibus copiis repente ex oppido eruptionem fecerunt. Celeriter, ut ante Cæsar imperaverat, ignibus significatione facta, ex proximis castellis eo concursum est; pugnatumque ab hostibus ita acriter, ut a viris fortibus, in extrema spe salutis, iniquo loco, contra eos, qui ex vallo turribusque tela jacerent, pugnari debuit, quum in una virtute omnis spes salutis consisteret. Occisis ad hominum millibus quatuor, reliqui in oppidum rejecti sunt. Postridie ejus diei, refractis portis, quum jam defenderet nemo, atque intromissis militibus nostris, sectionem ejus oppidi universam Cæsar vendidit. Ab his, qui emerant, capitum numerus ad eum relatus est millium LIII.

XXXIV. Eodem tempore a P. Crasso, quem cum legione una miserat ad Venetos, Unellos, Osismios, Curiosolitas, Sesuvios, Aulercos, Rhedones, quæ sunt maritimæ civitates, Oceanumque attingunt, certior factus est, omnes eas civitates in ditionem potestatemque populi romani esse redactas.

XXXIII. Sur le soir, César fit fermer les portes et retira ses soldats de la ville, pour prévenir les violences qu'ils auraient pu commettre la nuit contre les habitans. Mais ceux-ci, comme on le vit bientôt, avaient concerté une surprise; ils pensaient qu'après leur soumission, nos postes seraient dégarnis, ou au moins gardés avec négligence : ils prirent donc les armes qu'ils avaient retenues et cachées; d'autres se firent des boucliers d'écorce ou d'osier, qu'ils recouvrirent de peaux à la hâte; puis à la troisième veille, sortant tout à coup de la place, ils fondirent avec toutes leurs troupes sur l'endroit de nos retranchemens, où l'accès leur parut le plus facile. Aussitôt l'alarme fut donnée par de grands feux, suivant le signal prescrit par César, et l'on accourut de tous les forts voisins. Les ennemis, luttant dans un lieu désavantageux, contre nos soldats qui lançaient sur eux des traits du haut des tours et du retranchement, se battirent avec l'acharnement d'hommes désespérés, qui n'attendent leur salut que de leur courage. On en tua quatre mille, le reste fut repoussé dans la place. Le lendemain, César fit rompre les portes, et entra sans résistance avec toutes ses troupes. Il ordonna de vendre à l'encan tout ce que la ville renfermait. Il sut, des acheteurs, que le nombre des têtes fut de cinquante-trois mille.

XXXIV. Dans le même temps César apprit de P. Crassus, qu'il avait envoyé avec une légion, que les Venètes[40], les Unelliens[41], les Osismiens[42], les Curiosolites[43], les Sésuviens[44], les Aulerciens[45], les Rhédons[46], peuples maritimes sur les côtes de l'Océan, étaient tous soumis à la puissance romaine.

XXXV. His rebus gestis, omni Gallia pacata, tanta hujus belli ad barbaros opinio perlata est, uti ab his nationibus, quæ trans Rhenum incolerent, mitterentur legati ad Cæsarem, quæ se obsides daturas, imperata facturas, pollicerentur. Quas legationes Cæsar, quod in Italiam Illyricumque properabat, inita proxima æstate ad se reverti jussit. Ipse in Carnutes, Andes, Turonesque, quæ civitates propinquæ his locis erant, ubi bellum gesserat, legionibus in hiberna deductis, in Italiam profectus est : ob easque res, ex litteris Cæsaris, dies xv supplicatio decreta est, quod ante id tempus accidit nulli.

XXXV. Le bruit de ces victoires et de l'entière paci-
fication de la Gaule fit sur les barbares une telle impression, que plusieurs des peuples situés au delà du
Rhin envoyèrent des députés à César, pour lui offrir de
se soumettre et de donner des ôtages. César, pressé de
se rendre en Italie et en Illyrie, leur dit de revenir au
commencement de l'été. Il mit ses troupes en quartier
d'hiver chez les Carnutes [47], les Andes [48] et les Turons [49],
pays voisins de ceux où il avait fait la guerre, et partit
pour l'Italie. Dès que ces évènemens furent annoncés à
Rome, par les lettres de César, on décréta quinze jours
d'actions de grâces aux dieux ; ce qui ne s'était jamais
fait jusqu'alors [50].

NOTES

SUR LE LIVRE SECOND.

---

1. *De Q. Pedius, son lieutenant.* C'est ce même Q. Pedius qui fit porter une loi pour condamner les assassins de César.

2. *Les Senonais.* Habitans du territoire de Sens.

3. *Les Suessions.* Le Soissonnais.

4. *Les Bellovaques.* Le Beauvoisis.

5. *Divitiacus.* Ce Divitiacus n'est point le même que le chef des Éduens. César est le seul qui parle de cette expédition des Gaulois dans la Grande-Bretagne.

6. *La Bretagne.* Angleterre.

7. *Les Nerviens.* Le Hainaut.

8. *Les Atrébates.* L'Artois.

9. *Les Ambiens.* La Picardie.

10. *Les Morins.* Le Boulonnais.

11. *Les Menapiens.* Clèves, Gueldre.

12. *Les Calètes.* Pays de Caux, en Normandie.

12. *Les Velocasses.* Le Vexin.

14. *Les Véromanduens.* Le Vermandois.

15. *Les Atuatuces.* Province de Namur.

16. *Les Condrusiens.* Le Condrotz.

17. *Les Eburons.* Pays liégeois.

18. *Les Cérésiens et les Pémaniens.* Province de Luxembourg.

19. *Bibrax.* Bièvre. *Voyez* d'ANVILLE, *Notice de la Gaule.*

20. *Celle des Gaulois.* C'était aussi quelquefois la manière des Romains. *Voyez* TITE-LIVE, XLIV, 9.

21. *Des Numides.* C'étaient des soldats armés à la légère. *Voyez* plus bas, c. 9.

22. *Archers Crétois.* Les Crétois étaient bons archers. *Voyez* ÉLIEN, V. H. c. 10.

23. *Frondeurs Baléares.* Strabon parle de l'habileté de ces frondeurs, liv. III.

24. *Les embarras du passage.* C'est ainsi que César avait déjà vaincu les Helvétiens au passage de la Saône. *Voyez* liv. I, ch. 12.

25. *Noviodunum.* Aujourd'hui Soissons; d'autres disent Noyon. La première opinion est plus probable.

26. *Les mantelets.* Les mantelets étaient des machines faites en bois et en osier, et recouvertes de terre ou de peau, ou de toute autre matière peu combustible. On les poussait en avant à l'aide des roues sur lesquelles ils étaient posés. Les assaillans, à l'abri de ces mantelets, faisaient jouer le bélier ou essayaient de miner les murailles. Les mantelets servaient aussi à garantir les travailleurs.

27. *La terrasse.* La terrasse était composée de terre, de bois, de claies et de pierres, et l'on y travaillait jusqu'à ce qu'elle égalât ou surpassât la hauteur des murailles. On y élevait des tours à plusieurs étages, d'où l'on faisait pleuvoir des dards et des pierres sur les assiégés. *Voyez* Antiq. Rom.

28. *Bratuspantium.* Beauvais, selon le plus grand nombre des géographes.

29. *Les Nerviens.* Hainault, partie du Brabant et de la Flandre.

30. *Aux Atrébates.* Artois et Vermandois.

31. *Les Atuatuces.* Province de Namur, et quelques pays contigus.

32. *Déployer l'étendard.* On le plaçait sur la tente du général.

33. *Le mot d'ordre.* Le mot d'ordre se donnait dans l'armée par le moyen d'une tablette carrée de bois, en forme de dé, sur laquelle on écrivait le mot donné par le général. Quelquefois on le donnait aussi de vive voix. TITE-LIVE, XLIV, 33.

34. *Mettre les casques.* Les Romains, dans leur marche, portaient ordinairement leur casque attaché devant la poitrine, ou derrière le dos.

35. *Leur enveloppe.* On sait que les anciens ornaient leurs boucliers de peintures; ils les couvraient d'une enveloppe de cuir pour les préserver de l'injure de l'air.

36. *La porte Décumane.* La porte Décumane était derrière le camp.

37. *Le primipile* ou centurion de la première compagnie, était chargé de l'aigle, ou du principal étendard de la légion.

38. *Les Atuatuces.* Province de Namur.

39. *Le bélier.* Le bélier avait la forme d'une longue poutre; une extrémité portait une défense de fer en forme d'une tête de bélier. Il était mis en mouvement par une centaine d'hommes qui le poussaient en avant et le ramenaient en arrière, jusqu'à ce que, par des coups réitérés, il eût ébranlé et renversé les murailles. JOSEPHE, *de Bello Jud.* III, 9.

40. *Les Vénètes.* Pays de Vannes.

41. *Les Unelliens.* Le Cotentin.

42. *Les Osismiens.* Léon.

43. *Les Curiosolites.* Canton de la Bretagne, aujourd'hui Saint-Malo, département des côtes du Nord.

44. *Les Sésuviens.* Territoire de Seez.

45. *Les Aulerciens.* Pays d'Évreux.

46. *Les Rhédons.* Aujourd'hui Rédon, ville du département d'Ile et Vilaine.

47. *Les Carnutes.* Pays Chartrain.

48. *Les Andes.* Anjou.

49. *Les Turons.* Touraine.

50. *Ce qui ne s'était jamais fait.* César veut parler ici de la durée des sacrifices, dont le terme n'avait jamais été de plus de dix jours.

LIBER III.

I. Quum in Italiam proficisceretur Cæsar, Servium Galbam cum legione duodecima et parte equitatus in Nantuates, Veragros, Sedunosque misit, qui a finibus Allobrogum, et lacu Lemanno, et flumine Rhodano, ad summas Alpes pertinent. Causa mittendi fuit, quod iter per Alpes, quo magno cum periculo magnisque cum portoriis mercatores ire consuerant, patefieri volebat. Huic permisit, si opus esse arbitraretur, uti in eis locis legionem, hiemandi causa, collocaret. Galba, secundis aliquot prœliis factis, castellisque compluribus eorum expugnatis, missis ad eum undique legatis, obsidibusque datis, et pace facta, constituit cohortes duas in Nantuatibus collocare, et ipse cum reliquis ejus legionis cohortibus in vico Veragrorum, qui appellatur Octodurus, hiemare : qui vicus, positus in valle, non magna adjecta planitie, altissimis montibus undique continetur. Quum hic in duas partes flumine divideretur, alteram partem ejus vici Gallis concessit; alteram, vacuam ab illis relictam, cohortibus ad hiemandum attribuit. Eum locum vallo fossaque munivit.

II. Quum dies hibernorum complures transissent, frumentumque eo comportari jussisset, subito per exploratores certior factus est, ex ea parte vici, quam Gallis concesserat, omnes noctu discessisse, montesque, qui im-

LIVRE III.

—◦—

I. En partant pour l'Italie, César avait envoyé Servius
Galba avec la douzième légion et une partie de la cavalerie chez les Nantuates[1], les Véragres[2], et les Séduniens[3], dont le territoire s'étend depuis le pays des Allobroges, le lac Leman et le Rhône, jusqu'aux hautes
Alpes. Son dessein était d'ouvrir un chemin à travers ces
montagnes, où les marchands ne pouvaient passer sans
courir de grands risques et payer des droits onéreux.
César lui permit d'établir en ce lieu ses quartiers d'hiver,
s'il le jugeait à propos. Après quelques heureux combats
et la prise de plusieurs forteresses, Galba reçut de toutes
parts des députés avec des ôtages, et fit la paix. Il plaça
deux cohortes chez les Nantuates, et lui-même avec le
reste de la légion, alla passer l'hiver dans un bourg des
Véragres, nommé Octodur[4]. Ce bourg est situé dans un
vallon assez étroit, et environné de très-hautes montagnes. Une rivière le traverse, et le divise en deux parties. Galba laissa l'une aux Gaulois, et réserva l'autre
pour ses cohortes. Il s'y fortifia d'un fossé et d'un retranchement[5].

II. Plusieurs jours s'étaient passés dans ces quartiers
d'hiver, et Galba s'occupait de faire venir des vivres,
lorsque tout à coup il apprit de ses éclaireurs que la
partie du bourg laissée aux Gaulois avait été évacuée

penderent, a maxima multitudine Sedunorum et Veragrorum teneri. Id aliquot de causis acciderat, ut subito
Galli belli renovandi legionisque opprimendæ consilium
caperent : primum, quod legionem, neque eam plenissi-
mam, detractis cohortibus duabus, et compluribus sigillatim, qui commeatus petendi causa missi erant, absenti-
bus, propter paucitatem despiciebant; tum etiam, quod,
propter iniquitatem loci, quum ipsi ex montibus in vallem decurrerent et tela conjicerent, ne primum quidem
posse impetum suum sustineri existimabant. Accedebat,
quod suos ab se liberos abstractos obsidum nomine dolebant ; et Romanos, non solum itinerum causa, sed
etiam perpetuæ possessionis, culmina Alpium occupare
conari, et ea loca finitimæ Provinciæ adjungere, sibi
persuasum habebant.

III. His nuntiis acceptis, Galba, quum neque opus
hibernorum munitionesque plene essent perfectæ, neque de frumento reliquoque commeatus satis esset provisum, quod, deditione facta obsidibusque acceptis,
nihil de bello timendum existimaverat, concilio celeriter
convocato, sententias exquirere cœpit. Quo in concilio,
quum tantum repentini periculi præter opinionem accidisset, ac jam omnia fere superiora loca multitudine armatorum completa conspicerentur, neque subsidio veniri, neque commeatus supportari interclusis itineribus
possent, prope jam desperata salute, nonnullæ hujus-
modi sententiæ dicebantur, ut, impedimentis relictis,
eruptione facta, iisdem itineribus, quibus eo pervenis-

pendant la nuit, et qu'une multitude immense de Séduniens et de Véragres occupait déjà les montagnes voisines. Différens motifs avaient inspiré aux Gaulois ce projet
subit de renouveler la guerre et d'accabler notre légion.
Ils savaient qu'elle était affaiblie par l'éloignement des
deux cohortes, et qu'un grand nombre de soldats avaient
été détachés pour escorter les convois : ils méprisaient une
légion si incomplète et si peu nombreuse ; ils se flattaient
qu'au moment où ils lanceraient leurs traits et se pré-
cipiteraient des montagnes, nos troupes, placées dans
un lieu si désavantageux, ne pourraient soutenir leur
choc. Ils s'indignaient d'ailleurs de voir leurs enfans en-
levés à titre d'ôtages, et se persuadaient que les Romains cherchaient à s'emparer des Alpes, moins pour
avoir un passage, que pour s'y établir à jamais, et les
réunir à leur Province, dont elles sont voisines.

III. Cependant Galba n'avait pas encore achevé ses
retranchemens, ni suffisamment pourvu aux subsistances :
le traité fait avec les Gaulois et confirmé par des ôtages
le détournait de prévoir une attaque. Il se hâte donc
d'assembler un conseil et de recueillir les avis. Le danger était pressant et inattendu ; les hauteurs couvertes
d'ennemis en armes ; aucun secours à espérer ; aucun
moyen de pourvoir aux vivres ; tous les chemins interceptés. Plusieurs, dans leur désespoir, étaient d'avis
d'abandonner les bagages, et de ne chercher de salut
qu'en se faisant jour à travers les ennemis, par le même
chemin qu'ils avaient tenu en venant. Le plus grand
nombre résolut de réserver ce parti pour la dernière

sent, ad salutem contenderent. Majori tamen parti placuit, hoc reservato ad extremum consilio, interim rei eventum experiri, et castra defendere.

IV. Brevi spatio interjecto, vix ut his rebus, quas constituissent, collocandis atque administrandis tempus daretur, hostes ex omnibus partibus, signo dato, decurrere, lapides gæsaque in vallum conjicere. Nostri primo integris viribus fortiter repugnare, neque ullum frustra telum ex loco superiore mittere : ut quæque pars castrorum nudata defensoribus premi videbatur, eo occurrere, et auxilium ferre; sed hoc superari, quod diuturnitate pugnæ hostes defessi prœlio excedebant, alii integris viribus succedebant, quarum rerum a nostris propter paucitatem fieri nihil poterat; ac non modo defesso ex pugna excedendi, sed ne saucio quidem ejus loci, ubi constiterat, relinquendi, ac sui recipiendi facultas dabatur.

V. Quum jam amplius horis sex continenter pugnaretur, ac non solum vires, sed etiam tela nostris deficerent, atque hostes acrius instarent, languidioribusque nostris vallum scindere et fossas complere cœpissent, resque esset jam ad extremum perducta casum, P. Sextius Baculus, primipili centurio, quem Nervico prœlio compluribus confectum vulneribus diximus, et item C. Volusenus, tribunus militum, vir et consilii magni et virtutis, ad Galbam accurrunt, atque unam esse spem salutis docent, si, eruptione facta, extremum auxilium experirentur. Itaque, convocatis centurionibus, celeriter milites certiores facit, paulisper intermitterent prœlium, ac tantummodo tela missa exciperent, seque ex labore

extrémité, de tenter le sort des armes, et de défendre le camp.

IV. Cette résolution venait à peine d'être prise, et l'on se mettait en mesure de l'exécuter, lorsque les ennemis accourent de toutes parts à un signal donné, et lancent sur nous des pierres et des javelots. Nos soldats, qui avaient encore toutes leurs forces, firent la plus vigoureuse résistance : chaque trait qu'ils lançaient du haut des retranchemens portait coup ; s'il y avait quelqu'endroit faible et vivement pressé, ils y portaient aussitôt secours ; mais l'ennemi avait l'avantage de remplacer par des troupes fraîches celles qui étaient fatiguées du combat. Les nôtres étaient trop peu nombreux pour en faire autant ; ils ne pouvaient se retirer pour prendre haleine ; les blessés même étaient contraints de garder leur poste.

V. Le combat avait déjà duré plus de six heures, et les forces de nos soldats s'épuisaient avec leurs traits. La résistance devenait plus faible et l'attaque plus pressante ; l'ennemi forçait le retranchement ; il comblait le fossé : le péril était extrême. En ce moment, P. Sextius Baculus, centurion du premier rang, le même que nous avons vu percé de coups à la bataille contre les Nerviens, et C. Volusenus, tribun militaire, d'une prudence et d'une bravoure égales, accourent auprès de Galba, et lui représentent que le seul moyen de salut est de faire une vigoureuse sortie ; qu'il faut tenter cette dernière ressource. Les centurions sont convoqués ; on ordonne aux soldats de suspendre un instant le combat, de parer seu-

reficerent; post, dato signo, e castris erumperent, atque omnem spem salutis in virtute ponerent.

VI. Quod jussi sunt, faciunt; ac subito omnibus portis eruptione facta, neque cognoscendi, quid fieret, neque sui colligendi hostibus facultatem relinquunt. Ita commutata fortuna, eos, qui in spem potiendorum castrorum venerant, undique circumventos interficiunt, et ex hominum millibus amplius triginta, quem numerum barbarorum ad castra venisse constabat, plus tertia parte interfecta, reliquos perterritos in fugam conjiciunt, ac ne in locis quidem superioribus consistere patiuntur. Sic omnibus hostium copiis fusis, armisque exutis, se in castra munitionesque suas recipiunt. Quo prœlio facto, quod sæpius fortunam tentare Galba nolebat, atque alio se in hiberna consilio venisse meminerat, aliis occurrisse rebus viderat, maxime frumenti commeatusque inopia permotus, postero die omnibus ejus vici ædificiis incensis, in Provinciam reverti contendit; ac, nullo hoste prohibente, aut iter demorante, incolumem legionem in Nantuates, inde in Allobrogas perduxit, ibique hiemavit.

VII. His rebus gestis, quum omnibus de causis Cæsar pacatam Galliam existimaret, superatis Belgis, expulsis Germanis, victis in Alpibus Sedunis, atque ita inita hieme in Illyricum profectus esset, quod eas quoque nationes adire, et regiones cognoscere volebat, subitum bellum in Gallia coortum est. Ejus belli hæc fuit causa. P. Crassus adolescens cum legione septima proximus mare Oceanum in Andibus hiemarat. Is, quod in

lement les coups et de reprendre haleine; puis, au signal donné, de fondre sur l'ennemi, et de n'attendre leur salut que de leur valeur.

VI. L'ordre s'exécute, et nos soldats, s'élançant tout à coup hors du camp par toutes les portes [6], ne laissent pas aux ennemis le temps de se reconnaître ni de se rallier. Le combat change de face; ceux qui s'étaient flattés d'être maîtres du camp, furent enveloppés et taillés en pièces; de trente mille qu'ils étaient, plus du tiers fut tué; les autres, effrayés, prirent la fuite, et ne purent même rester sur les hauteurs. Toutes les troupes étant dispersées, et les armes enlevées, nos soldats rentrèrent dans leurs retranchemens. Après cette victoire, Galba ne voulut plus tenter le sort des combats, où des circonstances imprévues l'avaient entraîné, et se rappela qu'il avait pris ses quartiers d'hiver dans un tout autre dessein; forcé d'ailleurs de prévenir la disette qui le menaçait, il fit brûler le lendemain toutes les habitations du bourg, et prit la route de la Province. Aucun ennemi n'arrêta ni ne retarda sa marche. Il ramena sa légion sans perte chez les Nantuates, et de là chez les Allobroges [7], où il hiverna.

VII. Après ces évènemens, César dut penser que toute la Gaule était en paix. Les Belges avaient été défaits, les Germains repoussés, les Séduniens vaincus dans les Alpes. Il partit donc au commencement de l'hiver pour l'Illyrie [8], dont il voulait aussi visiter les nations et connaître le territoire. Mais tout à coup la guerre se ralluma dans la Gaule. Voici quelle en fut l'occasion. Le jeune P. Crassus hivernait avec la septième légion,

his locis inopia frumenti erat, præfectos tribunosque
militum complures in finitimas civitates, frumenti commeatusque petendi causa, dimisit : quo in numero erat
T. Terrasidius, missus in Unellos, M. Trebius Gallus in
Curiosolitas, Q. Velanius cum T. Silio in Venetos.

VIII. Hujus civitatis est longe amplissima auctoritas
omnis oræ maritimæ regionum earum, quod et naves
habent Veneti plurimas, quibus in Britanniam navigare
consuerunt, et scientia atque usu nauticarum rerum
reliquos antecedunt, et in magno impetu maris atque
aperto, paucis portubus interjectis, quos tenent ipsi,
omnes fere, qui eo mari uti consuerunt, habent vectigales. Ab iis fit initium retinendi Silii atque Velanii,
quod per eos suos se obsides, quos Crasso dedissent, re-
cuperaturos existimabant. Horum auctoritate finitimi
adducti (ut sunt Gallorum subita et repentina consilia),
eadem de causa Trebium Terrasidiumque retinent : et
celeriter missis legatis, per suos principes inter se con-
jurant, nihil, nisi communi consilio, acturos, eumdem-
que omnis fortunæ exitum esse laturos; reliquasque civitates sollicitant, ut in ea libertate, quam a majoribus
acceperant, permanere, quam Romanorum servitutem
perferre, malint. Omni ora maritima celeriter ad suam
sententiam perducta, communem legationem ad P. Crassum mittunt, si velit suos recipere, obsides sibi remittat.

IX. Quibus de rebus Cæsar a Crasso certior factus,
quod ipse aberat longius, naves interim longas ædificari
in flumine Ligeri, quod influit Oceanum, remiges ex

chez les Andes 9, près de l'Océan. Comme il manquait
de vivres, il avait envoyé chez les peuples voisins des
préfets et plusieurs tribuns militaires, pour demander
des subsistances. T. Terrasidius, entre autres, fut envoyé chez les Unelliens 10; M. Trebius Gallus chez les
Curiosolites 11; Q. Velanius avec T. Silius chez les Vénètes 12.

VIII. Ce dernier peuple est le plus puissant de toute
cette côte maritime. Les Vénètes possèdent un grand nombre de vaisseaux sur lesquels ils trafiquent en Bretagne,
et surpassent leurs voisins dans l'art de la navigation.
Ils occupent d'ailleurs sur cette mer vaste et orageuse le
très-petit nombre de ports qui s'y trouvent, et rendent
tributaires presque tous les navigateurs étrangers. Les
premiers, ils retinrent Silius et Velanius, espérant recouvrer par ce moyen les ôtages qu'ils avaient livrés à
Crassus. Les résolutions des Gaulois sont promptes et
subites : les autres, entraînés par cet exemple, arrêtèrent
aussi Trebius et Terrasidius. Aussitôt, ils s'envoient des
députés, et s'engagent, par l'entremise de leurs principaux citoyens, à ne rien faire que de concert, et à
courir la même chance. Ils encouragent les autres cités
à conserver la liberté qu'elles avaient reçue de leurs pères,
plutôt que de supporter l'esclavage des Romains. Ces sentimens furent bientôt partagés par tous les états maritimes :
ils députent en commun vers P. Crassus, pour lui signi-
fier qu'il n'aura ses officiers, qu'en rendant les ôtages.

IX. César était alors très-éloigné. Instruit de ces faits
par Crassus, il ordonne de construire des galères sur
la Loire qui se jette dans l'Océan, de lever des rameurs

Provincia institui, nautas gubernatoresque comparari jubet. His rebus celeriter administratis, ipse, quum primum per anni tempus potuit, ad exercitum contendit. Veneti, reliquæque item civitates, cognito Cæsaris adventu, simul quod, quantum in se facinus admisissent, intelligebant (legatos, quod nomen apud omnes nationes sanctum inviolatumque semper fuisset, retentos ab se et in vincula conjectos), pro magnitudine periculi bellum parare, et maxime ea, quæ ad usum navium pertinent, providere instituunt; hoc majore spe, quod multum natura loci confidebant. Pedestria esse itinera concisa æstuariis, navigationem impeditam propter inscientiam locorum paucitatemque portuum sciebant : neque nostros exercitus propter frumenti inopiam diutius apud se morari posse, confidebant : ac jam, ut omnia contra opinionem acciderent, tamen se plurimum navibus posse; Romanos neque ullam facultatem habere navium, neque eorum locorum, ubi bellum gesturi essent, vada, portus, insulasque novisse : ac longe aliam esse navigationem in concluso mari, atque in vastissimo atque apertissimo Oceano, perspiciebant. His initis consiliis, oppida muniunt, frumenta ex agris in oppida comportant, naves in Venetiam, ubi Cæsarem primum bellum gesturum constabat, quam plurimas possunt, cogunt. Socios sibi ad bellum Osismios, Lexovios, Nannetes, Ambiliatos, Morinos, Diablintes, Menapios, adsciscunt : auxilia ex Britannia, quæ contra eas regiones posita est, arcessunt.

X. Erant hæ difficultates belli gerendi, quas supra ostendimus; sed multa Cæsarem tamen ad id bellum in-

dans la Province, de rassembler des matelots et des pilotes. Ces ordres furent promptement exécutés. Lui-même, dès que la saison le permet, se rend à l'armée. Les Vénètes et leurs alliés se sentaient coupables, pour avoir retenu et jeté dans les fers des députés, dont le nom, chez toutes les nations, fut toujours sacré et inviolable. Dès qu'ils connurent l'arrivée de César, ils se hâtèrent de proportionner les préparatifs au péril, et surtout d'équiper des vaisseaux : ils se confiaient aussi à l'avantage des lieux. Les chemins sur terre étaient interceptés par les marées, et la navigation difficile sur une mer dont les ports étaient rares et peu connus. Ils espéraient que le manque de vivres nous empêcherait de faire chez eux un long séjour, et lors même que leur attente serait trompée, ils étaient toujours les plus puissans sur mer. Les Romains n'avaient point de marine ; ils ignoraient les rades, les ports, les îles des parages où ils feraient la guerre. La navigation était tout autre sur une mer enfermée au sein des terres [13], que sur le vaste et immense Océan. Ces réflexions les rassurent. Ils munissent leurs places et transportent les grains de la campagne dans les villes. Ils rassemblent le plus de vaisseaux possible chez les Vénètes, contre lesquels ils pensent que César se dirigera d'abord : ils reçoivent dans leur alliance les Osismiens [14], les Lexoviens [15], les Nannètes [16], les Ambiliates [17], les Morins [18], les Diablintes [19] et les Ménapiens [20] : ils demandent des secours à la Bretagne [21], située vis-à-vis de leurs côtes.

X. Telles étaient les difficultés de cette guerre, et cependant plusieurs motifs commandaient à César de

citabant : injuriæ retentorum equitum romanorum ; rebellio facta post deditionem ; defectio datis obsidibus ; tot civitatum conjuratio ; in primis, ne, hac parte neglecta, reliquæ nationes idem sibi licere arbitrarentur. Itaque quum intelligeret, omnes fere Gallos novis rebus studere, et ad bellum mobiliter celeriterque excitari, omnes autem homines natura libertati studere, et conditionem servitutis odisse, prius quam plures civitates conspirarent, partiendum sibi ac latius distribuendum exercitum putavit.

XI. Itaque T. Labienum legatum in Treviros , qui proximi Rheno flumini sunt, cum equitatu mittit. Huic mandat, Remos reliquosque Belgas adeat, atque in officio contineat, Germanosque, qui auxilio a Belgis arcessiti dicebantur, si per vim navibus flumen transire conentur, prohibeat. P. Crassum cum cohortibus legionariis duodecim, et magno numero equitatus, in Aquitaniam proficisci jubet, ne ex his nationibus auxilia in Galliam mittantur, ac tantæ nationes conjungantur. Q. Titurium Sabinum legatum cum legionibus tribus in Unellos, Curiosolitas, Lexoviosque mittit, qui eam manum distinendam curet. D. Brutum adolescentem classi Gallicisque navibus, quas ex Pictonibus et Santonis, reliquisque pacatis regionibus convenire jusserat, præficit, et, quum primum possit, in Venetos proficisci jubet. Ipse eo pedestribus copiis contendit.

XII. Erant ejusmodi fere situs oppidorum, ut, posita in extremis lingulis promontoriisque, neque pedibus aditum haberent, quum ex alto se æstus incitavisset,

l'entreprendre : l'injure faite à la république en retenant des chevaliers romains, la révolte après la soumission reçue et les ôtages livrés ; la conjuration de tant de peuples, la crainte que l'impunité n'encourageât d'autres nations. Il connaissait l'amour des Gaulois pour le changement et leur promptitude à prendre les armes, et il savait, d'ailleurs, qu'il est dans la nature de tous les hommes d'aimer la liberté et de haïr l'esclavage. Sans attendre donc qu'un plus grand nombre d'états se déclarent, il s'empresse de partager ses forces et d'étendre son armée.

XI. Il envoie avec de la cavalerie T. Labienus, son lieutenant, chez les Trévires [22], peuple voisin du Rhin ; il le charge de visiter les Rémois et autres Belges, pour les maintenir dans le devoir, et de fermer le passage du fleuve aux Germains, que l'on disait appelés par les Belges. Il ordonne à P. Crassus de se rendre en Aquitanie [23] avec douze cohortes légionnaires et une cavalerie nombreuse, pour empêcher ce pays de secourir la Gaule et de s'unir à tant de nations. Il fait partir Q. Titurius Sabinus avec trois légions chez les Unelliens, les Curiosolites et les Lexoviens [24], pour tenir ce côté en respect. Il donne au jeune D. Brutus [25] le commandement de la flotte et des vaisseaux gaulois qu'il avait exigés des Pictons [26], des Santones [27] et autres pays pacifiés, et lui dit de se rendre au plus tôt chez les Vénètes. Il y marche lui-même avec les troupes de terre.

XII. La plupart des villes de cette côte sont situées à l'extrémité de langues de terre et sur des promontoires ; elles n'offrent d'accès ni aux gens de pied quand la mer

quod bis accidit semper horarum xxiv spatio; neque navibus, quod, rursus minuente æstu, naves in vadis afflictarentur. Ita utraque re oppidorum oppugnatio impediebatur; ac, si quando magnitudine operis forte superati, extruso mari aggere ac molibus, atque his ferme oppidi mœnibus adæquatis, suis fortunis desperare cœperant, magno numero navium appulso, cujus rei summam facultatem habebant, sua deportabant omnia, seque in proxima oppida recipiebant. Ibi se rursus iisdem opportunitatibus loci defendebant. Hæc eo facilius magnam partem æstatis faciebant, quod nostræ naves tempestatibus detinebantur, summaque erat vasto atque aperto mari, magnis æstibus, raris ac prope nullis portubus, difficultas navigandi.

XIII. Namque ipsorum naves ad hunc modum factæ armatæque erant. Carinæ aliquanto planiores, quam nostrarum navium, quo facilius vada ac decessum æstus excipere possent : proræ admodum erectæ, atque item puppes ad magnitudinem fluctuum tempestatumque accommodatæ : naves totæ factæ ex robore, ad quamvis vim et contumeliam perferendam : transtra pedalibus in latitudinem trabibus confixa clavis ferreis, digiti pollicis crassitudine : anchoræ, pro funibus, ferreis catenis revinctæ : pelles pro velis, alutæque tenuiter confectæ, hæ sive propter lini inopiam atque ejus usus inscientiam, sive eo, quod est magis verisimile, quod tantas tempestates Oceani, tantosque impetus ventorum sustineri, ac tanta onera navium regi velis non satis commode, arbitrabantur. Cum his navibus nostræ classi ejusmodi con-

est haute (ce qui arrive constamment deux fois en vingt-
quatre heures), ni aux vaisseaux que le reflux laisse à
sec sur le sable. On ne pouvait donc aisément les assiéger. Si, après de pénibles travaux, on parvenait à
contenir la mer par des digues, et à élever une terrasse
jusqu'à la hauteur des murs, les assiégés, lorsqu'ils dés-
espéraient de leur fortune, rassemblaient leurs nombreux vaisseaux, y transportaient tous leurs biens, et
se retiraient dans d'autres villes voisines, où la nature
leur offrait les mêmes moyens de défense. Durant une
grande partie de l'été, cette manœuvre leur fut d'autant
plus facile, que notre flotte était retenue par les vents
contraires, et pouvait à peine naviguer sur une mer
vaste, ouverte, sujette à de hautes marées, et presqu'entièrement dépourvue de ports.

XIII. Les vaisseaux des ennemis étaient construits et
armés de manière à lutter contre ces obstacles. Ils ont
la carène plus plate que les nôtres : aussi redoutent-ils
moins les bas-fonds et le reflux : les proues sont très-
hautes, et les poupes plus propres à résister aux vagues et aux tempêtes : les navires sont tout entiers de
chêne, et peuvent soutenir le choc le plus rude; les
bancs faits de poutres, d'un pied d'épaisseur, sont attachés par des clous en fer de la grosseur d'un pouce : les
ancres sont retenues par des chaînes de fer au lieu
de cordages; les voiles sont de peaux molles, amincies,
bien apprêtées, soit qu'ils manquent de lin ou ne sa-
chent pas l'employer, ou plutôt qu'ils croient impossible
de diriger avec nos voiles des vaisseaux aussi pesans, à
travers les tempêtes et les vents impétueux de l'Océan.

gressus erat, ut una celeritate et pulsu remorum præstaret; reliqua, pro loci natura, pro vi tempestatum, illis essent aptiora et accommodatiora : neque enim his nostræ rostro nocere poterant (tanta in eis erat firmitudo); neque propter altitudinem facile telum adjiciebatur; et eadem de causa minus incommode scopulis continebantur. Accedebat, ut, quum sævire ventus cœpisset, et se vento dedissent, et tempestatem ferrent facilius, et in vadis consisterent tutius, et, ab æstu derelictæ, nihil saxa et cautes timerent : quarum rerum omnium nostris navibus casus erant extimescendi.

XIV. Compluribus expugnatis oppidis, Cæsar, ubi intellexit frustra tantum laborem sumi, neque hostium fugam captis oppidis reprimi, neque his noceri posse, statuit exspectandam classem. Quæ ubi convenit, ac primum ab hostibus visa est, circiter ccxx naves eorum paratissimæ, atque omni genere armorum ornatissimæ, profectæ ex portu, nostris adversæ constiterunt : neque satis Bruto, qui classi præerat, vel tribunis militum centurionibusque, quibus singulæ naves erant attributæ, constabat, quid agerent, aut quam rationem pugnæ insisterent. Rostro enim noceri non posse cognoverant; turribus autem excitatis, tamen has altitudo puppium ex barbaris navibus superabat, ut neque ex inferiore loco satis commode tela adjici possent, et missa ab Gallis gravius acciderent. Una erat magno usui res præparata a nostris, falces præacutæ, insertæ affixæque longuriis, non absimili forma muralium falcium. His quum funes, qui antennas ad malos destinabant, comprehensi adductique erant, navigio remis incitato prærumpebantur. Quibus

Dans l'action, notre seul avantage est de les surpasser en .agilité et en vitesse; du reste, ils sont bien plus en état de lutter contre les mers orageuses et contre la violence des tempêtes. Les nôtres, avec leurs éperons, ne pouvaient entamer des masses aussi solides, et la hauteur de leur construction les mettait à l'abri des traits : aussi craignent-ils moins les écueils. Si le vent vient à s'élever, ils s'y abandonnent avec moins de périls, et ne redoutent ni la tempête, ni les bas-fonds, ni, dans le reflux, les pointes et les rochers : tous ces dangers étaient à craindre pour nous.

XIV. César avait déjà pris plusieurs villes; mais sentant que sa peine était inutile, et qu'il ne pouvait ni empêcher la retraite des ennemis, ni leur faire le moindre mal, il résolut d'attendre sa flotte. Dès qu'elle parut et que l'ennemi la découvrit, deux cent vingt de leurs vaisseaux environ, parfaitement armés et équipés, sortirent du port, et vinrent se placer devant elle. Brutus qui en était le chef, et les tribuns et centurions qui commandaient chaque vaisseau, étaient indécis sur ce qu'ils avaient à faire, et sur la manière d'engager le combat. Ils savaient que l'éperon de nos galères était impuissant; les tours de nos vaisseaux n'étaient pas assez hautes pour atteindre la poupe de ceux des barbares; nos traits lancés d'en bas seraient sans effet, tandis que les Gaulois nous en accableraient. Une seule invention fut d'un grand secours : c'était une espèce de faux extrêmement tranchante, emmanchée de longues perches, assez semblable à celles qu'on emploie dans les sièges. Avec ces faux on accrochait et l'on tirait à soi les cordages qui attachent

abscisis, antennæ necessario concidebant, ut, quum omnis Gallicis navibus spes in velis armamentisque consisteret, his ereptis, omnis usus navium uno tempore eripe-
retur. Reliquum erat certamen positum in virtute, quâ
nostri milites facile superabant, atque eo magis, quod
in conspectu Cæsaris atque omnis exercitus res gereba-
tur, ut nullum paulo fortius factum latere posset : omnes enim colles ac loca superiora, unde erat propinquus
despectus in mare., ab exercitu tenebantur.

XV. Dejectis, ut diximus, antennis, quum singulas
binæ ac ternæ naves circumsteterant, milites summa vi
transcendere in hostium naves contendebant. Quod postquam barbari fieri animadverterunt, expugnatis compluribus navibus, quum ei rei nullum reperiretur auxilium,
fuga salutem petere contenderunt : ac, jam conversis in
eam partem navibus, quo ventus ferebat, tanta subito
malacia ac tranquillitas exstitit, ut se ex loco movere
non possent. Quæ quidem res ad negotium conficiendum
maxime fuit opportuna : nam singulas nostri consectati
expugnaverunt, ut perpaucæ ex omni numero, noctis
interventu, ad terram pervenerint, quum ab hora fere
quarta usque ad solis occasum pugnaretur.

XVI. Quo prœlio bellum Venetorum totiusque oræ
maritimæ confectum est. Nam quum omnis juventus,
omnes etiam gravioris ætatis, in quibus aliquid consilii
aut dignitatis fuit, eo convenerant; tum, navium quod
ubique fuerat, unum in locum coegerant : quibus amissis,
reliqui, neque quo se reciperent, neque quemadmodum
oppida defenderent, habebant. Itaque se suaque omnia

les vergues aux mâts; on les rompait en faisant force de
rames; les vergues tombaient nécessairement, et les vaisseaux gaulois, en perdant les voiles et les agrès qui faisaient toute leur force, étaient réduits à l'impuissance.
Alors le succès ne dépendait plus que du courage, et en
cela le soldat romain avait aisément l'avantage, surtout
dans une bataille livrée sous les yeux de César et de
toute l'armée : aucune belle action ne pouvait rester inconnue; l'armée occupait toutes les collines et les hauteurs d'alentour, d'où la vue s'étendait sur la mer.

XV. Dès qu'un vaisseau était ainsi privé de ses voiles,
deux ou trois des nôtres l'entouraient, et nos soldats
sautaient à l'abordage. Les barbares, ayant perdu une
partie de leurs navires, et ne sachant que faire contre
cette manœuvre, cherchèrent leur salut dans la fuite; et
déjà ils se disposaient à profiter des vents, lorsque tout
à coup il survint un calme plat qui leur rendit tout
mouvement impossible. Cette circonstance compléta la
victoire : les nôtres les attaquèrent et les prirent l'un
après l'autre; un bien petit nombre put regagner la terre
à la faveur de la nuit. Le combat avait duré depuis la
quatrième heure du jour[28] jusqu'au coucher du soleil.

XVI. Cette bataille mit fin à la guerre des Vénètes
et de tous les états maritimes de cette côte. Car toute la
jeunesse, et même tous les hommes d'un âge mûr, dis-
tingués par leur rang ou leur caractère, s'étaient em-
pressés de prendre les armes : ils avaient rassemblé tout
ce qu'ils avaient de vaisseaux; et cette perte ne leur laissait aucun moyen de retraite ou de défense. Dans cette

Cæsari dediderunt. In quos eo gravius Cæsar vindican-
dum statuit, quo diligentius in reliquum tempus a barbaris jus legatorum conservaretur. Itaque, omni senatu
necato, reliquos sub corona vendidit.

XVII. Dum hæc in Venetis geruntur, Q. Titurius Sabinus cum iis copiis, quas a Cæsare acceperat, in fines
Unellorum pervenit. His præerat Viridovix, ac summam
imperii tenebat earum omnium civitatum, quæ defece-
rant; ex quibus exercitum magnasque copias coegerat.
Atque his paucis diebus Aulerci, Eburovices Lexoviique,
senatu suo interfecto, quod auctores belli esse nolebant,
portas clauserunt, seque cum Viridovice conjunxerunt;
magnaque præterea multitudo undique ex Gallia perdi-
torum hominum latronumque convenerant, quos spes
prædandi studiumque bellandi ab agricultura et quotidiano labore revocabat. Sabinus idoneo omnibus rebus
loco castris sese tenebat, quum Viridovix contra eum
duum millium spatio consedisset, quotidieque productis copiis pugnandi potestatem faceret, ut jam non solum hostibus in contemptionem Sabinus veniret, sed etiam
nostrorum militum vocibus non nihil carperetur; tantamque opinionem timoris præbuit, ut jam ad vallum
castrorum hostes accedere auderent. Id ea de causa fa-
ciebat, quod cum tanta multitudine hostium, præsertim
eo absente qui summam imperii teneret, nisi æquo loco,
aut opportunitate aliqua data, legato dimicandum non
existimabat.

XVIII. Hac confirmata opinione timoris, idoneum
quemdam hominem et callidum delegit Gallum, ex his,

extrémité, ils remirent à César leurs personnes et leurs biens. César crut devoir en faire un exemple sévère, qui apprît aux barbares à respecter désormais le droit sacré des ambassadeurs. Il fit mourir tout le sénat, et vendit le reste à l'encan.

XVII. Tandis que ces évènemens se passaient chez les Vénètes, Q. Titurius Sabinus arrivait sur les terres des Unelliens, avec les troupes que César lui avait confiées. Viridovix était à la tête de ces peuples, et avait le commandement de tous les états révoltés : il avait rassemblé une armée formidable. Depuis peu de jours, les Aulerciens [29], les Éburovices [30] et les Lexoviens [31], après avoir égorgé leur sénat, qui s'opposait à la guerre, avaient fermé leurs portes et s'étaient joints à Viridovix. De tous les points de la Gaule était accourue une multitude d'hommes perdus et de brigands, que la passion de la guerre et l'espoir du butin avaient arrachés à l'agriculture et à leurs travaux journaliers. Sabinus était posté sur le terrain le plus favorable, et s'y tenait renfermé. Viridovix, campé à une distance de deux milles, déployait tous les jours ses troupes et présentait la bataille, de sorte que Sabinus s'attirait le mépris des ennemis, et déjà même les sarcasmes de nos soldats. L'ennemi, le croyant effrayé, s'avançait jusqu'à nos retranchemens ; mais Sabinus ne pensait point qu'un lieutenant dût, en l'absence du général en chef, combattre une si grande multitude, sans être déterminé par l'avantage des lieux ou par quelque autre circonstance favorable.

XVIII. L'opinion de sa frayeur étant ainsi établie chez les barbares, il choisit parmi les Gaulois, qu'il

quos auxilii causa secum habebat. Huic magnis præmiis
pollicitationibusque persuadet, uti ad hostes transeat;
et, quid fieri velit, edocet. Qui, ubi pro perfuga ad eos
venit, timorem Romanorum proponit : quibus angustiis
ipse Cæsar a Venetis prematur, docet; neque longius
abesse, quin proxima nocte Sabinus clam ex castris exercitum educat, et ad Cæsarem auxilii ferendi causa profi-
ciscatur. Quod ubi auditum est, conclamant omnes, occasionem negotii bene gerendi amittendam non esse, ad
castra iri oportere. Multæ res ad hoc consilium Gallos
hortabantur : superiorum dierum Sabini cunctatio; per-
fugæ confirmatio; inopia cibariorum, cui rei parum diligenter ab iis erat provisum; spes Venetici belli; et quod
fere libenter homines id, quod volunt, credunt. His rebus adducti, non prius Viridovicem reliquosque duces ex
consilio dimittunt, quam ab his sit concessum, arma uti
capiant, et ad castra contendant. Qua re concessa, læti,
ut explorata victoria, sarmentis virgultisque collectis,
quibus fossas Romanorum compleant, ad castra pergunt.

XIX. Locus erat castrorum editus, et paulatim ab
imo acclivis, circiter passus mille. Huc magno cursu contenderunt, ut quam minimum spatii ad se colligendos
armandosque Romanis daretur, exanimatique pervenerunt. Sabinus, suos hortatus, cupientibus signum dat.
Impeditis hostibus propter ea, quæ ferebant, onera, subito duabus portis eruptionem fieri jubet. Factum est
opportunitate loci, hostium inscientia ac defatigatione,
virtute militum, superiorum pugnarum exercitatione, ut
ne unum quidem nostrorum impetum ferrent, ac statim
terga verterent. Quos impeditos integris viribus milites

avait comme auxiliaires, un homme fin et adroit, l'engagé par des promesses et de grandes récompenses à
passer aux ennemis, et l'instruit de ce qu'il doit faire.
Celui-ci arrive comme transfuge, et parle de la terreur
des Romains; il dit que César lui-même est enveloppé
par les Vénètes; que, sans tarder davantage, Sabinus,
la nuit suivante, doit lever son camp en secret pour lui
porter secours. Tous alors s'écrient qu'ils ne doivent pas
perdre une occasion si belle : il faut marcher au camp
des Romains. Plusieurs motifs excitaient les Gaulois :
l'hésitation que Sabinus avait montrée les jours précédens, l'avis que leur donnait le transfuge, le besoin de
vivres auxquels ils avaient peu pourvu, l'espoir du succès
des Vénètes, enfin, cette facilité des hommes à croire ce
qu'ils désirent. Excités par tant de motifs, ils ne laissent
point sortir du conseil Viridovix et les autres chefs, qu'ils
n'aient donné l'ordre de prendre les armes et d'attaquer
le camp. Joyeux alors et comme assurés de la victoire,
ils marchent chargés de fascines pour combler le fossé.

XIX. Le camp était sur une hauteur à laquelle on
arrivait par une pente douce d'environ mille pas. Ils s'y
portèrent d'une course rapide, pour ne pas laisser aux
Romains le temps de se rassembler et de s'armer, et arrivèrent hors d'haleine. Sabinus exhorte les siens et
donne le signal désiré. Il leur ordonne de sortir par deux
portes et de tomber sur l'ennemi embarrassé de son far-
deau. L'avantage de notre position, l'imprévoyance et
la lassitude des ennemis, notre courage, notre expérience, tout assura le succès. Les barbares ne soutinrent
pas même notre premier choc, et prirent aussitôt la

nostri consecuti, magnum numerum eorum occiderunt;
reliquos equites consectati, paucos, qui ex fuga evase-
rant, reliquerunt. Sic uno tempore et de navali pugna
Sabinus, et de Sabini victoria Cæsar certior factus : civitatesque omnes se statim Titurio dediderunt. Nam, ut ad
bella suscipienda Gallorum alacer ac promptus est animus, sic mollis ac minime resistens ad calamitates per-
ferendas mens eorum est.

XX. Eodem fere tempore P. Crassus, quum in Aquitaniam pervenisset, quæ pars, ut ante dictum est, et regionum latitudine, et multitudine hominum, ex tertia
parte Galliæ est æstimanda, quum intelligeret, in his
locis sibi bellum gerendum, ubi paucis ante annis L. Valerius Præconinus legatus, exercitu pulso, interfectus
esset, atque unde L. Mallius proconsul impedimentis
amissis profugisset; non mediocrem sibi diligentiam ad-
hibendam intelligebat. Itaque, re frumentaria provisa,
auxiliis equitatuque comparato, multis præterea viris
fortibus Tolosa, Carcasone et Narbone, quæ sunt civitates Galliæ provinciæ, finitimæ his regionibus, nominatim evocatis, in Sotiatum fines exercitum introduxit. Cujus adventu cognito, Sotiates, magnis copiis coactis equitatuque, quo plurimum valebant, in itinere agmen
nostrum adorti, primum equestre prœlium commiserunt; deinde, equitatu suo pulso, atque insequentibus
nostris, subito pedestres copias, quas in convalle ex insidiis collocaverant, ostenderunt. Hi, nostros disjectos
adorti, prœlium renovarunt.

fuite. Nos soldats, dont les forces étaient entières, les poursuivirent sans relâche et en firent un grand carnage ; la cavalerie acheva la défaite, et n'en laissa échapper qu'un petit nombre. Ainsi César et Sabinus furent instruits en même temps de leur double victoire. Toutes les villes de cette contrée se rendirent sur-le-champ à Sabinus : car si le Gaulois est prompt à prendre les armes, il manque de fermeté pour supporter les revers.

XX. A peu près à cette époque, P. Crassus était arrivé dans l'Aquitanie, qui, par son étendue et sa population, fait, comme nous l'avons dit, le tiers de la Gaule. Songeant qu'il aurait à faire la guerre dans les mêmes lieux où, peu d'années auparavant [32], le lieutenant L. Valerius Præconinus avait été défait et tué, et d'où le proconsul L. Mallius avait été chassé après avoir perdu ses bagages, il crut qu'il ne pouvait déployer trop d'activité et de précautions. Il pourvut aux vivres, rassembla des auxiliaires et de la cavalerie, appela près de lui les plus braves de Toulouse, de Carcassonne, de Narbonne, pays dépendans de la Province romaine, et voisins de l'Aquitanie, et mena son armée sur les terres des Sotiates [33]. A la nouvelle de son arrivée, les Sotiates rassemblent des troupes nombreuses, surtout de la cavalerie, leur principale force, et attaquent notre armée dans sa marche : le combat commence par la cavalerie : les nôtres les repoussent et les poursuivent ; alors l'infanterie des ennemis, placée en embuscade dans un vallon, paraît tout à coup ; ils attaquent nos soldats épars et recommencent le combat.

XXI. Pugnatum est diu atque acriter, quum Sotiates, superioribus victoriis freti, in sua virtute totius Aquitaniæ salutem positam putarent; nostri autem, quid sine imperatore et sine reliquis legionibus, adolescentulo duce, efficere possent, perspici cuperent : tamen confecti vulneribus hostes terga vertere. Quorum magno numero interfecto, Crassus ex itinere oppidum Sotiatum oppugnare cœpit. Quibus fortiter resistentibus, vineas turresque egit. Illi, alias eruptione tentata, alias cuniculis ad aggerem vineasque actis (cujus rei sunt longe peritissimi Aquitani, propterea quod multis locis apud eos ærariæ secturæ sunt), ubi diligentia nostrorum nihil his rebus profici posse intellexerunt, legatos ad Crassum mittunt, seque in deditionem ut recipiat, petunt. Qua re impetrata, arma tradere jussi, faciunt.

XXII. Atque in ea re omnium nostrorum intentis animis, alia ex parte oppidi Adcantuannus, qui summam imperii tenebat, cum DC devotis, quos illi Soldurios appellant (quorum hæc est conditio, uti omnibus in vita commodis una cum his fruantur, quorum se amicitiæ dediderint; si quid iis per vim accidat, aut eumdem casum una ferant, aut sibi mortem consciscant : neque adhuc hominum memoria repertus est quisquam, qui, eo interfecto, cujus se amicitiæ devovisset, mortem recusaret), cum iis Adcantuannus eruptionem facere conatus, clamore ab ea parte munitionis sublato, quum ad arma milites concurrissent, vehementerque ibi pugnatum esset, repulsus in oppidum, tamen uti eadem deditionis conditione uteretur, a Crasso impetravit.

XXI. Il fut long et opiniâtre : les Sotiates, fiers de leurs anciennes victoires, croyaient que le salut de l'Aquitanie dépendait de leur valeur : nos soldats voulaient montrer ce qu'ils pouvaient faire sous la conduite d'un jeune chef, en l'absence du général, et sans l'aide des autres légions. Enfin les ennemis, couverts de blessures, prirent la fuite. On en fit un grand carnage; Crassus, sans s'arrêter, mit le siège devant la capitale des Sotiates. Leur vive résistance l'obligea d'employer les mantelets et les tours. Ils faisaient de fréquentes sorties, ou pratiquaient des mines sous nos tranchées; car ils sont habiles à ces ouvrages, leur pays étant plein de mines d'airain qu'ils exploitent : mais leurs efforts échouèrent contre l'activité de nos soldats. Ils députèrent alors vers Crassus et offrirent de se rendre. Sur son ordre, ils livrèrent leurs armes.

XXII. Tandis que tous les nôtres étaient attentifs à l'exécution de ce traité, d'un autre côté de la ville, parut le général en chef, Adcantuannus, avec six cents hommes dévoués à sa personne, de ceux qu'ils appellent Solduriens[34]. Telle est la condition de ces braves : ils jouissent de tous les biens de la vie avec ceux auxquels ils se sont consacrés par les liens de l'amitié : si leur chef périt de mort violente, ils n'hésitent pas à partager son sort ou à se tuer eux-mêmes; et, de mémoire d'homme, il n'est pas arrivé qu'aucun de ceux qui s'étaient dévoués à la fortune d'un chef, refusât de mourir après lui. C'est avec cette escorte qu'Adcantuannus faisait une sortie. Des cris s'élevèrent sur cette partie du rempart : on courut aux armes; le combat fut sanglant. Adcantuannus, re-

XXIII. Armis obsidibusque acceptis, Crassus in fines
Vocatium et Tarusatium profectus est. Tum vero barbari commoti, quod oppidum, et natura loci et manu
munitum, paucis diebus, quibus eo ventum erat, ex-
pugnatum cognoverant, legatos quoquo versus dimittere,
conjurare, obsides inter se dare, copias parare cœperunt.
Mittuntur etiam ad eas civitates legati, quæ sunt citerioris Hispaniæ, finitimæ Aquitaniæ : inde auxilia duces-
que arcessuntur. Quorum adventu magna cum auctoritate, et magna cum hominum multitudine bellum gerere conantur. Duces vero ii deliguntur, qui una cum
Q. Sertorio omnes annos fuerant, summamque scientiam rei militaris habere existimabantur. Hi consuetudine populi romani loca capere, castra munire, commeatibus nostros intercludere instituunt. Quod ubi Crassus animadvertit, suas copias propter exiguitatem non
facile diduci, hostem et vagari, et vias obsidere, et castris satis præsidii relinquere, ob eam causam minus commode frumentum commeatumque sibi supportari, in dies
hostium numerum augeri, non cunctandum existimavit,
quin pugna decertaret. Hac re ad consilium delata, ubi
omnes idem sentire intellexit, posterum diem pugnæ
constituit.

XXIV. Prima luce, productis omnibus copiis, duplici
acie instituta, auxiliis in mediam aciem conjectis, quid
hostes consilii caperent, exspectabat. Illi, etsi propter
multitudinem, et veterem belli gloriam, paucitatemque
nostrorum, se tuto dimicaturos existimabant, tamen tu-

poussé dans la ville, obtint cependant de Crassus les mêmes conditions que les autres Sotiates.

XXIII. Après avoir reçu les armes et les ôtages, Crassus marcha sur les terres des Vocates [35] et des Tarusates [36]. Ceux-ci, vivement effrayés d'avoir vu prendre en quelques jours une place également défendue par la nature et par la main de l'homme, s'envoient de toutes parts des députés, forment une ligue, se donnent des ôtages et rassemblent des troupes. Ils députent aussi vers les états de l'Espagne citérieure, voisine de l'Aquitanie, pour demander des secours et des chefs. Dès qu'ils furent arrivés, ils se mirent en campagne, pleins de confiance en leurs forces. Ils choisissent pour chefs quelques-uns de ceux qui avaient long-temps servi sous Q. Sertorius et dont le talent militaire était vanté. Ils prennent leurs positions à la manière des Romains, fortifient leur camp, nous coupent les vivres. Crassus s'en aperçut, il sentit que ses troupes étaient trop peu nombreuses pour les diviser, au lieu que les barbares pouvaient faire des courses et garder les passages sans dégarnir leur camp. Ses convois étaient interceptés; le nombre des ennemis croissait de jour en jour. Crassus pensa qu'il fallait se hâter de combattre : il assembla le conseil, et, d'après l'avis unanime, il donna l'ordre pour le lendemain.

XXIV. Au point du jour, il fit sortir toutes les troupes, les rangea sur deux lignes, plaça au milieu les auxiliaires, et attendit ce que ferait l'ennemi. Ceux-ci, rassurés par leur nombre et leurs anciens succès, ne doutaient point de la victoire sur une poignée de Romains :

tius esse arbitrabantur, obsessis viis, commeatu intercluso, sine ullo vulnere victoria potiri : et, si propter
inopiam rei frumentariæ Romani sese recipere cœpissent,
impeditos in agmine et sub sarcinis, inferiores animo,
adoriri cogitabant. Hoc consilio probato ab ducibus, productis Romanorum copiis, sese castris tenebant. Hac
re perspecta, Crassus, quum sua cunctatione atque opinione timidiores hostes, nostros milites alacriores ad pugnandum effecissent, atque omnium voces audirentur,
exspectari diutius non oportere, quin ad castra iretur,
cohortatus suos, omnibus cupientibus, ad hostium castra contendit.

XXV. Ibi, quum alii fossas complerent, alii, multis
telis conjectis, defensores vallo munitionibusque depel-
lerent, auxiliaresque, quibus ad pugnam non multum
Crassus confidebat, lapidibus telisque subministrandis,
et ad aggerem cespitibus comportandis, speciem atque
opinionem pugnantium præberent, quum item ab hostibus constanter ac non timide pugnaretur, telaque ex loco
superiore missa non frustra acciderent, equites, circum-
itis hostium castris, Crasso renuntiaverunt, non eadem
esse diligentia ab decumana porta castra munita, faci-
lemque aditum habere.

XXVI. Crassus, equitum præfectos cohortatus, ut
magnis præmiis pollicitationibusque suos excitarent, quid
fieri velit, ostendit. Illi, ut erat imperatum, eductis quatuor cohortibus, quæ præsidio castris relictæ, intritæ ab
labore erant, et longiore itinere circumductis, ne ex hostium castris conspici possent, omnium oculis mentibus-
que ad pugnam intentis, celeriter ad eas, quas diximus,

cependant ils crurent plus sûr encore d'attendre une victoire qui ne leur coutât pas de sang : maîtres des passages, ils pouvaient intercepter les vivres ; et si la faim nous
forçait à la retraite, ils nous attaqueraient en pleine marche, au milieu des embarras du bagage, et profiteraient
de notre découragement. Ce dessein fut approuvé de leurs
chefs : ils se tinrent dans leur camp, tandis que nous
étions en bataille. Cette hésitation, qui ressemblait à la
crainte, ne fit qu'inspirer à nos troupes plus d'ardeur ;
un cri général s'éleva pour marcher sans délai au camp
des ennemis : Crassus, cédant à leur vœu, les harangue,
et donne le signal.

XXV. Les uns comblent le fossé ; les autres chassent
l'ennemi du retranchement, en y lançant une grêle de
traits. Les auxiliaires, sur qui Crassus comptait peu pour
le combat, se mêlaient toutefois aux combattans ; ils
fournissaient les traits, les pierres, les fascines. L'ennemi
se défendait avec courage, et lançait d'en haut ses traits
qui n'étaient pas perdus. Cependant, nos cavaliers ayant
fait le tour du camp, rapportèrent à Crassus qu'il n'était
pas partout également fortifié ; le côté de la porte Décumane était moins gardé, et offrait un accès facile.

XXVI. Crassus explique ses intentions aux préfets
de la cavalerie, et leur recommande d'encourager les cavaliers par des récompenses et des promesses. Ceux-ci,
d'après l'ordre qu'ils ont reçu, prennent avec eux quatre
cohortes toutes fraîches, restées à la garde du camp, et
faisant un long détour pour dérober leur marche, se
rendent en diligence à la partie du retranchement qui

munitiones pervenerunt, atque, his prorutis, prius in hostium castris constiterunt, quam plane ab iis videri, aut, quid rei gereretur, cognosci posset. Tum vero, clamore ab ea parte audito, nostri redintegratis viribus, quod plerumque in spe victoriæ accidere consuevit, acrius impugnare cœperunt. Hostes undique circumventi, desperatis omnibus rebus, se per munitiones dejicere, et fuga salutem petere contenderunt. Quos equitatus apertissimis campis consectatus, ex millium L numero, quæ ex Aquitania Cantabrisque convenisse constabat, vix quarta parte relicta, multa nocte se in castra recepit.

XXVII. Hac audita pugna, magna pars Aquitaniæ sese Crasso dedidit, obsidesque ultro misit : quo in numero fuerunt Tarbelli, Bigerriones, Preciani, Vocates, Tarusates, Elusates, Garites, Ausci, Garumni, Sibuzates, Cocosates. Paucæ ultimæ nationes, anni tempore confisæ, quod hiems suberat, hoc facere neglexerunt.

XXVIII. Eodem fere tempore, Cæsar, etsi prope exacta jam æstas erat, tamen, quod, omni Gallia pacata, Morini Menapiique supererant, qui in armis essent, neque ad eum unquam legatos de pace misissent, arbitratus, id bellum celeriter confici posse, eo exercitum adduxit : qui longe alia ratione, ac reliqui Galli, bellum agere instituerunt. Nam quod intelligebant, maximas nationes, quæ prœlio contendissent, pulsas superatasque esse, continentesque silvas ac paludes habebant, eo se suaque om-

était indiquée. Tous les regards étaient fixés sur le champ
de bataille : nos troupes forcent l'entrée, et pénètrent
dans le camp des ennemis, avant que ceux-ci puissent
les voir, ou seulement savoir ce qui se passe. Avertis par
les cris qui se font entendre de ce côté, les nôtres pressent l'attaque avec cette ardeur que donne l'espoir de
vaincre. L'ennemi enveloppé, perd courage, se précipite
du haut de ses remparts et cherche son salut dans la
fuite. La cavalerie l'atteignit en rase campagne, en fit un
grand carnage, et ne revint que bien avant dans la nuit.
De cinquante mille hommes fournis par l'Aquitanie et le
pays des Cantabres [37], à peine le quart échappa.

XXVII. Au bruit de cette victoire, la plus grande
partie de l'Aquitanie se rendit à Crassus et envoya d'elle-
même des ôtages. De ce nombre furent les Tarbelliens [38],
les Bigerrions [39], les Précianiens [40], les Vocates [41], les
Tarusates [42], les Élusates [43], les Garites [44], les Ausciens [45], les Garomniens, les Sibuzates et les Cocosates [46].
Quelques états plus éloignés, mais peu nombreux, se
confiant sur la saison avancée, ne suivirent pas cet
exemple.

XXVIII. Environ dans le même temps, bien que l'été
fût déjà près de sa fin, César entreprit une nouvelle
guerre qu'il espérait terminer promptement. Il marcha
contre les Morins et les Ménapiens [47], qui, seuls dans
toute la Gaule pacifiée, restaient en armes et n'avaient
jamais député à César pour lui demander la paix. Ces
peuples suivirent un plan de guerre tout autre que le reste
des Gaulois. Voyant tant de grandes nations vaincues et
soumises, en livrant des batailles, ils se retirèrent avec

nia contulerunt. Ad quarum initium silvarum quum Cæsar pervenisset, castraque munire instituisset, neque hostis interim visus esset, dispersis in opere nostris, subito ex omnibus partibus silvæ evolaverunt, et in nostros impetum fecerunt. Nostri celeriter arma ceperunt, eosque in silvas repulerunt, et, compluribus interfectis, longius impeditioribus locis secuti, paucos ex suis deperdiderunt.

XXIX. Reliquis deinceps diebus Cæsar silvas cædere instituit; et, ne quis inermibus imprudentibusque militibus ab latere impetus fieri posset, omnem eam materiam, quæ erat cæsa, conversam ad hostem collocabat, et pro vallo ad utrumque latus exstruebat. Incredibili celeritate magno spatio paucis diebus confecto, quum jam pecus atque extrema impedimenta ab nostris tenerentur, ipsi densiores silvas peterent, ejusmodi tempestates sunt consecutæ, uti opus necessario intermitteretur, et, continuatione imbrium, diutius sub pellibus milites contineri non possent. Itaque, vastatis omnibus eorum agris, vicis ædificiisque incensis, Cæsar exercitum reduxit, et in Aulercis Lexoviisque, reliquis item civitatibus, quæ proxime bellum fecerant, in hibernis collocavit.

tous leurs biens dans les bois et les marais qui couvraient
leur pays. César, parvenu à l'entrée de ces forêts, commençait à s'y retrancher, sans qu'un seul ennemi eût paru,
lorsque tout à coup les barbares sortent de toute part
et tombent sur nos soldats, dispersés pour les travaux.
Les Romains saisissent leurs armes, les repoussent et en
tuent un grand nombre : mais, s'étant engagés trop avant
dans des lieux couverts, ils essuyèrent eux-mêmes quelque perte.

XXIX. Les jours suivans, César entreprit d'abattre
la forêt; et, pour empêcher qu'on ne prît en flanc et par
surprise les soldats désarmés, il fit entasser tout le bois
que l'on coupait, en face de l'ennemi, sur les deux côtés,
en forme de rempart. En peu de jours ce travail fut
achevé sur une immense étendue, avec une incroyable
vitesse. Déjà nous étions maîtres des troupeaux et des
derniers bagages de l'ennemi, qui s'enfonçait dans l'épaisseur des forêts, lorsque des pluies continuelles forcèrent
d'interrompre les travaux. Il ne fut plus possible de tenir
le soldat sous les tentes [48]. Après avoir ravagé le pays et
brûlé les bourgs, César ramena l'armée, et la mit en quartier d'hiver chez les Aulerciens, les Lexoviens et autres
peuples récemment vaincus.

NOTES

SUR LE LIVRE TROISIÈME.

----

1. *Les Nantuates.* Partie du Chablais et du Valais.

2. *Les Véragres.* Bas-Valais.

3. *Les Séduniens.* Haut-Valais.

4. *Octodur.* Martigni, en Bas-Valais.

5. *D'un retranchement.* Les Romains ne passaient pas une seule nuit, même durant les plus longues marches, sans établir un camp, et sans le défendre par un retranchement et un fossé. SALL., *Jug.*, 45. Ils voulaient, dit Montesquieu en parlant de la légion, que chaque fois elle se retranchât, et fût une espèce de place de guerre.

6. *Par toutes les portes.* Le camp des Romains avait le plus souvent la forme d'un quarré. Il avait quatre portes, une de chaque côté. On appelait porte prétorienne celle qui regardait l'ennemi; l'autre, opposée à celle-ci, était la porte Décumane.

7. *Les Allobroges.* Savoie et Dauphiné.

8. *Pour l'Illyrie.* L'Illyrie faisait partie du gouvernement de César.

9. *Chez les Andes.* Habitans de l'Anjou.

10. *Chez les Unelliens.* Peuples Armoriques.

11. *Chez les Curiosolites.* Partie de l'Armorique.

12. *Chez les Vénètes.* Territoire de Vannes.

13. *Mer enfermée au sein des terres.* La navigation des Romains se bornait à la mer Méditerranée.

14. *Les Osismiens.* Finistère et côtes du Nord.

15. *Les Lexoviens.* Lisieux.

16. *Les Nannètes.* Nantes.

17. *Les Ambiens.* Amiens.

18. *Les Morins.* Le Boulonnais.

19. *Les Diablintes.* Le Perche.

20. *Les Ménapiens.* Partie du Brabant, vers la Gueldre.

21. *La Bretagne.* Angleterre.

22. *Les Trévires.* Trèves.

23. *Aquitanie.* Guyenne, Gascogne.

24. *Les Unelliens, les Curiosolites et les Lexoviens.* Peuples de Coutances, Quimper et Lisieux.

25. *D. Brutus.* On ne doit pas le confondre avec M. Brutus, un des meurtriers de César.

26. *Des Pictons.* Le Poitou.

27. *Des Santons.* La Saintonge.

28. *Quatrième heure du jour.* Dix heures du matin.

29. *Les Aulerciens.* Le Maine.

30. *Les Éburovices.* Évreux.

31. *Les Lexoviens.* Territoire de Lisieux.

32. *Peu d'années auparavant.* Du temps de la guerre de Sertorius.

33. *Des Sotiates.* Probablement le pays de Soz. *Voyez* d'Anville, *Notice de la Gaule.*

34. *Qu'ils appellent Solduriens.* D'habiles publicistes ont combattu avec raison l'opinion vulgaire qui cherchait à rattacher à cette institution l'origine du régime féodal. On peut voir à ce sujet les excellens documens fournis par M. Guizot, dans ses Essais sur l'Histoire de France.

35. *Des Vocates.* Territoire de Bazas. *Voyez* d'Anville, *Notice de la Gaule.*

36. *Des Tarusates.* Le Tursan, en Gascogne.

37. *Des Cantabres.* La Biscaye.

38. *Les Tartelliens.* Territoire de Dax.

39. *Les Bigerrions.* Comté de Bigorre.

40. *Les Précianiens.* Position incertaine.

41. *Les Vocates.* Le Bazadois.

42. *Les Tarusates.* Le Tursan.

43. *Les Élusates.* Le pays d'Euse.

44. *Les Garites.* Peu connus.

45. *Les Ausciens.* Le territoire d'Auch.

46. *Les Cocosates.* Position incertaine

47. *Les Morins et les Ménapiens.* Le Boulonnais, Flandre et Brabant.

48. *Sous les tentes.* Les tentes étaient couvertes de peaux que l'on tendait avec des cordes. De là l'expression *sub pellibus.*

LIBER IV.

I. Ea, quæ secuta est, hieme, qui fuit annus Cn. Pompeio, M. Crasso coss., Usipetes Germani, et item Tenchtheri, magna cum multitudine hominum, flumen Rhenum transierunt, non longe a mari, quo Rhenus influit. Causa transeundi fuit, quod ab Suevis complures annos exagitati bello premebantur, et agricultura prohibebantur. Suevorum gens est longe maxima et bellicosissima Germanorum omnium. Hi centum pagos habere dicuntur, ex quibus quotannis singula millia armatorum, bellandi causa, suis ex finibus educunt. Reliqui, qui domi manserint, se atque illos alunt. Hi rursus invicem anno post in armis sunt; illi domi remanent. Sic neque agricultura, nec ratio atque usus belli, intermittitur. Sed privati ac separati agri apud eos nihil est; neque longius anno remanere uno in loco, incolendi causa, licet. Neque multum frumento, sed maximam partem lacte atque pecore vivunt, multumque sunt in venationibus : quæ res et cibi genere, et quotidiana exercitatione, et libertate vitæ (quod, a pueris nullo officio aut disciplina assuefacti, nihil omnino contra voluntatem faciant) et vires alit, et immani corporum magnitudine homines efficit. Atque in eam se consuetudinem adduxerunt, ut locis frigidissimis, neque vestitus, præter pelles, habeant

LIVRE IV.

I. L'HIVER suivant, sous le consulat de Cn. Pompée et de M. Crassus, les Usipètes et les Tenchthères [1], peuples Germains, passèrent le Rhin en grand nombre, assez près de l'endroit où ce fleuve se jette dans la mer. Ils y étaient forcés par les incursions des Suèves [2], qui, depuis plusieurs années, leur faisaient la guerre sans relâche, et les empêchaient de cultiver leurs champs. La nation des Suèves est la plus puissante et la plus belliqueuse de toute la Germanie. On dit qu'ils forment cent cantons, de chacun desquels sortent tous les ans mille hommes, qui vont porter la guerre au dehors. Les autres restent dans le pays, le cultivent pour eux-mêmes et pour les absens, et s'arment à leur tour l'année suivante : les premiers reviennent dans leur patrie. Ainsi ni l'agriculture, ni la guerre ne sont interrompues. Aucun d'eux ne possède de terres en propre [3], et ne peut habiter plus d'un an dans le même lieu. Ils consomment peu de blé, et vivent en grande partie de laitage, ou de la chair des troupeaux, et surtout de leur chasse. Ce genre de vie, leurs exercices journaliers, leur indépendance, qui, dans l'enfance même, ne connut jamais le joug d'aucun devoir, d'aucune discipline, cette habitude de ne rien faire contre leur gré donnent à leurs forces et à leur

quidquam (quarum propter exiguitatem magna est corporis pars aperta), et laventur in fluminibus.

II. Mercatoribus est ad eos aditus, magis eo, ut, quæ bello ceperint, quibus vendant, habeant, quam quo ullam rem ad se importari desiderent. Quin etiam jumentis, quibus maxime Gallia delectatur, quæque impenso parant pretio, Germani importatis non utuntur : sed quæ sunt apud eos nata, prava atque deformia, hæc quotidiana exercitatione, summi ut sint laboris, efficiunt. Equestribus prœliis sæpe ex equis desiliunt, ac pedibus prœliantur; equosque eodem remanere vestigio assuefaciunt; ad quos se celeriter, quum usus est, recipiunt : neque eorum moribus turpius quidquam aut inertius habetur, quam ephippiis uti. Itaque ad quemvis numerum ephippiatorum equitum, quamvis pauci, adire audent. Vinum ad se omnino importari non sinunt, quod ea re ad laborem ferendum remollescere homines atque effeminari arbitrantur.

III. Publice maximam putant esse laudem, quam latissime a suis finibus vacare agros : hac re significari, magnum numerum civitatum suam vim sustinere non posse. Itaque una ex parte a Suevis circiter millia passuum DC agri vacare dicuntur. Ad alteram partem, succedunt Ubii, quorum fuit civitas ampla atque florens, ut est captus Germanorum, et paulo, quam sunt ejusdem generis, etiam ceteris humaniores, propterea quod Rhenum attingunt, multumque ad eos mercatores ventitant; et ipsi propter propinquitatem gallicis sunt moribus assue-

taille un développement prodigieux. Sous un climat très-froid, ils sont accoutumés à ne se vêtir que de peaux dont l'exiguité laisse à découvert une partie de leur corps, et ils se baignent dans les fleuves.

II. Ils reçoivent chez eux les marchands, plutôt pour vendre le butin qu'ils ont fait, que pour rien acheter. Ils ne sont point même curieux de ces chevaux étrangers qui plaisent tant dans la Gaule, et qu'on y paie si cher; mais à force d'exercer ceux de leur pays, dont la race est mauvaise et difforme [4], ils les rendent infatigables. Dans les combats, il leur arrive souvent de sauter à bas de leurs chevaux, pour se battre à pied; ils les ont dressés à rester en place, et les rejoignent vite au besoin. Rien, dans leurs idées, n'est plus honteux et ne prouve plus de mollesse, que de se servir de selle. Aussi, quel que soit leur petit nombre, attaquent-ils sans crainte une troupe nombreuse, dont les chevaux sont sellés. L'importation du vin est totalement interdite chez eux; ils croient que cette liqueur énerve les hommes et affaiblit le courage.

III. Ils se font gloire d'être entourés, au loin, de vastes solitudes, qui attestent qu'un grand nombre de nations n'ont pu soutenir leurs efforts. Aussi dit-on que, d'un côté, à six cent milles de leurs frontières, toutes les campagnes sont désertes. De l'autre côté, ils ont pour voisins les Ubiens [5], peuple autrefois nombreux et assez florissant pour un état germain : ceux-ci sont plus civilisés que le reste de la nation germaine, parce qu'étant placés sur les bords du Rhin, ils communiquent avec beaucoup de marchands étrangers, et d'ailleurs le voi-

facti. Hos quum Suevi, multis sæpe bellis experti, propter amplitudinem gravitatemque civitatis, finibus expel-
lere non potuissent, tamen vectigales sibi fecerunt, ac
multo humiliores infirmioresque redegerunt.

IV. In eadem causa fuerunt Usipetes et Tenchtheri,
quos supra diximus, qui complures annos Suevorum
vim sustinuerunt; ad extremum tamen, agris expulsi, et
multis Germaniæ locis triennium vagati, ad Rhenum pervenerunt: quas regiones Menapii incolebant, et ad utramque ripam fluminis agros, ædificia, vicosque habebant;
sed, tantæ multitudinis aditu perterriti, ex his ædificiis,
quæ trans flumen habuerant, demigraverant, et, cis
Rhenum dispositis præsidiis, Germanos transire prohibebant. Illi, omnia experti, quum neque vi contendere
propter inopiam navium, neque clam transire propter
custodias Menapiorum possent, reverti se in suas sedes
regionesque simulaverunt; et tridui viam progressi, rursus reverterunt; atque, omni hoc itinere una nocte equitatu confecto, inscios inopinantesque Menapios oppres-
serunt, qui, de Germanorum discessu per exploratores
certiores facti, sine metu trans Rhenum in suos vicos
remigraverant. His interfectis, navibusque eorum occupatis, priusquam ea pars Menapiorum, quæ citra Rhenum quieta in suis sedibus erat, certior fieret, flumen
transierunt, atque omnibus eorum ædificiis occupatis,
reliquam partem hiemis se eorum copiis aluerunt.

V. His de rebus Cæsar certior factus, et infirmitatem
Gallorum veritus, quod sunt in consiliis capiendis mo-

sinage des Gaulois les a façonnés à leurs mœurs. Souvent attaqués par les Suèves, leur puissance et leur nombre les a préservés d'être chassés de leurs frontières; mais ils sont leurs tributaires, et ont été réduits par eux à un état d'abaissement.

IV. Il en a été de même des Usipètes et des Tench-thères, que nous avons déjà nommés. Long-temps ils résistèrent aux attaques des Suèves; mais, enfin, chassés de leurs terres, après avoir erré trois ans à travers la Germanie, ils arrivèrent au Rhin. Là étaient les Ménapiens[6], qui possédaient sur l'une et l'autre rive des champs, des maisons, des bourgs. Effrayés à l'arrivée de cette multitude, ils abandonnèrent ce qu'ils possédaient au delà du fleuve, et, s'étant fortifiés en deçà, fermèrent le passage aux Germains. Ceux-ci, après avoir tout essayé, ne pouvant passer ni de vive force, faute de bateaux, ni à la dérobée, à cause des gardes, feignirent de renoncer à leur projet et de retourner sur leurs pas. Mais, après une marche de trois jours, il revinrent tout à coup, et faisant en une nuit, avec leurs chevaux, le chemin de ces trois journées, ils tombèrent à l'improviste sur les Ménapiens qui, informés de cette retraite par leurs éclaireurs, étaient rentrés sans crainte dans leurs bourgs au delà du Rhin. Ils les taillèrent en pièces, prirent leurs bateaux et passèrent le fleuve. Avant que les habitans de l'autre rive eussent appris leur retour, ils s'emparèrent de leurs demeures, et se nourrirent le reste de l'hiver des provisions qui s'y trouvaient.

V. César, instruit de ces évènemens, ne crut pas devoir se fier aux Gaulois, dont il connaissait le caractère

biles, et novis plerumque rebus student, nihil his committendum existimavit. Est autem hoc gallicæ consuetudinis, uti et viatores, etiam invitos, consistere cogant,
et, quod quisque eorum de quaque re audierit aut cognoverit, quærant, et mercatores in oppidis vulgus circum-
sistat, quibusque ex regionibus veniant, quasque ibi res
cognoverint, pronuntiare cogant. His rumoribus atque
auditionibus permoti, de summis sæpe rebus consilia
ineunt, quorum eos e vestigio pœnitere necesse est, quum
incertis rumoribus serviant, et plerique ad voluntatem
eorum ficta respondeant.

VI. Qua consuetudine cognita, Cæsar, ne graviori bello
occurreret, maturius, quam consuerat, ad exercitum
proficiscitur. Eo quum venisset, ea, quæ fore suspicatus
erat, facta cognovit; missas legationes a nonnullis civitatibus ad Germanos, invitatosque eos, uti ab Rheno
discederent; omniaque, quæ postulassent, ab se fore pa-
rata. Qua spe adducti Germani latius jam vagabantur, et
in fines Eburonum et Condrusorum, qui sunt Trevirorum clientes, pervenerant. Principibus Galliæ evocatis,
Cæsar ea, quæ cognoverat, dissimulanda sibi existimavit; eorumque animis permulsis et confirmatis, equitatuque imperato, bellum cum Germanis gerere constituit.

VII. Re frumentaria comparata, equitibusque delec-
tis, iter in ea loca facere cœpit, quibus in locis esse Germanos audiebat. A quibus quum paucorum dierum iter
abesset, legati ab his venerunt, quorum hæc fuit oratio :
« Germanos neque priores populo romano bellum inferre; neque tamen recusare, si lacessantur, quin armis

léger, mobile, avide de nouveautés. On a l'habitude,
en Gaule, de forcer les voyageurs à s'arrêter, pour les
interroger sur ce qu'ils savent ou ce qu'ils ont entendu
dire. Dans les villes, le peuple entoure les marchands,
les questionne sur les pays d'où ils viennent, et les presse
de dire ce qu'ils y ont appris. C'est sur ces bruits et ces
rapports qu'ils décident souvent les affaires les plus
importantes : ils ne tardent point à se repentir de s'être
ainsi livrés à des nouvelles incertaines, et la plupart du
temps inventées pour leur plaire.

VI. Connaissant cette légèreté, César, pour prévenir
une guerre plus dangereuse, rejoignit l'armée plus tôt
que de coutume. En arrivant, il apprit ce qu'il avait
prévu : plusieurs peuples de la Gaule avaient déjà député
vers les Germains, pour les inviter à franchir le Rhin,
et se déclaraient prêts à faire tout ce qu'ils demanderaient.
Sur cet espoir, les Germains commençaient déjà à s'étendre et étaient parvenus au territoire des Éburons[7], et des
Condrusiens[8], alliés des Trévires. César ayant convoqué
les principaux de la Gaule, jugea convenable de dissi-
muler ce qu'il avait appris : il les flatta, les encouragea,
leur ordonna de fournir de la cavalerie, et résolut de
marcher contre les Germains.

VII. Après avoir pourvu aux vivres, et levé de la cavalerie, il se porta vers les lieux où l'on disait qu'étaient
les Germains. Il n'en était plus qu'à peu de journées,
lorsqu'ils lui envoyèrent des députés. « Les Germains,
disaient-ils, ne seront pas les premiers à faire la guerre
aux Romains ; mais ils sont prêts à la soutenir. Ils ont

contendant; quod Germanorum consuetudo hæc sit a majoribus tradita, quicumque bellum inferant, resistere,
neque deprecari : hoc tamen dicere, venisse invitos,
ejectos domo. Si suam gratiam Romani velint, posse eis
utiles esse amicos : vel sibi agros attribuant, vel patiantur eos tenere, quos armis possederint. Sese unis Suevis
concedere, quibus ne dei quidem immortales pares esse
possint : reliquum quidem in terris esse neminem, quem
non superare possint. »

VIII. Ad hæc Cæsar, quæ visum est, respondit; sed
exitus fuit orationis : « Sibi nullam cum his amicitiam
esse posse, si in Gallia remanerent : neque verum esse,
qui suos fines tueri non potuerint, alienos occupare :
neque ullos in Gallia vacare agros, qui dari, tantæ præsertim multitudini, sine injuria possint. Sed licere, si
velint, in Ubiorum finibus considere, quorum sint legati apud se, et de Suevorum injuriis querantur, et a se
auxilium petant : hoc se ab Ubiis impetraturum. »

IX. Legati hæc se ad suos relaturos dixerunt, et, re
deliberata, post diem tertium ad Cæsarem reversuros :
interea, ne propius se castra moveret, petierunt. Ne id
quidem Cæsar ab se impetrari posse dixit : cognoverat
enim, magnam partem equitatus ab iis aliquot diebus
ante, prædandi frumentandique causa, ad Ambivaritos
trans Mosam missam. Hos exspectari equites, atque
ejus rei causa moram interponi, arbitrabatur.

appris de leurs ancêtres à se défendre contre leurs ennemis, et non à implorer la paix : ils ajoutaient qu'ils
étaient venus contre leur gré, et parce qu'ils avaient été
chassés de leur pays. Si les Romains acceptent leur alliance, ils pourront être pour eux des amis utiles : qu'on
leur assigne des terres, ou qu'on leur laisse celles qu'ils
ont conquises par les armes. Ils ne le cèdent qu'aux
Suèves, que les dieux même ne sauraient égaler 9 ; il n'est
aucun autre peuple sur la terre dont ils ne puissent
triompher. »

VIII. César répondit à ce discours ce qu'il jugea convenable : mais sa conclusion fut qu'ils ne pouvaient prétendre à son amitié, s'ils restaient dans la Gaule : ceux
qui n'avaient pas su défendre leurs terres, ne devaient
pas s'emparer de celles d'autrui. Il n'y avait point dans la
Gaule de terrain vacant, que l'on pût donner sans injustice, surtout à une multitude si nombreuse. Ils pourront,
s'ils le veulent, se fixer chez les Ubiens, dont les députés
sont venus, près de lui, se plaindre des Suèves et réclamer
son secours : il obtiendra pour eux cette faveur.

IX. Les députés lui dirent qu'ils reporteraient cette
réponse, et qu'ils reviendraient dans trois jours lui faire
part de leur résolution : cependant ils le priaient de ne
point avancer davantage. César leur déclara qu'il ne
pouvait accorder cette demande. Il savait que, plusieurs
jours auparavant, ils avaient envoyé une grande partie
de leur cavalerie au delà de la Meuse, sur les terres des
Ambivarites 10, pour piller et chercher des vivres. Il
était persuadé qu'ils ne demandaient un délai, que pour
attendre le retour de cette troupe.

X. Mosa profluit ex monte Vosego, qui est in finibus Lingonum, et, parte quadam ex Rheno recepta, quæ appellatur Vahalis, insulam efficit Batavorum; neque longius ab eo millibus passuum LXXX in Oceanum transit. Rhenus autem oritur ex Lepontiis, qui Alpes incolunt, et longo spatio per fines Nantuatium, Helvetiorum, Sequanorum, Mediomatricorum, Tribucorum, Trevirorum, citatus fertur : et, ubi Oceano appropinquat, in plures diffluit partes, multis ingentibusque insulis effectis, quarum pars magna a feris barbarisque nationibus incolitur, ex quibus sunt, qui piscibus atque ovis avium vivere existimantur, multisque capitibus in Oceanum influit.

XI. Cæsar, quum ab hoste non amplius passuum XII millibus abesset, ut erat constitutum, ad eum legati revertuntur : qui, in itinere congressi, magnopere, ne longius progrederetur, orabant. Quum id non impetrassent, petebant, uti ad eos equites, qui agmen antecessissent, præmitteret, eosque pugna prohiberet; sibique uti potestatem faceret, in Ubios legatos mittendi : quorum si principes ac senatus sibi jurejurando fidem fecissent, ea conditione, quæ a Cæsare ferretur, se usuros ostendebant : ad has res conficiendas sibi tridui spatium daret. Hæc omnia Cæsar eodem illo pertinere arbitrabatur, ut, tridui mora interposita, equites eorum, qui abessent, reverterentur : tamen sese non longius millibus passuum IV aquationis causa processurum eo die dixit : huc postero die quam frequentissimi convenirent, ut de eorum postulatis cognosceret. Interim ad præfectos, qui

X. La Meuse sort des montagnes des Vosges, sur les frontières des Lingons[11]. Après avoir reçu un bras du Rhin, que l'on nomme le Wahal, elle forme l'île des Bataves[12], et, à quatre-vingts milles environ, va se jeter dans l'Océan. Quant au Rhin, il prend sa source chez les Lépontiens[13], habitans des Alpes, et traverse avec rapidité, dans son cours étendu, les contrées qu'occupent différens peuples, Nantuates[14], Helvétiens[15], Séquaniens[16], Médiomatriciens[17], Tribocques[18], Trévires[19]. En approchant de la mer, il se divise en plusieurs branches, et forme quantité de grandes îles, la plupart habitées par des nations féroces et sauvages, qui vivent, dit-on, de poissons et d'œufs d'oiseaux; enfin, il se jette dans l'Océan par plusieurs embouchures.

XI. César n'était plus qu'à douze milles de l'ennemi, quand les députés revinrent, au jour qu'ils avaient indiqué; ils le rencontrèrent en marche, et le supplièrent encore de ne point aller plus avant. N'ayant pu l'obtenir, ils le priaient au moins d'envoyer à la cavalerie, qui formait l'avant-garde, l'ordre de ne pas commencer le combat, et de leur laisser le temps d'envoyer des députés aux Ubiens; protestant que si le sénat et les principaux de cette nation s'engageaient par serment à les recevoir, ils accepteraient les conditions qu'il imposerait lui-même : ils ne demandaient pour cela que trois jours. César pensait bien qu'ils ne désiraient ce délai que pour donner à leurs cavaliers absens le temps de revenir; cependant il leur promit de ne s'avancer ce jour-là que de quatre milles, pour trouver de l'eau. Il leur recommanda de venir le lendemain en grand nombre, afin de mieux expliquer

cum omni equitatu antecesserant, mittit, qui nuntiarent, ne hostes proelio lacesserent, et, si ipsi lacesserentur, sustinerent, quoad ipse cum exercitu propius accessisset.

XII. At hostes, ubi primum nostros equites conspexerunt, quorum erat quinque millium numerus, quum ipsi non amplius DCCC equites haberent, quod ii, qui frumentandi causa ierant trans Mosam, nondum redierant, nihil timentibus nostris, quod legati eorum paulo ante a Caesare discesserant, atque is dies induciis erat ab iis petitus, impetu facto, celeriter nostros perturbaverunt. Rursus resistentibus nostris, consuetudine sua ad pedes desiluerunt, subfossisque equis, compluribusque nostris dejectis, reliquos in fugam conjecerunt, atque ita perterritos egerunt, ut non prius fuga desisterent, quam in conspectum agminis nostri venissent. In eo proelio ex equitibus nostris interficiuntur IV et LXX; in his vir fortissimus Piso aquitanus, amplissimo genere natus, cujus avus in civitate sua regnum obtinuerat, amicus ab senatu nostro appellatus. Hic quum fratri intercluso ab hostibus auxilium ferret, illum ex periculo eripuit : ipse equo vulnerato dejectus, quoad potuit, fortissime restitit. Quum circumventus, multis vulneribus acceptis, cecidisset, atque id frater, qui jam proelio excesserat, procul animadvertisset, incitato equo se hostibus obtulit, atque interfectus est.

XIII. Hoc facto proelio, Caesar neque jam sibi legatos audiendos, neque conditiones accipiendas arbitrabatur

leurs demandes. En même temps, il fit dire aux préfets, qui marchaient en avant avec la cavalerie, de ne point attaquer l'ennemi, et s'ils étaient eux-mêmes attaqués, de tenir ferme jusqu'à ce qu'il arrivât avec l'armée.

XII. Cependant, dès que les ennemis aperçurent notre cavalerie, ils tombèrent sur elle et la mirent en désordre : elle se composait de cinq mille hommes, et ils n'en avaient eux-mêmes que huit cents; car le reste, envoyé pour ramasser des vivres au delà de la Meuse, n'était pas encore de retour. Mais les nôtres étaient sans défiance, sachant que les députés germains venaient à peine de quitter César et de demander une trève pour cette journée. Notre cavalerie se rallia; les ennemis mirent pied à terre, selon leur coutume, tuèrent un grand nombre de nos chevaux, renversèrent les cavaliers, défirent le reste, et les frappèrent tous d'une telle frayeur, qu'ils ne s'arrêtèrent qu'à la vue de notre armée. Nous perdîmes dans ce combat soixante et quatorze cavaliers. De ce nombre fut l'aquitain Pison, homme d'un grand courage et d'une naissance illustre, dont l'aïeul avait régné dans sa cité, et reçu du sénat le titre d'ami. Voyant son frère enveloppé, il lui porta secours et le dégagea : renversé lui-même de son cheval qui avait été blessé, il se défendit avec courage aussi long-temps qu'il put; et lorsqu'entouré de toutes parts, il tomba percé de coups, son frère, déjà hors de la mêlée, l'aperçut de loin, poussa son cheval contre les ennemis, et se fit tuer.

XIII. Après cette action, César jugea qu'il ne devait plus entendre leurs députés, ni recevoir les propositions

ab his, qui per dolum atque insidias, petita pace, ultro
bellum intulissent; exspectare vero, dum hostium copiæ
augerentur, equitatusque reverteretur, summæ demen-
tiæ esse judicabat, et, cognita Gallorum infirmitate,
quantum jam apud eos hostes uno prœlio auctoritatis
essent consecuti, sentiebat; quibus ad consilia capienda
nihil spatii dandum existimabat. His constitutis rebus,
et consilio cum legatis et quæstore communicato, ne
quem diem pugnæ prætermitteret, opportunissima res
accidit, quod postridie ejus diei mane, eadem et perfidia
et simulatione usi Germani, frequentes, omnibus principibus majoribusque natu adhibitis, ad eum in castra
venerunt; simul, ut dicebatur, sui purgandi causa, quod
contra atque esset dictum, et ipsi petissent, prœlium
pridie commisissent; simul ut, si quid possent, de induciis fallendo impetrarent. Quos sibi Cæsar oblatos ga-
visus, illos retineri jussit: ipse omnes copias castris eduxit,
equitatumque, quod recenti prœlio perterritum esse existimabat, agmen subsequi jussit.

XIV. Acie triplici institutà, et celeriter viii millium
itinere confecto, prius ad hostium castra pervenit, quam,
quid ageretur, Germani sentire possent. Qui, omnibus
rebus subito perterriti, et celeritate adventus nostri, et
discessu suorum, neque consilii habendi, neque arma
capiendi spatio dato, perturbantur, copiasne adversus
hostem educere, an castra defendere, an fuga salutem
petere, præstaret. Quorum timor quum fremitu et concursu significaretur, milites nostri, pristini diei perfidia
incitati, in castra irruperunt. Quo loco, qui celeriter arma

d'un ennemi perfide qui nous attaquait à l'improviste, tout en demandant la paix. Attendre que le retour de leur cavalerie eût complété leur troupe, aurait été de la dernière folie : connaissant la légèreté des Gaulois, et sentant déjà l'impression qu'un seul combat avait faite sur eux, il ne voulut point leur laisser le temps de prendre un parti. Ainsi, après avoir communiqué son dessein à ses lieutenans et à son questeur, il résolut de ne plus différer la bataille. Il arriva fort à propos que le lendemain matin les Germains, conduits par le même esprit de dissimulation et de perfidie, se réunirent en grand nombre avec tous leurs chefs et leurs vieillards, et vinrent au camp de César pour s'excuser, disaient-ils, de l'attaque faite la veille, malgré les conventions et leur propre demande. Ils essayaient encore d'obtenir, par une ruse, le prolongement de la trève. César charmé de cette occasion, les fit arrêter [20]; puis il fit sortir du camp toutes ses troupes, et mit à l'arrière-garde la cavalerie, qu'il croyait encore effrayée du dernier combat.

XIV. Il rangea son armée sur trois lignes, et après une marche rapide de huit milles, il arriva au camp des ennemis, avant qu'ils pussent savoir ce qui s'était passé. Étonnés de notre arrivée subite, et de l'absence de leurs chefs, n'ayant le temps ni de délibérer ni de prendre les armes, ils ne savaient, dans leur trouble, s'ils devaient sortir au devant de nous, défendre le camp, ou chercher leur salut dans la fuite. Le tumulte, les cris, annoncent leur frayeur; nos soldats, animés par la perfidie de la veille, se précipitent sur le camp. Là, ceux qui

capere potuerunt, paulisper nostris restiterunt, atque inter carros impedimentaque prœlium commiserunt : at reliqua multitudo puerorum mulierumque (nam cum omnibus suis domo excesserant, Rhenumque transierant) passim fugere cœpit; ad quos consectandos Cæsar equitatum misit.

XV. Germani, post tergum clamore audito, quum suos interfici viderent, armis abjectis, signisque militaribus relictis, se ex castris ejecerunt; et quum ad confluentem Mosæ et Rheni pervenissent, reliqua fuga desperata, magno numero interfecto, reliqui se in flumen præcipitaverunt, atque ibi timore, lassitudine, vi fluminis oppressi perierunt. Nostri ad unum omnes incolumes, perpaucis vulneratis, ex tanti belli timore, quum hostium numerus capitum cdxxx millium fuisset, se in castra receperunt. Cæsar his, quos in castris retinuerat, discedendi potestatem fecit. Illi supplicia cruciatusque Gallorum veriti, quorum agros vexaverant, remanere se apud eum velle dixerunt. His Cæsar libertatem concessit.

XVI. Germanico bello confecto, multis de causis Cæsar statuit, sibi Rhenum esse transeundum : quarum illa fuit justissima, quod, quum videret, Germanos tam facile impelli, ut in Galliam venirent, suis quoque rebus eos timere voluit, quum intelligerent, et posse et audere populi romani exercitum Rhenum transire. Accessit etiam, quod illa pars equitatus Usipetum et Tenchtherorum, quam supra commemoravi prædandi frumentandique causa Mosam transisse, neque prœlio interfuisse, post fugam suorum se trans Rhenum in fines Sigambro-

furent assez prompts pour courir aux armes, firent quelque résistance, et combattirent entre les chars et les bagages. Mais les femmes et les enfans (car tous ensemble avaient quitté leur pays et passé le Rhin) s'enfuirent; César envoya la cavalerie à leur poursuite.

XV. Les Germains, entendant des cris derrière eux et voyant le carnage, jettent les armes, abandonnent leurs enseignes, et s'échappent hors du camp. Arrivés au confluent de la Meuse et du Rhin[21], qui arrêta leur fuite, les uns furent massacrés, les autres se jetèrent dans le fleuve, et y périrent de peur, de fatigue, ou furent entraînés par la force du courant. Les Romains, délivrés d'une guerre si redoutable, où ils avaient en tête quatre cent trente mille ennemis[22], rentrèrent dans leur camp sans aucune perte, et avec fort peu de blessés. César permit à ceux qu'il avait retenus de se retirer; mais ceux-ci craignant les supplices et la vengeance des Gaulois, dont ils avaient ravagé les terres, préférèrent demeurer près de lui. César leur accorda cette faveur.

XVI. Après avoir terminé cette guerre, César se détermina, pour plusieurs motifs, à passer le Rhin. Son but principal était de réprimer l'empressement des Germains à venir dans la Gaule; il voulait leur inspirer des craintes pour leur propre pays, en montrant qu'une armée romaine pouvait et osait traverser le Rhin. D'ailleurs les cavaliers Usipètes et Tenchthères, qui, comme on l'a vu, avaient passé la Meuse pour piller et chercher des vivres, et n'avaient point assisté au combat, s'étaient retirés, après la défaite de leurs compatriotes, au delà du Rhin, chez

rum receperat, seque cum iis conjunxerat. Ad quos quum
Cæsar nuntios misisset, qui postularent, eos, qui sibi
Galliæque bellum intulissent, sibi dederent, responde-
runt : « Populi romani imperium Rhenum finire : si, se
invito Germanos in Galliam transire, non æquum existimaret, cur sui quidquam esse imperii aut potestatis
trans Rhenum postularet ? » Ubii autem, qui uni ex
transrhenanis ad Cæsarem legatos miserant, amicitiam
fecerant, obsides dederant, magnopere orabant, « ut
sibi auxilium ferret, quod graviter ab Suevis premerentur ; vel, si id facere occupationibus reipublicæ prohiberetur, exercitum modo Rhenum transportaret : id sibi
ad auxilium spemque reliqui temporis satis futurum :
tantum esse nomen atque opinionem ejus exercitus,
Ariovisto pulso, et hoc novissimo prœlio facto, etiam ad
ultimas Germanorum nationes, uti opinione et amicitia
populi romani tuti esse possint. Navium magnam copiam
ad transportandum exercitum pollicebantur. »

XVII. Cæsar his de causis, quas commemoravi, Rhenum transire decreverat : sed navibus transire, neque
satis tutum esse arbitrabatur, neque suæ, neque populi
romani dignitatis esse statuebat. Itaque, etsi summa difficultas faciendi pontis proponebatur, propter latitudinem, rapiditatem, altitudinemque fluminis, tamen id
sibi contendendum, aut aliter non transducendum exercitum existimabat. Rationem igitur pontis hanc instituit :
tigna bina sesquipedalia, paulum ab imo præacuta, di-
mensa ad altitudinem fluminis, intervallo pedum duo-

les Sigambres [23], et avaient joint leurs forces aux leurs.
César envoya vers ces peuples et demanda qu'on lui
remît ceux qui avaient porté les armes contre lui et
contre les Gaulois. Mais ils répondirent [24] que la domination romaine finissait au Rhin : s'il ne trouve pas juste
que les Germains passent en Gaule malgré lui, pourquoi
prétend-il étendre son pouvoir et ses droits au delà du
fleuve ? Dans le même temps, les Ubiens, qui seuls des
peuples d'outre-Rhin avaient députe vers César, livré des
otages, recherché son alliance, le priaient avec instance
de les secourir contre les Suèves, qui les pressaient vivement ; ou, si les affaires de la république le retenaient,
de montrer seulement l'armée au delà du Rhin : ce serait
un secours suffisant, et une sécurité pour l'avenir. Ils
disaient que la défaite d'Arioviste et cette dernière victoire avaient porté la réputation des armes romaines
jusqu'aux nations germaines les plus reculées, et que la
seule amitié des Romains les préserverait de toute injure.
Ils s'engageaient à fournir un grand nombre de navires
pour le passage de l'armée.

XVII. Ces motifs décidaient César à passer le Rhin ;
mais le traverser sur des bateaux lui semblait un moyen
peu sûr, et surtout peu convenable à sa dignité et à celle
du peuple romain. Ainsi, malgré l'extrême difficulté de
construire un pont, à cause de la largeur, de la profondeur et de la rapidité du fleuve, il crut qu'il devait tenter
cette entreprise, ou renoncer à faire passer l'armée. Voici
donc sur quel plan [25] il le fit construire : on joignait ensemble, à deux pieds l'une de l'autre, deux poutres un peu aiguisées par le bas, d'un pied et demi d'équarrissage et d'une

rum inter se jungebat. Hæc quum machinationibus im-
missa in flumen defixerat, fistucisque adegerat, non sublicæ modo derecta ad perpendiculum, sed prona ac
fastigata, ut secundum naturam fluminis procumberent;
iis item contraria bina, ad eumdem modum juncta, intervallo pedum quadragenum, ab inferiore parte, contra
vim atque impetum fluminis conversa statuebat. Hæc
utraque insuper bipedalibus trabibus immissis, quantum
eorum tignorum junctura distabat, binis utrinque fibu-
lis ab extrema parte distinebantur : quibus disclusis,
atque in contrariam partem revinctis, tanta erat operis
firmitudo, atque ea rerum natura, ut, quo major vis
aquæ se incitavisset, hoc arctius illigata tenerentur. Hæc
directa materie injecta contexebantur, et longuriis cra-
tibusque consternebantur : ac nihilo secius sublicæ et ad
inferiorem partem fluminis oblique agebantur, quæ, pro
pariete subjectæ, et cum omni opere conjunctæ, vim
fluminis exciperent; et aliæ item supra pontem mediocri spatio, ut, si arborum trunci, sive naves, dejiciendi
operis essent a barbaris missæ, his defensoribus earum
rerum vis minueretur, neu ponti nocerent.

XVIII. Diebus x, quibus materia cœpta erat comportari, omni opere effecto, exercitus transducitur. Cæsar,
ad utramque partem pontis firmo præsidio relicto, in
fines Sigambrorum contendit. Interim a compluribus civitatibus ad eum legati veniunt, quibus pacem atque
amicitiam petentibus, liberaliter respondit, obsidesque
ad se adduci jubet. At Sigambri, ex eo tempore, quo
pons institui cœptus est, fuga comparata, hortantibus
iis, quos ex Tenchtheris atque Usipetibus apud se ha-

hauteur proportionnée à celle du fleuve : on les descendait dans le fleuve avec des machines, et on les enfonçait à coups de masse, non dans une direction verticale, mais par une ligne oblique et inclinée selon le fil de l'eau : en face, et à quarante pieds de distance, on en plaçait plus bas deux autres, assemblées de la même manière, mais tournées contre le courant. Sur ces quatre poutres on en posait une de deux pieds d'équarrisage qui s'enclavait dans leur intervalle, et était fixée à chaque bout par deux fortes chevilles. Ces quatre pilotis, réunis par une traverse, étaient si bien liés, que la force même du courant ajoutait à la solidité de l'ouvrage. On couvrit les traverses de fascines et de claies pour faciliter le passage. Outre cela, on enfonça vers la partie inférieure du fleuve des pieux inclinés qui, s'appuyant contre les pilotis, servaient de contre-forts et brisaient le courant. Enfin, d'autres pieux étaient placés en avant du pont, à quelque distance des piles, pour arrêter les troncs d'arbre et les bateaux que les barbares lanceraient à l'eau pour le rompre.

XVIII. Tout l'ouvrage fut achevé en dix jours, à compter de celui où les matériaux furent apportés au bord du fleuve. César fit passer l'armée, et laissant une forte garde aux deux têtes du pont, marcha vers le pays des Sigambres. Pendant sa marche, les députés de diverses nations vinrent réclamer la paix et son amitié; il leur fit une réponse bienveillante, et leur ordonna de lui envoyer des ôtages. Les Sigambres, sur l'avis des Usipètes et des Tenchthères, qu'ils avaient reçus parmi

bebant, finibus suis excesserant, suaque omnia exporta-
verant, seque in solitudinem ac silvas abdiderant.

XIX. Cæsar, paucos dies in eorum finibus moratus,
omnibus vicis ædificiisque incensis, frumentisque succisis, se in fines Ubiorum recepit; atque iis auxilium suum
pollicitus, si ab Suevis premerentur, hæc ab iis cognovit:
Suevos, posteaquam per exploratores pontem fieri com-
perissent, more suo consilio habito, nuntios in omnes
partes dimisisse, uti de oppidis demigrarent, liberos,
uxores, suaque omnia in silvas deponerent, atque omnes,
qui arma ferre possent, unum in locum convenirent:
hunc esse delectum medium fere regionum earum, quas
Suevi obtinerent : hic Romanorum adventum exspectare, atque ibi decertare constituisse. Quod ubi Cæsar
comperit, omnibus his rebus confectis, quarum rerum
causa traducere exercitum constituerat, ut Germanis
metum injiceret, ut Sigambros ulcisceretur, ut Ubios
obsidione liberaret, diebus omnino x et viii trans Rhenum consumptis, satis et ad laudem et ad utilitatem profectum arbitratus, se in Galliam recepit, pontemque
rescidit.

XX. Exigua parte æstatis reliqua, Cæsar, etsi in his
locis, quod omnis Gallia ad septemtriones vergit, ma-
turæ sunt hiemes, tamen in Britanniam proficisci contendit, quod omnibus fere Gallicis bellis, hostibus nostris inde subministrata auxilia intelligebat : et, si tempus anni ad bellum gerendum deficeret, tamen magno
sibi usui fore arbitrabatur, si modo insulam adisset, ge-

eux, avaient tout préparé pour fuir, du moment où l'on commençait à construire le pont; ils avaient abandonné leurs frontières, et s'étaient retirés avec tous leurs biens dans les déserts et dans les forêts.

XIX. César s'arrêta peu de jours dans ce pays. Après avoir brûlé les bourgs et détruit les récoltes, il se rendit chez les Ubiens, et leur promit son secours contre les Suèves, s'ils étaient attaqués par eux. Là, il apprit que les Suèves, informés par leurs éclaireurs qu'on jetait un pont sur le Rhin, avaient, selon leur coutume, tenu conseil, et envoyé partout l'ordre de quitter les villes, et de déposer dans les bois les femmes, les enfans et tous les biens : pour ceux qui étaient en état de porter les armes, ils devaient se réunir dans un même lieu, à peu près au centre des régions occupées par les Suèves, et y attendre les Romains pour les combattre. Sur cet avis, César voyant l'objet de son expédition rempli, les Sigambres châtiés, les Ubiens délivrés, après dix-huit jours passés au delà du Rhin, crut avoir assez fait pour la gloire et l'intérêt de Rome : il revint dans la Gaule, et fit rompre le pont.

XX. Quoique l'été fût fort avancé, et que les hivers soient hâtifs dans la Gaule, à cause de sa position vers le nord [26], César résolut de passer dans la Bretagne, dont les peuples avaient, dans presque toutes les guerres, secouru les Gaulois [27]. Si la saison ne permettait pas de terminer cette expédition, il lui serait toutefois très-utile de visiter cette île, d'en reconnaître les habitans, les locali-

nus hominum perspexisset, loca, portus, aditus cogno-
visset : quæ omnia fere Gallis erant incognita. Neque
enim temere, præter mercatores, illo adiit quisquam; neque iis ipsis quidquam, præter oram maritimam, atque
eas regiones, quæ sunt contra Gallias, notum est. Itaque, evocatis ad se undique mercatoribus, neque quanta
esset insulæ magnitudo, neque quæ aut quantæ nationes incolerent, neque quem usum belli haberent,
aut quibus institutis uterentur, neque, qui essent ad
majorum navium multitudinem idonei portus, reperire
poterat.

XXI. Ad hæc cognoscenda, priusquam periculum faceret, idoneum esse arbitratus, C. Volusenum cum navi
longa præmittit. Huic mandat, uti, exploratis omnibus
rebus, ad se quam primum revertatur. Ipse cum omnibus copiis in Morinos proficiscitur, quod inde erat bre-
vissimus in Britanniam trajectus. Huc naves undique
ex finitimis regionibus, et, quam superiore æstate ad Ve-
neticum bellum fecerat, classem jubet convenire. Interim, consilio ejus cognito, et per mercatores perlato ad
Britannos, a compluribus ejus insulæ civitatibus ad eum
legati veniunt, qui polliceantur obsides dare, atque imperio populi romani obtemperare. Quibus auditis, liberaliter pollicitus, hortatusque, ut in ea sententia perma-
nerent, eos domum remittit; et cùm his una Commium,
quem ipse, Atrebatibus superatis, regem ibi constituerat, cujus et virtutem et consilium probabat, et quem
sibi fidelem arbitrabatur, cujusque auctoritas in iis regionibus magni habebatur, mittit. Huic imperat, quas

tés, les ports, les abords, toutes choses presque inconnues aux Gaulois : car nul autre que les marchands ne
se hasarde à y aborder, et ceux-ci même n'en connaissent que les côtes et les parties les plus voisines de la
Gaule. César, ayant donc fait venir de tous côtés un
grand nombre de marchands, n'en put rien apprendre,
ni sur l'étendue de l'île, ni sur la nature et le nombre
des nations qui l'habitent, ni sur leur manière de faire
la guerre, ni sur leurs usages, ni sur les ports les plus
vastes et les plus propres à recevoir de grands vaisseaux.

XXI. César, voulant avoir ces renseignemens avant
de tenter l'entreprise, envoya, avec une galère, C. Volusenus, qu'il jugeait propre à cette mission, et le chargea de lui rendre compte au plus tôt de ce qu'il aurait
vu : lui-même avec toutes ses troupes partit pour le pays
des Morins [28], d'où le trajet en Bretagne est très-court;
il y rassembla tous les vaisseaux qu'il put tirer des contrées voisines, et fit venir la flotte qu'il avait construite
l'été précédent, pour la guerre des Vénètes. Cependant
les Bretons, instruits de son projet par les marchands,
envoient des députés de plusieurs états de leur île, promettant de livrer des ôtages, et de se soumettre à l'empire du peuple romain. César les reçoit avec bonté, les
exhorte à persévérer dans ces sentimens et les renvoie,
accompagnés de Commius, qu'il avait lui-même fait roi
des Atrébates, après avoir vaincu cette nation. C'était
un homme en qui il avait confiance, dont le courage et
la prudence étaient connus, et le crédit très-grand en

possit, adeat civitates, horteturque, ut populi romani
fidem sequantur, seque celeriter eo venturum nuntiet.
Volusenus, perspectis regionibus, quantum ei faculta-
tis dari potuit, qui navi egredi ac se barbaris committere non auderet, quinto die ad Cæsarem revertitur;
quæque ibi perspexisset, renuntiat.

XXII. Dum in his locis Cæsar navium parandarum
causa moratur, ex magna parte Morinorum ad eum legati venerunt, qui se de superioris temporis consilio ex-
cusarent, quod homines barbari, et nostræ consuetudinis
imperiti, bellum populo romano fecissent, seque ea, quæ
imperasset, facturos pollicerentur. Hoc sibi satis opportune Cæsar accidisse arbitratus, quod neque post
tergum hostem relinquere volebat, neque belli gerendi
propter anni tempus facultatem habebat, neque has tan-
tularum rerum occupationes sibi Britanniæ anteponen-
das judicabat, magnum his obsidum numerum imperat.
Quibus adductis, eos in fidem recepit. Navibus circiter
LXXX onerariis coactis contractisque, quot satis esse ad
duas transportandas legiones existimabat, quidquid præterea navium longarum habebat, quæstori, legatis, præ-
fectisque distribuit. Huc accedebant XVIII onerariæ naves, quæ ex eo loco ab millibus passuum VIII vento
tenebantur, quo minus in eumdem portum pervenire
possent. Has equitibus distribuit: reliquum exercitum
Q. Titurio Sabino et L. Aurunculeio Cottæ, legatis, in
Menapios atque in eos pagos Morinorum, ab quibus ad
eum legati non venerant, deducendum dedit. P. Sulpi-

Bretagne : il lui recommanda de visiter le plus de peuples
qu'il pourrait, de les exhorter à se remettre sous la foi
des Romains, et de leur annoncer qu'il se rendrait bientôt dans leur île. Volusenus ayant reconnu la contrée,
autant qu'il avait pu faire, en n'osant débarquer ni se
fier aux barbares, revint le cinquième jour auprès de
César, et lui rendit compte de ce qu'il avait observé.

XXII. Tandis que César était retenu dans ces lieux
pour y rassembler sa flotte, une grande partie des peuples Morins lui envoyèrent des députés pour s'excuser
de leur conduite passée, et de la guerre qu'ils avaient
faite aux Romains ; ils représentaient qu'ils étaient étrangers, peu instruits de nos coutumes, et promettaient
de se conformer à sa volonté. César trouva cette occasion favorable ; il ne voulait point laisser d'ennemi derrière lui, la saison étant trop avancée pour faire cette
guerre : l'expédition de la Bretagne était d'ailleurs bien
plus importante. Il exigea un grand nombre d'otages,
et reçut ensuite leur soumission. Ayant rassemblé environ
quatre-vingts vaisseaux de transport, qu'il jugea suffisans
pour porter deux légions, il distribua ce qu'il avait de
galères à son questeur, à ses lieutenans et aux préfets.
A huit milles de là étaient encore dix-huit vaisseaux de
transport, que les vents contraires avaient empêchés
d'aborder au même endroit ; il les réserva pour sa cavalerie, et fit partir le reste de l'armée sous les ordres de
Q. Titurius Sabinus et L. Aurunculeius Cotta, ses lieutenans, chez les Ménapiens et contre ceux des peuples
Morins qui ne lui avaient pas envoyé de députés. Il laissa

tium Rufum, legatum, cum eo præsidio, quod satis esse
arbitrabatur, portum tenere jussit.

XXIII. His constitutis rebus, nactus idoneam ad navigandum tempestatem, tertia fere vigilia solvit, equitesque in ulteriorem portum progredi, et naves conscen-
dere, et se sequi jussit : a quibus quum paulo tardius
esset administratum, ipse hora diei circiter quarta cum
primis navibus Britanniam attigit, atque ibi in omnibus
collibus expositas hostium copias armatas conspexit. Cujus loci hæc erat natura : adeo montibus angustis mare
continebatur, uti ex locis superioribus in litus telum
adjici posset. Hunc ad egrediendum nequaquam idoneum
arbitratus locum, dum reliquæ naves eo convenirent, ad
horam nonam in ancoris exspectavit. Interim legatis tri-
bunisque militum convocatis, et quæ ex Voluseno cogno-
visset, et quæ fieri vellet, ostendit; monuitque, ut rei
militaris ratio, maxime ut maritimæ res postularent, ut
quæ celerem atque instabilem motum haberent, ad nu-
tum et ad tempus omnes res ab iis administrarentur.
His dimissis, et ventum et æstum uno tempore nactus
secundum, dato signo, et sublatis ancoris, circiter millia passuum VII ab eo loco progressus, aperto ac plano
litore naves constituit.

XXIV. At barbari, consilio Romanorum cognito,
præmisso equitatu et essedariis, quo plerumque genere
in prœliis uti consuerunt, reliquis copiis subsecuti, nostros navibus egredi prohibebant. Erat ob has causas
summa difficultas, quod naves propter magnitudinem,

P. Sulpitius Rufus, son lieutenant, avec une garnison suffisante, pour la garde du port.

XXIII. Ces dispositions faites, César profita d'un vent favorable, et leva l'ancre vers la troisième veille[29]. Il avait ordonné à la cavalerie d'aller s'embarquer au port voisin, et de le suivre : celle-ci fit peu de diligence, et il n'avait que ses premiers vaisseaux, lorsqu'il arriva en Bretagne, vers la quatrième heure du jour[30]. Là il vit, sur toutes les collines, les troupes ennemies sous les armes. La mer est en ces lieux si resserrée par des montagnes, que les traits lancés de ces hauteurs peuvent atteindre le rivage. César, jugeant le lieu peu favorable pour un débarquement, resta à l'ancre jusqu'à la neuvième[31] heure, et attendit le reste de sa flotte. Cependant il assemble ses lieutenans et les tribuns militaires, leur fait part de ce qu'il a appris de Volusenus, et les instruit de ses desseins ; il les avertit d'agir d'eux-mêmes, selon le temps et les circonstances, avec cette présence d'esprit si nécessaire à la guerre, et surtout dans une guerre maritime, où la face des choses change en un moment. Il les renvoya à leur poste. Le vent et la marée devinrent favorables : César donna le signal, leva l'ancre et s'arrêta à sept milles de là environ, sur une plage unie et découverte.

XXIV. Les barbares, s'apercevant de son dessein, envoyèrent en avant leur cavalerie et ces chars armés de guerriers, dont ils ont coutume de se servir dans les combats ; ils suivirent avec le reste de leurs troupes, pour s'opposer à notre débarquement. Plusieurs circon-

nisi in alto, constitui non poterant ; militibus autem ignotis locis, impeditis manibus, magno et gravi armorum onere oppressis, simul et de navibus desiliendum, et in fluctibus consistendum, et cum hostibus erat pugnandum : quum illi aut ex arido, aut paululum in aquam progressi, omnibus membris expediti, notissimis locis audacter tela conjicerent, et equos insuefactos incitarent. Quibus rebus nostri perterriti, atque hujus omnino generis pugnæ imperiti, non eadem alacritate ac studio, quo in pedestribus uti prœliis consueverant, nitebantur.

XXV. Quod ubi Cæsar animadvertit, naves longas, quarum et species erat barbaris inusitatior, et motus ad usum expeditior, paulum removeri ab onerariis navibus, et remis incitari, et ad latus apertum hostium constitui, atque inde fundis, sagittis, tormentis, hostes propelli ac submoveri jussit : quæ res magno usui nostris fuit. Nam et navium figura, et remorum motu, et inusitato genere tormentorum permoti, barbari constiterunt, ac paulum modo pedem retulerunt. Atque nostris militibus cunctantibus, maxime propter altitudinem maris, qui decimæ legionis aquilam ferebat, contestatus deos, ut ea res legioni feliciter eveniret : « Desilite, inquit, commilitones, nisi vultis aquilam hostibus prodere : ego certe meum reipublicæ atque imperatori officium præstitero. » Hoc quum magna voce dixisset, ex navi se projecit, atque in hostes aquilam ferre cœpit. Tum nostri, cohortati inter se, ne tantum dedecus admitteretur, universi ex

stances rendaient la descente difficile : la grandeur de
nos vaisseaux les forçait de s'arrêter en pleine mer ; nos
soldats, ignorant la nature des lieux, les mains embar-
rassées, chargés du poids de leurs armes, devaient à la
fois s'élancer du navire, lutter contre les flots, et faire
face à l'ennemi ; tandis que celui-ci, combattant à pied
sec ou s'avançant très-peu dans la mer, libre de ses
membres, connaissant bien les lieux, lançait ses traits
avec assurance, ou poussait sur nous ses chevaux accoutumés à ce genre d'attaque. Nos soldats troublés, et
peu faits à ces combats, n'avaient point cette ardeur et
cette fermeté qu'ils ont ordinairement sur terre.

XXV. Dès que César s'en fut aperçu, il fit un peu
éloigner des vaisseaux de transport, ses galères, dont la
forme[32] était peu connue des barbares, et la manœuvre
plus prompte et plus facile : il ordonna de les diriger,
à force de rames, vers le flanc découvert de l'ennemi,
et d'employer, pour le repousser, les frondes, les machines et les traits : ce fut un grand secours pour les
nôtres. L'ennemi étonné de la forme de nos navires, de
leur mouvement, et de la nature de nos machines[33], qui
lui étaient inconnues, s'arrêta d'abord, et peu à peu re-
cula. Nos soldats hésitaient encore à cause de la profondeur des eaux. Alors le porte-aigle de la dixième légion,
après avoir invoqué les dieux pour le succès de son entreprise : «Compagnons, s'écrie-t-il, sautez à la mer et suivez-
moi, si vous ne voulez livrer l'aigle[34] aux barbares ; pour
moi, j'aurai fait mon devoir envers la république et le
général. » À peine a-t-il dit ces mots d'une voix forte, il

navi desiluerunt. Hos item alii ex proximis navibus quum conspexissent, subsecuti, hostibus appropinquarunt.

XXVI. Pugnatum est ab utrisque acriter: nostri tamen, quod neque ordines servare, neque firmiter insistere, neque signa subsequi poterant, atque alius alia ex navi, quibuscunque signis occurrerat, se aggregabat, magnopere perturbabantur. Hostes vero, notis omnibus vadis, ubi ex litore aliquos singulares ex navi egredientes conspexerant, incitatis equis, impeditos adoriebantur: plures paucos circumsistebant: alii ab latere aperto in universos tela conjiciebant. Quod quum animadvertisset Cæsar, scaphas longarum navium, item speculatoria navigia militibus compleri jussit, et quos laborantes conspexerat, iis subsidia submittebat. Nostri, simul in arido constiterunt, suis omnibus consecutis, in hostes impetum fecerunt, atque eos in fugam dederunt; neque longius prosequi potuerunt, quod equites cursum tenere, atque insulam capere non potuerant. Hoc unum ad pristinam fortunam Cæsari defuit.

XXVII. Hostes prœlio superati, simul atque se ex fuga receperunt, statim ad Cæsarem legatos de pace miserunt: obsides daturos, quæque imperasset, sese facturos, polliciti sunt. Una cum his legatis Commius Atrebas venit, quem supra demonstraveram a Cæsare in Britanniam præmissum. Hunc illi e navi egressum, quum ad eos oratoris modo imperatoris mandata perferret, comprehenderant, atque in vincula conjecerant: tum,

s'élance du navire et porte l'aigle vers l'ennemi. Alors les
Romains, s'exhortant à ne pas souffrir une telle honte,
sautent tous hors du vaisseau ; ceux des autres navires, témoins de leur audace, les imitent, et marchent à l'ennemi.

XXVI. L'acharnement fut égal des deux côtés : mais
nos soldats ne pouvant ni garder leurs rangs, ni combattre de pied ferme, ni rester sous leurs enseignes, et
forcés de suivre le premier drapeau qui s'offrait à eux, ne
s'avançaient qu'avec trouble. Les ennemis, connaissant
tous les bas-fonds, n'avaient pas plus tôt vu du rivage
quelques-uns des nôtres débarquer, qu'ils poussaient
contre eux leurs chevaux, et venaient les attaquer dans
cette position désavantageuse. Plusieurs tombaient sur un
seul : les autres, prenant l'armée en flanc, l'accablaient
tout entière de leurs traits. Aussitôt, César remplit de
soldats les chaloupes des galères et les esquifs d'observa-
tion, pour les envoyer au secours de ceux qu'il voyait près
de plier. Dès que les Romains furent à pied sec, et qu'ils se
virent réunis, ils fondirent sur les barbares et les mirent en
fuite, mais sans pouvoir les poursuivre : notre cavalerie
n'avait pu mettre à la voile, ni aborder dans l'île. Cette
seule chose manqua à la fortune accoutumée de César.

XXVII. Les ennemis s'étant ralliés après leur défaite,
se hatèrent d'envoyer à César des députés, pour lui demander la paix, promettant de donner des otages et de
se soumettre à ses volontés. Avec eux vint le roi des Atrébates, Commius, le même que César avait envoyé avant
lui en Bretagne. Ils l'avaient saisi à sa descente sur le rivage où il venait comme député porter les ordres du général, et l'avaient jeté dans les fers. Ils le relâchèrent

prœlio facto, remiserunt, et in petenda pace, ejus rei
culpam in multitudinem contulerunt, et, propter imprudentiam ut ignosceretur, petiverunt. Cæsar questus,
quod, quum ultro in continentem legatis missis pacem
a se petissent, bellum sine causa intulissent, ignoscere
imprudentiæ dixit, obsidesque imperavit : quorum illi
partem statim dederunt, partem, ex longinquioribus locis
arcessitam, paucis diebus sese daturos dixerunt. Interea
suos remigrare in agros jusserunt : principesque undique convenire, et se civitatesque suas Cæsari commen-
dare cœperunt.

XXVIII. His rebus pace confirmata, post diem quartam, quam est in Britanniam ventum, naves xviii, de
quibus supra demonstratum est, quæ equites sustulerant,
ex superiore portu leni vento solverunt. Quæ quum appropinquarent Britanniæ, et ex castris viderentur, tanta
tempestas subito coorta est, ut nulla earum cursum tenere posset, sed aliæ eodem, unde erant profectæ, refer-
rentur; aliæ ad inferiorem partem insulæ, quæ est propius solis occasum, magno sui cum periculo dejicerentur :
quæ tamen, ancoris jactis quum fluctibus complerentur,
necessario adversa nocte in altum provectæ continentem
petiverunt.

XXIX. Eadem nocte accidit, ut esset luna plena, qui
dies maritimos æstus maximos in Oceano efficere consuevit : nostrisque id erat incognitum. Ita uno tempore et
longas naves, quibus Cæsar exercitum transportandum
curaverat, quasque in aridum subduxerat, æstus com-
plebat; et onerarias, quæ ad ancoras erant deligatæ,
tempestas afflictabat; neque ulla nostris facultas aut ad-

après le combat, et en demandant la paix, rejetèrent cette violence sur la multitude; ils prièrent César d'excuser une faute dont ils n'étaient point complices. César se plaignit qu'ils lui eussent fait la guerre sans motif, après avoir sollicité d'eux-mêmes son alliance jusque dans les Gaules. Toutefois il pardonnait à leur erreur, et il exigea des otages. Ils en livrèrent sur-le-champ une partie; le reste devait venir d'assez loin et être remis sous peu de jours. Cependant ils congédièrent leurs troupes, et de tous côtés les principaux habitans vinrent recommander à César leurs intérêts et ceux de leurs cités.

XXVIII. La paix semblait ainsi assurée, et César était depuis quatre jours en Bretagne, lorsque les dix-huit navires, qui portaient la cavalerie, mirent à la voile par un bon vent. Déjà ils approchaient de l'île et étaient à la vue du camp : tout à coup il s'éleva une si violente tempête, qu'aucun d'eux ne put suivre sa route : les uns furent rejetés dans le port d'où ils étaient partis; d'autres furent poussés à l'occident, vers la partie inférieure de l'île, où ils coururent de grands dangers. Ils y jetèrent l'ancre; mais bientôt inondés par les vagues, ils furent forcés de reprendre la haute mer, au milieu d'une nuit orageuse, et de regagner le continent.

XXIX. C'était alors la pleine lune, époque des plus hautes marées de l'Océan. Nos soldats l'ignoraient. L'eau remplit bientôt les galères dont César s'était servi pour le transport de l'armée, et qu'il avait fait mettre à sec sur la grève. Les vaisseaux de charge restés à l'ancre dans la rade, étaient battus par les flots, sans que nous pussions y porter secours. Un grand nombre furent brisés;

ministrandi, aut auxiliandi dabatur. Compluribus navibus fractis, reliquæ quum essent, funibus, ancoris, reliquisque armamentis amissis, ad navigandum inutiles,
magna, id quod necesse erat accidere, totius exercitus
perturbatio facta est : neque enim naves erant aliæ, quí-
bus reportari possent; et omnia deerant, quæ ad reficiendas eas usui sunt; et, quod omnibus constabat, hiemare in Gallia oportere, frumentum his in locis in hiemem provisum non erat.

XXX. Quibus rebus cognitis, principes Britanniæ,
qui post prœlium factum, ad ea, quæ jusserat Cæsar, fa-
cienda convenerant, inter se collocuti, quum equites, et
naves, et frumentum Romanis deesse intelligerent, et
paucitatem militum ex castrorum exiguitate cognoscerent, quæ hoc erant etiam angustiora, quod sine impedimentis Cæsar legiones transportaverat, optimum factu
esse duxerunt, rebellione facta, frumento commeatuque
nostros prohibere, et rem in hiemem producere, quod,
iis superatis, aut reditu interclusis, neminem postea
belli inferendi causa in Britanniam transiturum confidebant.

XXXI. Itaque, rursus conjuratione facta, paulatim
ex castris discedere, ac suos clam ex agris deducere cœperunt. At Cæsar, etsi nondum eorum consilia cognoverat, tamen et ex eventu navium suarum, et ex eo, quod
obsides dare intermiserant, fore id, quod accidit, suspica-
batur. Itaque ad omnes casus subsidia comparabat : nam
et frumentum ex agris quotidie in castra conferebat, et
quæ gravissime afflictæ erant naves, earum materià atque

les autres ayant perdu cables, ancres, agrès, étaient hors
d'état de tenir la mer : ce qui répandit la consternation
dans l'armée, comme cela était inévitable. On n'avait
point d'autres vaisseaux pour le transport; tout manquait pour les radouber. Comme on devait hiverner
dans la Gaule, aucune provision n'était faite pour passer
l'hiver en cette île.

XXX. A la vue de ce désastre, les principaux Bretons
qui, après la bataille, s'étaient rendus au camp de César
pour recevoir ses ordres, tinrent conseil entre eux; ils
voyaient les Romains dépourvus de cavalerie, de vaisseaux et de vivres, et jugeant du petit nombre de nos
troupes par le peu d'étendue de notre camp, d'autant
plus resserré que les légions s'étaient embarquées sans
bagage, ils crurent que le moment était venu de reprendre les armes. Ils résolurent de nous couper les vivres,
et de prolonger la campagne jusqu'à l'hiver, comptant
bien que, s'ils parvenaient à nous vaincre, ou à nous
fermer le retour, personne ne songerait désormais à porter la guerre en Bretagne.

XXXI. Une ligue est formée de nouveau : peu à peu
ils s'échappent de notre camp, et rappellent en secret les
hommes qu'ils avaient renvoyés dans les campagnes. César
ne connaissait pas encore leurs projets; mais le désastre
de sa flotte, et le délai qu'ils mettaient à livrer le reste
des otages, excitaient déjà ses soupçons. Il se tenait prêt
à tout évènement; chaque jour il faisait porter des vivres
dans le camp, et réparait ses vaisseaux avec le bois et le

ære ad reliquas reficiendas utebatur, et quæ ad eas res erant usui, ex continenti comportari jubebat. Itaque, quum id summo studio a militibus administraretur, xii navibus amissis, reliquis ut navigari commode posset, effecit.

XXXII. Dum ea geruntur, legione ex consuetudine una frumentatum missa, quæ appellabatur septima, neque ulla ad id tempus belli suspicione interposita, quum pars hominum in agris remaneret, pars etiam in castra ventitaret, ii, qui pro portis castrorum in statione erant, Cæsari renuntiarunt, pulverem majorem, quam consuetudo ferret, in ea parte videri, quam in partem legio iter fecisset. Cæsar, id quod erat, suspicatus, aliquid novi a barbaris initum consilii, cohortes, quæ in stationibus erant, secum in eam partem proficisci, duas ex reliquis in stationem succedere, reliquas armari, et confestim sese subsequi jussit. Quum paulo longius a castris processisset, suos ab hostibus premi, atque ægre sustinere, et conferta legione ex omnibus partibus tela conjici animadvertit. Nam quod, omni ex reliquis partibus demesso frumento, una pars erat reliqua, suspicati hostes, huc nostros esse venturos, noctu in silvis delituerant : tum dispersos, dispositis armis, in metendo occupatos, subito adorti, paucis interfectis, reliquos incertis ordinibus perturbaverant : simul equitatu atque essedis circumdederant.

XXXIII. Genus hoc est ex essedis pugnæ : primo per omnes partes perequitant, et tela conjiciunt, atque ipso terrore equorum et strepitu rotarum ordines plerumque perturbant : et quum se inter equitum turmas insinuaverint,

cuivre de ceux qui étaient détruits : il fit venir du continent les matériaux nécessaires. Le zèle extrême des soldats mit bientôt toute la flotte en état de naviguer : douze
vaisseaux seulement furent perdus.

XXXII. Cependant la septième légion avait été, selon
la coutume, envoyée au fourrage ; et jusqu'alors on ne
voyait nulle apparence d'hostilité : une partie des Bretons restait dans la campagne ; les autres venaient libre-
ment dans le camp. Tout à coup les gardes du camp
avertissent César, que l'on voyait s'élever une épaisse
poussière du côté où la légion s'était dirigée. César soup-
çonnant la vérité, c'est-à-dire quelque attaque de la part
des barbares, prit avec lui les cohortes de garde, les fit
remplacer par deux autres, et ordonna au reste des troupes de s'armer et de le suivre. A une courte distance du
camp, il vit les siens pressés par l'ennemi, et résistant
avec peine : la légion, les rangs serrés, était en butte aux
traits ennemis. Comme cet endroit était le seul qui restât
à moissonner, les ennemis présumant que nous y vien-
drions fourrager, s'étaient cachés la nuit dans les bois.
Ayant surpris nos soldats dispersés, désarmés, occupés
à couper le grain, ils étaient venus tout à coup fondre
sur eux, ils en avaient tué quelques-uns, et mis le reste
en désordre : en même temps leur cavalerie et leurs chariots les enveloppaient.

XXXIII. Voici la manière dont ils combattent avec ces
chariots. D'abord ils les font voler rapidement autour de
l'ennemi, en lançant des traits ; la seule crainte qu'inspi-
rent les chevaux, et le bruit des roues jettent souvent le

ex essedis desiliunt, et pedibus proeliantur. Aurigae interim paulatim ex proelio excedunt, atque ita currus collocant, ut, si illi a multitudine hostium premantur, expeditum ad suos receptum habeant. Ita mobilitatem equitum, stabilitatem peditum in proeliis praestant, ac tantum usu quotidiano et exercitatione efficiunt, uti in declivi ac praecipiti loco incitatos equos sustinere, et brevi moderari ac flectere, et per temonem percurrere, et in jugo insistere, et inde se in currus citissime recipere consuerint.

XXXIV. Quibus rebus, perturbatis nostris novitate pugnae, tempore opportunissimo Caesar auxilium tulit : namque ejus adventu hostes constiterunt, nostri se ex timore receperunt. Quo facto, ad lacessendum et ad committendum proelium alienum esse tempus arbitratus, suo se loco continuit, et brevi tempore intermisso, in castra legiones reduxit. Dum haec geruntur, nostris omnibus occupatis, qui erant in agris reliqui, discesserunt. Secutae sunt continuos complures dies tempestates, quae et nostros in castris continerent, et hostem a pugna prohiberent. Interim barbari nuntios in omnes partes dimiserunt, paucitatemque nostrorum militum suis praedicaverunt, et, quanta praedae faciendae atque in perpetuum sui liberandi facultas daretur, si Romanos castris expulissent, demonstraverunt. His rebus celeriter magna multitudine peditatus equitatusque coacta, ad castra venerunt.

XXXV. Caesar, etsi idem, quod superioribus diebus acciderat, fore videbat, ut, si essent hostes pulsi, cele-

désordre dans les rangs. Quand ils ont pénétré au milieu des escadrons, ils sautent à bas de leurs chars et combattent à pied. Alors les conducteurs des chars se retirent peu à peu de la mêlée, et se placent à portée des combattans, qui se replient aisément sur eux, s'ils sont pressés par le nombre. C'est ainsi que les Bretons réunissent dans les combats l'agilité du cavalier et la fermeté du fantassin. Tel est aussi l'effet de leurs exercices journaliers, qu'ils savent arrêter leurs chevaux lancés sur une pente rapide, les modérer ou les détourner à volonté, courir sur le timon, se tenir sur le joug, et de là s'élancer dans leurs chars.

XXXIV. Ce nouveau genre de combat avait ébranlé les Romains; César arriva à propos pour les secourir : son approche contint l'ennemi et rassura les nôtres. Alors, ne jugeant pas l'occasion favorable pour engager un combat, César, après être resté quelque temps en bataille, ramena ses légions dans le camp. Pendant cette action, le reste des Bretons, qui était dispersé dans la campagne, nous voyant occupés ailleurs, se retira. Plusieurs jours, les temps orageux nous retinrent dans le camp, et empêchèrent l'ennemi de nous attaquer. Dans cet intervalle les barbares envoyèrent de tout côté annoncer notre faiblesse, et la facilité qu'ils auraient de conquérir un riche butin et de recouvrer à jamais leur liberté, s'ils chassaient les Romains de leur camp. Ils eurent bientôt rassemblé une cavalerie et une infanterie nombreuses, et marchèrent sur nous.

XXXV. César prévoyait bien qu'il en serait de ce combat comme de ceux qui avaient précédé, et que l'en-

ritate periculum effugerent, tamen nactus equites circiter xxx, quos Commius Atrebas, de quo ante dictum
est, secum transportaverat, legiones in acie pro castris
constituit. Commisso prœlio, diutius nostrorum militum
impetum hostes ferre non potuerunt, ac terga verterunt.
Quos tanto spatio secuti, quantum cursu et viribus efficere potuerunt, complures ex iis occiderunt; deinde,
omnibus longe lateque afflictis incensisque, se in castra
receperunt.

XXXVI. Eodem die legati, ab hostibus missi ad Cæsarem de pace, venerunt. His Cæsar numerum obsidum,
quem antea imperaverat, duplicavit, eosque in continentem adduci jussit, quod, propinqua die æquinoctii,
infirmis navibus, hiemi navigationem subjiciendam non
existimabat. Ipse, idoneam tempestatem nactus, paulo
post mediam noctem naves solvit; quæ omnes incolumes
ad continentem pervenerunt : sed ex his onerariæ duæ
eosdem, quos reliquæ, portus capere non potuerunt,
et paulo infra delatæ sunt.

XXXVII. Quibus ex navibus quum essent expositi
milites circiter ccc, atque in castra contenderent, Morini, quos Cæsar, in Britanniam proficiscens, pacatos
reliquerat, spe prædæ adducti, primo non ita magno
suorum numero circumsteterunt, ac, si sese interfici
nollent, arma ponere jusserunt. Quum illi orbe facto
sese defenderent, celeriter ad clamorem hominum circiter millia vi convenerunt. Qua re nuntiata, Cæsar omnem ex castris equitatum suis auxilio misit. Interim nostri milites impetum hostium sustinuerunt, atque amplius

nemi, à peine repoussé, nous échapperait aisément par
la fuite : cependant il prit trente chevaux que l'Atrébate
Commius avait amenés avec lui, et rangea les légions en
bataille à la tête du camp. Le combat engagé, l'ennemi
ne put long-temps soutenir notre choc, et prit la fuite;
nos soldats les poursuivirent autant qu'ils eurent de force
et de vitesse; ils en tuèrent un grand nombre, et rentrèrent au camp après avoir tout brûlé et détruit sur
leur passage.

XXXVI. Le même jour, les ennemis envoyèrent des
députés pour demander la paix. César doubla le nombre
des otages déjà exigés, et ordonna de les lui amener sur
le continent. Le temps de l'équinoxe approchait, et il ne
voulait point exposer à une navigation d'hiver des vaisseaux à peine réparés. Il profita d'un vent favorable, mit
à la voile peu après minuit, et regagna le continent avec
tous ses navires sans le moindre dommage : il arriva seulement que deux vaisseaux de charge ne purent entrer
au même port que les autres, et furent portés un peu au
dessous sur la côte.

XXXVII. Ces derniers vaisseaux portaient environ
trois cents soldats, qui débarquèrent et se mirent en
marche pour rejoindre l'armée. Les Morins, que César
avait laissés soumis, avant son départ pour la Bretagne,
séduits en ce moment par l'appât du butin, vinrent d'abord
en assez petit nombre les envelopper, et leur ordonnèrent
de mettre bas les armes, s'ils voulaient sauver leur vie.
Nos soldats s'étant formés en cercle pour se défendre,
aussitôt aux cris de l'ennemi, six mille hommes environ
accoururent. César, à cette nouvelle, envoya toute la

horis IV fortissime pugnaverunt, et, paucis vulneribus acceptis, complures ex iis occiderunt. Postea vero quam equitatus noster in conspectum venit, hostes abjectis armis terga verterunt, magnusque eorum numerus est occisus.

XXXVIII. Cæsar, postero die, T. Labienum legatum cum iis legionibus quas ex Britannia reduxerat, in Morinos, qui rebellionem fecerant, misit. Qui quum, propter siccitates paludum, quo se reciperent, non haberent (quo perfugio superiore anno fuerant usi), omnes fere in potestatem Labieni venerunt. At Q. Titurius et L. Cotta, legati, qui in Menapiorum fines legiones duxerant, omnibus eorum agris vastatis, frumentis succisis, ædificiis incensis, quod Menapii se omnes in densissimas silvas abdiderant, se ad Cæsarem receperunt. Cæsar in Belgis omnium legionum hiberna constituit. Eo duæ omnino civitates ex Britannia obsides miserunt : reliquæ neglexerunt. His rebus gestis, ex litteris Cæsaris dierum XX supplicatio à senatu decreta est.

cavalerie à leur secours. Cependant nos soldats avaient
soutenu les efforts de l'ennemi, et combattu vaillamment
pendant plus de quatre heures; peu d'entre eux étaient
blessés, et un grand nombre d'ennemis avait péri : lorsque
notre cavalerie se montra, tous jetèrent les armes et s'enfuirent; on en fit un grand carnage.

XXXVIII. Le jour suivant, César envoya T. Labienus,
son lieutenant, avec les légions ramenées de Bretagne,
contre les Morins rebelles : comme les marais étaient à
sec, ils se trouvèrent privés de l'asile qui les avait proté-
gés l'année précédente, et tombèrent presque tous entre
les mains de Labienus. D'un autre côté, les lieutenans
Q. Titurius et L. Cotta, qui avaient conduit les légions
chez les Ménapiens, voyant que ces peuples s'étaient enfoncés dans l'épaisseur des forêts, rejoignirent César,
après avoir ravagé les champs, coupé les blés, brûlé les
habitations. César établit chez les Belges, les quartiers
d'hiver des légions : de toute la Bretagne, deux états seulement envoyèrent en ce lieu les otages; les autres négli-
gèrent ce devoir. César écrivit au sénat les évènemens
de cette campagne : on décréta vingt jours d'actions de
grâces.

NOTES

SUR LE LIVRE QUATRIÈME.

---

1. *Les Tenchthères*. Il est très-difficile d'assigner les limites certaines de ces peuples, qui changeaient continuellement de demeures et vivaient en nomades. Tacite dit qu'ils étaient voisins des Cattes. Ils paraissent avoir occupé, du temps de César, la rive du Weser.

2. *Les Suèves*. Les Suèves ou Cattes occupaient, suivant d'Anville, la Hesse jusqu'à la Sala, dans la Thuringe et la Wétéravie jusqu'au Mein. Voyez *Géog. anc.*, tom. I.

3. *Aucun d'eux ne possède de terres en propre*. Tacite rapporte les mêmes usages : *arva per annos mutant, et superest ager,* etc., *Germ.* XXVI.

4. *Qui sont laids et difformes*. C'est encore ce que dit Tacite : *equi non forma, non velocitate conspicui. Germ.* VI.

5. *Les Ubiens*. Territoire de Cologne. Du temps de César, ils habitaient au delà du Rhin. Ce fut sous Auguste qu'Agrippa les transféra sur la rive gauche du fleuve.

6. *Les Ménapiens*. La Gueldre, le duché de Clèves, et le Brabant.

7. *Des Éburons*. Le pays de Liège.

8. *Des Condrusiens.* Le Condrotz.

9. *Que les dieux même ne sauraient égaler.* Homère parle ainsi de ses héros.

10. *Les Ambivarites.* Peut-être le territoire d'Anvers.

11. *Les Lingons.* Pays de Langres.

12. *L'île des Bataves.* Cette île s'appelle aujourd'hui Betaw, et embrasse une grande partie de la Gueldre et de la Hollande méridionale.

13. *Les Lépontiens.* Pays des Grisons.

14. *Nantuates.* Le Valais.

15. *Helvétiens.* La Suisse.

16. *Séquaniens* La Franche-Comté.

17. *Médiomatriciens.* Le pays Messin.

18. *Tribocques.* Alsace.

19. *Trévires.* Territoire de Trèves.

20. *César.... les fit arrêter.* Plutarque rapporte que Caton, indigné de cette conduite de César, opina dans le sénat qu'il fallait le livrer aux barbares, pour détourner sur sa tête la colère des dieux.

21. *Confluent de la Meuse et du Rhin.* Cluvier soupçonne ici de l'altération dans le texte, et pense que César a voulu désigner plutôt le confluent de la Moselle et du Rhin. Ce changement ne paraît pas assez fondé.

22. *Quatre cent trente mille ennemis.* Ce nombre semble exagéré.

23. *Les Sigambres.* Peuple de Germanie, d'où descendaient les Francs. On se rappelle les paroles de saint Remi à Clovis : « baisse la tête, fier Sicambre, etc. »

24. *Mais ils répondirent.....* César s'attendait à cette réponse. Il ne cherchait qu'une occasion de passer le Rhin.

25. *Il fit donc le pont.* Montaigne remarque « combien César se desploye largement à nous faire entendre ses inventions à bastir ponts et engins, et combien, au prix, il va se serrant lorsqu'il parle des offices de sa profession, de sa vaillance et conduicte de sa milice. Ses exploits le vérifient assez capitaine excellent ; il se veut faire connoistre excellent ingénieur, qualité aucunement estrangère. » Liv. 1, *Essais.* — Les Romains formaient aussi des ponts avec des barques ou des radeaux joints ensemble. Flor. iii ; quelquefois ils employaient des tonneaux vides, ou des outres.

26. *Vers le nord.* Par rapport à l'Italie.

27. *Secouru les Gaulois.* On voit assez que l'ambition de César était le seul motif de cette guerre. Plut., *Vie de César*, chap. 23 ; Suétone, chap. 47.

28. *Les Morins.* Le Boulonnais et une partie de la Flandre maritime.

29. *Vers la troisième veille.* Entre minuit et une heure du matin.

30. *Vers la quatrième heure du jour.* A dix heures du matin.

31. *Jusqu'à la neuvième heure.* Trois heures après midi.

32. *Dont la forme....* Ils ne se servaient que de vaisseaux de charge.

33. *De nos machines.* Les balistes, les catapultes, etc. *Voyez* Végèce, chap. 22, liv. iv.

34. *Livrer l'aigle*. La perte d'un étendard était regardée comme une honte et comme un crime. On lit dans Tite-Live plusieurs traits semblables. Camille fit jeter le drapeau au milieu des ennemis. Liv. vi, chap. 8.

LIBER V.

I. LUCIO Domitio, Appio Claudio Coss., discedens ab hibernis Cæsar in Italiam, ut quotannis facere consuerat, legatis imperat, quos legionibus præfecerat, uti, quam plurimas possent, hieme naves ædificandas veteresque reficiendas curarent. Earum modum formamque demonstrat. Ad celeritatem onerandi subductionesque paulo facit humiliores, quam quibus in nostro mari uti consuevimus; atque id eo magis, quod propter crebras commutationes æstuum minus magnos ibi fluctus fieri cognoverat : ad onera et ad multitudinem jumentorum transportandam paulo latiores, quam quibus in reliquis utimur maribus. Has omnes actuarias imperat fieri : quam ad rem multum humilitas adjuvat. Ea, quæ sunt usui ad armandas naves, ex Hispania apportari jubet. Ipse, conventibus Galliæ citerioris peractis, in Illyricum proficiscitur, quod a Pirustis finitimam partem provinciæ incursionibus vastari audiebat. Eo quum venisset, civitatibus milites imperat, certumque in locum convenire jubet. Qua re nuntiata, Pirustæ legatos ad eum mittunt, qui doceant, nihil earum rerum publico factum consilio, seseque paratos esse demonstrant, omnibus rationibus de injuriis satisfacere. Accepta oratione eorum, Cæsar obsides imperat, eosque ad certam diem adduci jubet : nisi ita fecerint, sese bello civitatem persecuturum demon-

LIVRE V.

I. Sous le consulat de Lucius Domitius et d'Appius Claudius, César, quittant ses quartiers d'hiver pour aller en Italie[1], comme il faisait chaque année, ordonna aux lieutenans qu'il laissait à la tête des légions, de construire le plus de vaisseaux qu'il serait possible, et de réparer les anciens. Il en détermina la forme et la grandeur. Pour qu'on pût les charger et les mettre à sec plus facilement, il les fit faire un peu moins hauts que ceux dont nous faisons usage sur notre mer[2] : il avait d'ailleurs observé que les vagues de l'Océan étaient moins élevées à cause du flux et du reflux. Il les voulut plus larges, à cause des bagages et des chevaux qu'ils devaient transporter, et ordonna de les faire tous à voiles et à rames, ce que leur bord peu élevé rendait facile. Il fit venir d'Espagne tous les agrès nécessaires pour l'armement de ces vaisseaux. Puis, après avoir tenu l'assemblée de la Gaule citérieure, il partit pour l'Illyrie[3], sur la nouvelle que les Pirustes[4] désolaient, par leurs incursions, la frontière de cette province. Dès son arrivée, il ordonna à chaque cité de lever des troupes, et leur marqua un point de réunion. Aussitôt les Pirustes lui envoyèrent des députés, qui déclarèrent que la nation était entièrement étrangère à ces faits, et offrirent toutes les satisfactions que César exigerait. César, en acceptant leurs excuses,

strat. His ad diem adductis, ut imperaverat, arbitros inter civitates dat, qui litem æstiment, pœnamque consti-
tuant.

II. His confectis rebus, conventibusque peractis, in
citeriorem Galliam revertitur, atque inde ad exercitum
proficiscitur. Eo quum venisset, circuitis omnibus hibernis, singulari militum studio, in summa omnium rerum inopia, circiter DC ejus generis, cujus supra demonstravimus, naves, et longas XXVIII invenit instructas, neque multum abesse ab eo, quin paucis diebus
deduci possent. Collaudatis militibus, atque iis, qui
negotio præfuerant, quid fieri velit ostendit, atque
omnes ad portum Itium convenire jubet, quo ex portu
commodissimum in Britanniam transmissum esse cognoverat, circiter millium passuum xxx a continenti.
Huic rei quod satis esse visum est militum, reliquit :
ipse cum legionibus expeditis IV, et equitibus DCCC in
fines Trevirorum proficiscitur, quod hi neque ad concilia veniebant, neque imperio parebant, Germanosque
transrhenanos sollicitare dicebantur.

III. Hæc civitas longe plurimum totius Galliæ equitatu valet, magnasque habet copias peditum, Rhenumque, ut supra demonstravimus, tangit. In ea civitate duo
de principatu inter se contendebant, Indutiomarus et
Cingetorix : ex quibus alter, simul atque de Cæsaris le-
gionumque adventu cognitum est, ad eum venit ; se
suosque omnes in officio futuros, neque ab amicitia populi romani defecturos confirmavit, quæque in Treviris
gererentur, ostendit. At Indutiomarus equitatum pedita-

leur enjoignit de lui amener des otages à jour fixe; autrement il leur déclarerait la guerre: les otages furent amenés
au temps marqué, et il nomma les arbitres pour estimer
le dommage et en fixer la réparation.

II. Lorsqu'il eut réglé cette affaire et tenu l'assemblée,
César retourna dans la Gaule citérieure, d'où il alla
joindre l'armée. Il en visita tous les quartiers, et trouva
que, malgré la pénurie de toutes choses, l'activité sin-
gulière des soldats avait suffi pour construire environ
six cents navires de la forme qu'il avait prescrite, et
vingt-huit galères, le tout prêt à mettre en mer sous peu
de jours. Il donna des éloges aux soldats et à ceux qui
avaient dirigé l'ouvrage, les instruisit de ses intentions,
et leur ordonna de se rendre tous au port Itius [5], d'où le
trajet en Bretagne est très-commode, et seulement à la
distance de trente milles du continent. Il leur laissa le
nombre de troupes nécessaire. Pour lui, il marcha avec
quatre légions sans bagage et huit cents cavaliers chez
les Trévires. Ils ne se rendaient point aux assemblées,
n'obéissaient pas à ses ordres; on disait même qu'ils sollicitaient les Germains à passer le Rhin.

III. Cette nation, la plus puissante de toute la Gaule
en cavalerie, possède aussi beaucoup de troupes de pied:
elle habite, comme nous l'avons dit, les bords du Rhin.
Deux chefs, Indutiomare et Cingetorix, s'y disputaient
l'autorité : à peine Cingetorix avait appris l'arrivée de
César et des légions, qu'il se rendit près de lui, l'assura
de sa fidélité, et de l'attachement de tous les siens pour
l'alliance de Rome, et l'instruisit de ce qui se passait
chez les Trévires. Indutiomare, au contraire, leva de la

tumque cogere, iisque, qui per ætatem in armis esse non
poterant, in silvam Arduennam abditis, quæ ingenti
magnitudine per medios fines Trevirorum a flumine
Rheno ad initium Remorum pertinet, bellum parare
instituit. Sed posteaquam nonnulli principes ex ea civitate, et familiaritate Cingetorigis adducti, et adventu
nostri exercitus perterriti, ad Cæsarem venerunt, et de
suis privatim rebus ab eo petere cœperunt, quoniam civitati consulere non possent, Indutiomarus veritus, ne
ab omnibus desereretur, legatos ad Cæsarem mittit : sese
idcirco ab suis discedere atque ad eum venire noluisse,
quo facilius civitatem in officio contineret, ne omnis nobilitatis discessu plebs propter imprudentiam laberetur.
Itaque esse civitatem in sua potestate, seque, si Cæsar
permitteret, ad eum in castra venturum, et suas civita-
tisque fortunas ejus fidei permissurum.

IV. Cæsar, etsi intelligebat, qua de causa ea dice-
rentur, quæque eum res ab instituto consilio deterreret,
tamen, ne æstatem in Treviris consumere cogeretur,
omnibus ad Britannicum bellum rebus comparatis, Indutiomarum ad se cum cc obsidibus venire jussit. His
adductis, in iis filio propinquisque ejus omnibus, quos
nominatim evocaverat, consolatus Indutiomarum hortatusque est, uti in officio permaneret; nihilo tamen secius, principibus Trevirorum ad se convocatis, hos sigillatim Cingetorigi conciliavit : quod quum merito ejus a
se fieri intelligebat, tum magni interesse arbitrabatur,
ejus auctoritatem inter suos quam plurimum valere, cujus tam egregiam in se voluntatem perspexisset. Id fac-

cavalerie et des soldats, et se prépara à la guerre. Tous ceux que leur âge mettait hors d'état de porter les armes avaient été cachés dans la grande forêt des Ardennes, qui traverse le territoire des Trévires, et s'étend depuis le Rhin jusqu'au pays des Rémois; mais dès qu'il vit plusieurs des principaux de l'état, entraînés par leurs liaisons avec Cingetorix, ou effrayés de l'arrivée de nos troupes, se rendre auprès de César, pour faire leur traité particulier, Indutiomare ne pouvant rien pour les intérêts communs, craignit d'être abandonné de tous, et envoya lui-même des députés vers César : il l'assura qu'il n'était resté jusqu'alors près des siens, que pour retenir la multitude dans le devoir, et l'empêcher de se porter aux résolutions les plus imprudentes en l'absence de toute la noblesse. Au reste, il avait tout pouvoir sur la nation, et si César le permettait, il se rendrait au camp, pour lui confier les intérêts publics et les siens propres.

IV. César comprit bien les véritables motifs de cette démarche et de ce nouveau langage; mais il ne voulait point passer l'été chez les Trévires, tandis que tout était prêt pour la guerre de Bretagne. Il ordonna donc à Indutiomare de venir avec deux cents otages : son fils et tous ses proches parens furent spécialement désignés. Dès qu'il les eut amenés, César le consola avec bienveillance, et l'exhorta à rester dans le devoir; mais en même temps il assembla les principaux de cette nation et les rallia personnellement au parti de Cingetorix, dont il était juste de récompenser les services; et il ne croyait pas moins important d'accroître le crédit d'un homme qui avait montré tant de zèle pour sa cause. Indutiomare vit

tum graviter tulit Indutiomarus, suam gratiam inter suos minui; et, qui jam ante inimico in nos animo fuisset, multo gravius hoc dolore exarsit.

V. His rebus constitutis, Cæsar ad portum Itium cum legionibus pervenit. Ibi cognoscit, XL naves, quæ in Belgis factæ erant, tempestate rejectas, cursum tenere non potuisse, atque eodem, unde erant profectæ, revertisse : reliquas paratas ad navigandum, atque omnibus rebus instructas invenit. Eodem totius Galliæ equitatus convenit, numero millium IV, principesque omnibus ex civitatibus : ex quibus perpaucos, quorum in se fidem perspexerat, relinquere in Gallia, reliquos obsidum loco secum ducere decreverat; quod, quum ipse abesset, motum Galliæ verebatur.

VI. Erat una cum ceteris Dumnorix æduus, de quo a nobis antea dictum est. Hunc secum habere in primis constituerat, quod eum cupidum rerum novarum, cupidum imperii, magni animi, magnæ inter Gallos auctoritatis cognoverat. Accedebat huc, quod jam in concilio Æduorum Dumnorix dixerat, sibi a Cæsare regnum civitatis deferri : quod dictum Ædui graviter ferebant, neque recusandi aut deprecandi causa legatos ad Cæsarem mittere audebant. Id factum ex suis hospitibus Cæsar cognoverat. Ille omnibus primo precibus petere contendit, ut in Gallia relinqueretur; partim, quod insuetus navigandi mare timeret; partim, quod religionibus sese diceret impediri. Posteaquam id obstinate sibi negari vidit, omni spe impetrandi adempta, principes Galliæ sollicitare, sevocare singulos hortarique cœpit,

avec douleur l'atteinte portée à son influence ; et la haine
qu'il avait déjà conçue contre nous, en devint plus im-
placable.

V. Ces arrangemens terminés, César se rendit avec
les légions au port Itius : là, il apprit que quarante navires, construits chez les Belges, n'avaient pu tenir leur
route, et avaient été rejetés par une tempête dans les
ports d'où ils étaient partis ; il trouva le reste en bon état
et prêt à mettre à la voile : la cavalerie gauloise, au nombre de quatre mille hommes, et les principaux citoyens de
chaque cité, s'étaient réunis en ce lieu. César avait résolu de ne laisser sur le continent que le petit nombre
de ceux dont la fidélité lui était connue, et d'emmener
les autres comme otages, pour prévenir les mouvemens
de la Gaule, pendant son absence.

VI. L'éduen Dumnorix, dont nous avons parlé[6], était
de ce nombre : César avait résolu de l'emmener, connaissant son caractère aventureux, son ambition, son courage, et le crédit dont il jouissait parmi les Gaulois. Déjà
il avait dit hautement, dans une assemblée des Éduens,
que César lui offrait la royauté dans son pays. Ce propos
les avait vivement affligés ; mais ils n'osaient députer vers
César, pour refuser, ou le prier de changer de résolution.
César n'en fut instruit que par ses hôtes. Cependant
Dumnorix ne négligeait aucune instance pour rester en
Gaule ; il alléguait ou la crainte de la mer, ou des scru-
pules de religion. Mais bientôt voyant qu'on lui refusait
obstinément sa demande, et que tout espoir de l'obtenir
était perdu pour lui, il chercha à soulever les chefs de
la Gaule, les prit tous à part, et les pressa de rester sur

uti in continenti remanerent ; metu territare, non sine
causa fieri, ut Gallia omni nobilitate spoliaretur : id esse,
consilium Cæsaris, ut, quos in conspectu Galliæ interficere vereretur, hos omnes in Britanniam transductos
necaret : fidem reliquis interponere, jusjurandum poscere, ut, quod esse ex usu Galliæ intellexissent, communi consilio administrarent. Hæc a compluribus ad
Cæsarem deferebantur.

VII. Qua re cognita, Cæsar, quod tantum civitati
Æduæ dignitatis tribuerat, coercendum atque deterren-
dum, quibuscunque rebus posset, Dumnorigem statuebat; quod longius ejus amentiam progredi videbat, prospiciendum, ne quid sibi ac reipublicæ nocere posset.
Itaque dies circiter xxv in eo loco commoratus, quod
Corus ventus navigationem impediebat, qui magnam
partem omnis temporis in his locis flare consuevit, da-
bat operam, ut in officio Dumnorigem contineret, nihilo
tamen secius omnia ejus consilia cognosceret. Tandem
idoneam nactus tempestatem, milites equitesque conscen-
dere naves jubet. At, omnium impeditis animis, Dumnorix cum equitibus Æduorum a castris, insciente Cæsare, domum discedere cœpit. Qua re nuntiata, Cæsar,
intermissa profectione, atque omnibus rebus postpositis,
magnam partem equitatus ad eum insequendum mittit,
retrahique imperat : si vim faciat, neque pareat, interfici jubet; nihil hunc, se absente, pro sano facturum arbitratus, qui præsentis imperium neglexisset. Ille enim
revocatus resistere, ac se manu defendere, suorumque
fidem implorare cœpit, sæpe clamitans, liberum se libe-

le continent : il tâchait de leur inspirer des craintes; ce
n'est pas sans dessein que César dépouille la Gaule de
toute sa noblesse; il veut faire périr en Bretagne ceux
qu'il n'ose égorger à la vue des Gaulois. En même temps
Dumnorix leur donnait sa foi, et les pressait de s'engager par serment à faire de concert ce qu'ils croiraient
utile aux intérêts de la Gaule. Ces détails furent rappor-
tés à César.

VII. Instruit de ces menées, César, qui avait donné
aux Éduens tant de considération et de puissance, résolut
de tout faire pour en prévenir l'effet. Comme Dumnorix
persévérait dans sa folle conduite, il pensa qu'il devait
veiller à l'intérêt de la république et au sien propre. Étant
resté environ vingt-cinq jours dans le port, où le retenait
un vent du nord-ouest qui souffle habituellement sur cette
côte, il s'appliqua à contenir Dumnorix dans le devoir,
en même temps qu'il observait ses démarches; enfin, le
vent devint favorable, et César ordonna aux soldats et
aux cavaliers de s'embarquer. Mais au milieu du mouvement général, Dumnorix était sorti du camp à l'insu
de César avec la cavalerie éduenne, et prenait la route
de sa patrie. A cette nouvelle, César suspendit le départ, et, avant tout, envoya à sa poursuite une grande
partie de la cavalerie, avec ordre de le ramener, ou de
le tuer, s'il résistait et refusait d'obéir; persuadé qu'un
homme qui, en sa présence, avait méprisé ses ordres, ne
pourrait être que dangereux loin de lui. Dumnorix, lorsqu'on l'eut atteint, fit résistance, mit l'épée à la main,
et implora la fidélité des siens, s'écriant qu'il était libre

ræque civitatis esse. Illi, ut erat imperatum, circumsistunt hominem, atque interficiunt : at Ædui equites ad Cæsarem omnes revertuntur.

VIII. His rebus gestis, Labieno in continente cum tribus legionibus et equitum millibus duobus relicto, ut portus tueretur, et rem frumentariam provideret, quæque in Gallia gererentur cognosceret, consiliumque pro tempore et pro re caperet; ipse cum quinque legionibus et pari numero equitum, quem in continenti relinquebat, solis occasu naves solvit; et leni Africo provectus, media circiter nocte vento intermisso, cursum non tenuit; et longius delatus æstu, orta luce, sub sinistra Britanniam relictam conspexit. Tum rursus æstus commutationem secutus, remis contendit, ut eam partem insulæ caperet, qua optimum esse egressum superiore æstate cognoverat. Qua in re admodum fuit militum virtus laudanda, qui vectoriis gravibusque navigiis, non intermisso remigandi labore, longarum navium cursum adæquarunt. Accessum est ad Britanniam omnibus navibus meridiano fere tempore : neque in eo loco hostis est visus, sed, ut postea Cæsar ex captivis comperit, quum magnæ manus eo convenissent, multitudine navium perterritæ (quæ cum annotinis privatisque, quas sui quisque commodi fecerat, amplius dccc uno erant visæ tempore), a litore discesserant, ac se in superiora loca abdiderant.

IX. Cæsar, exposito exercitu, et loco castris idoneo capto, ubi ex captivis cognovit, quo in loco hostium copiæ consedissent, cohortibus x ad mare relictis, et

et citoyen d'un pays libre. Il fut entouré, et, selon l'ordre de César, mis à mort. Les cavaliers éduens revinrent tous au camp.

VIII. Cette affaire terminée, César laissa sur le continent Labienus avec trois légions et deux mille chevaux, pour garder le port, pourvoir aux vivres, connaître ce qui se passerait dans la Gaule, et prendre conseil du temps et des circonstances. Pour lui, avec cinq légions et un nombre de cavaliers égal à celui qu'il laissait à Labienus, il leva l'ancre au coucher du soleil, par un léger vent du sud-ouest, qui, ayant cessé vers le milieu de la nuit, ne lui permit pas de suivre sa route directe : entraîné assez loin par la marée, il s'aperçut au jour naissant, qu'il avait laissé la Bretagne sur la gauche. Alors se laissant aller au reflux, il fit force de rames pour gagner cette partie de l'île, qui, l'été précédent, lui avait offert une descente commode. On ne put trop louer, en cette circonstance, le zèle des soldats, qui, sur des vaisseaux de transport lourds et pesans, ne quittèrent pas un instant la rame, et rivalisèrent de vitesse avec les galères. Toute la flotte prit terre vers midi, sans que l'ennemi parût. César sut ensuite des captifs, que les barbares, assemblés en grand nombre dans cet endroit, avaient été effrayés à la vue de tant de vaisseaux (il y en avait plus de huit cents, en comptant les barques légères, dont chacun se faisait suivre pour son usage particulier). Ils avaient quitté le rivage pour se retirer sur les hauteurs.

IX. César mit ses troupes à terre et choisit un camp avantageux. Instruit par ses prisonniers du lieu où l'ennemi s'était retiré, il laissa vers la mer, pour la garde de

equitibus ccc, qui præsidio navibus essent, de tertia vigilia ad hostes contendit, eo minus veritus navibus, quod
in litore molli atque aperto deligatas ad ancoram relinquebat; et præsidio navibus Q. Atrium præfecit. Ipse,
noctu progressus millia passuum circiter xii, hostium
copias conspicatus est. Illi, equitatu atque essedis ad flumen progressi, ex loco superiore nostros prohibere, et
prœlium committere cœperunt. Repulsi ab equitatu, se
in silvas abdiderunt, locum nacti egregie et natura et
opere munitum, quem domestici belli, ut videbatur,
causa jam ante præparaverant : nam crebris arboribus
succisis omnes introitus erant præclusi. Ipsi ex silvis
rari propugnabant, nostrosque intra munitiones ingredi
prohibebant. At milites legionis vii, testudine facta, et
aggere ad munitiones adjecto, locum ceperunt, eosque
ex silvis expulerunt, paucis vulneribus acceptis. Sed eos
fugientes longius Cæsar prosequi vetuit, et quod loci naturam ignorabat, et quod, magna parte diei consumpta,
munitioni castrorum tempus relinqui volebat.

X. Postridie ejus diei mane, tripartito milites equitesque in expeditionem misit, ut eos, qui fugerant, perse-
querentur. His aliquantum itineris progressis, quum jam
extremi essent in conspectu, equites a Q. Atrio ad Cæsarem venerunt, qui nuntiarent, superiori nocte, maxima
coorta tempestate, prope omnes naves afflictas atque in
litore ejectas esse, quod neque ancoræ funesque subsiste-
rent, neque nautæ gubernatoresque vim pati tempesta-

la flotte, dix cohortes et trois cents cavaliers; puis, à la
troisième veille, il marcha lui-même contre l'ennemi. Il
ne craignait rien pour sa flotte, qu'il laissait à l'ancre sur
un rivage uni et découvert : Q. Atrius la commandait.
César avait fait dans la nuit environ douze milles, lorsqu'il aperçut les barbares. Ils s'étaient avancés avec la
cavalerie et les chars sur le bord d'un fleuve, et du haut
de la rive ils commencèrent à combattre et à disputer
le passage. Repoussés par notre cavalerie, ils s'enfoncè-
rent dans les bois, où ils trouvèrent un lieu singulièrement fortifié par la nature et par l'art, et qui semblait
avoir été jadis ainsi disposé pour quelque guerre civile.
Toutes les avenues étaient fermées par de grands abattis
d'arbres. Là, ils se battaient épars et isolés pour défendre
l'approche de leurs retranchemens; mais la septième
légion éleva une terrasse jusqu'au pied du rempart, et,
se couvrant de ses boucliers en forme de tortue, pénétra dans l'enceinte, et parvint avec très-peu de perte à
les chasser du bois. César défendit de les poursuivre. Il
ne connaissait pas assez le pays, et d'ailleurs une grande
partie du jour étant déjà écoulée, il voulait employer
le reste à fortifier le camp.

X. Le lendemain matin, il partagea l'infanterie et la
cavalerie en trois corps, et les envoya à la poursuite
des fuyards. Elles étaient à peine en chemin, et même
les derniers rangs étaient encore à la vue du camp, lorsque des cavaliers, envoyés par Q. Atrius, vinrent annoncer à César que la nuit précédente, il s'était élevé
une violente tempête, qui avait brisé et jeté sur la côte
presque tous les vaisseaux; les ancres et les cordages

tis possent : itaque ex eo concursu navium magnum esse incommodum acceptum.

XI. His rebus cognitis, Cæsar legiones equitatumque revocãri, atque itinere desistere jubet : ipse ad naves revertitur : eadem fere, quæ ex nuntiis litterisque cognoverat, coram perspicit, sic ut, amissis circiter xl navibus, reliquæ tamen refici posse magno negotio viderentur. Itaque ex legionibus fabros delegit, et ex continenti alios arcessiri jubet. Labieno scribit, ut, quam plurimas possit, iis legionibus, quæ sint apud eum, naves instituat. Ipse, etsi res erat multæ operæ ac laboris, tamen commodissimum esse statuit, omnes naves subduci, et cum castris una munitione conjungi. In his rebus circiter dies x consumit, ne nocturnis quidem temporibus ad laborem militum intermissis. Subductis navibus, castrisque egregie munitis, easdem copias, quas ante, præsidio navibus reliquit : ipse eodem, unde redierat, proficiscitur. Eo quum venisset, majores jam undique in eum locum copiæ Britannorum convenerant, summa imperii bellique administrandi communi consilio permissa Cassivellauno, cujus fines a maritimis civitatibus flumen dividit, quod appellatur Tamesis, a mari circiter millia passuum lxxx. Huic superiori tempore cum reliquis civitatibus continentia bella intercesserant : sed nostro adventu permoti Britanni hunc toti bello imperioque præfecerant.

XII. Britanniæ pars interior ab iis incolitur, quos natos in insula ipsa memoria proditum dicunt : maritima pars ab iis, qui prædæ ac belli inferendi causa ex Belgis

n'avaient pu résister; et malgré les efforts impuissans
des pilotes et des matelots, les navires avaient été fort
maltraités par le choc.

XI. Sur cet avis, César rappela ses troupes, fit cesser
la poursuite, et revint lui-même à sa flotte. Il reconnut
de ses yeux une partie des malheurs qu'on lui avait annoncés : quarante navires environ étaient perdus, le
reste pouvait être réparé à force de travail. Il prit donc
dans les légions les ouvriers[7] propres à ces travaux, et
en fit venir d'autres du continent. Il manda à Labienus
de construire avec ses légions le plus de vaisseaux qu'il
pourrait : de son côté, il ordonna, malgré la difficulté
de l'entreprise, de tirer toute la flotte à sec, et de l'en-
fermer dans les retranchemens. On employa à ce travail
environ dix jours, sans que le soldat prît, même de nuit,
le moindre repos. Quand les vaisseaux furent à sec et le
camp parfaitement fortifié, il y laissa les mêmes troupes
qu'auparavant, et retourna au lieu d'où il était parti. Il
y trouva de nombreuses troupes de Bretons rassemblées
de toutes parts. Le commandement général et tout le soin
de la guerre avait été confié, d'un consentement unanime, à Cassivellaunus, dont les états sont séparés des
pays maritimes par la Tamise, fleuve éloigné de la mer
d'environ quatre-vingts milles. Dans les temps antérieurs,
il avait eu des guerres continuelles avec les autres peuples de l'île; mais l'effroi les avait réunis : on venait de
lui déférer le commandement suprême.

XII. L'intérieur de la Bretagne est habité par des
peuples que la tradition représente comme indigènes.
La partie maritime est occupée par des peuplades Belges,

transierant : qui omnes fere iis nominibus civitatum appellantur, quibus orti ex civitatibus eo pervenerunt, et
bello illato ibi remanserunt, atque agros colere cœperunt. Hominum est infinita multitudo, creberrimaque
ædificia, fere gallicis consimilia : pecorum magnus numerus. Utuntur aut ære, aut annulis ferreis, ad certum
pondus examinatis, pro nummo. Nascitur ibi plumbum
album in mediterraneis regionibus, in maritimis ferrum ;
sed ejus exigua est copia : ære utuntur importato. Materia cujusque generis, ut in Gallia, est, præter fagum atque abietem. Leporem, et gallinam, et anserem gustare,
fas non putant : hæc tamen alunt animi voluptatisque
causa. Loca sunt temperatiora, quam in Gallia, remis-
sioribus frigoribus.

XIII. Insula natura triquetra, cujus unum latus est
contra Galliam. Hujus lateris alter angulus, qui est ad
Cantium, quo fere omnes ex Gallia naves appelluntur, ad
orientem solem, inferior ad meridiem spectat. Hoc latus
tenet circiter millia passuum D. Alterum vergit ad Hispaniam atque occidentem solem : qua ex parte est Hiber-
nia, dimidio minor, ut æstimatur, quam Britannia ; sed
pari spatio transmissus, atque ex Gallia, est in Britanniam. In hoc medio cursu est insula, quæ appellatur
Mona : complures præterea minores objectæ insulæ existimantur ; de quibus insulis nonnulli scripserunt, dies
continuos XXX sub bruma esse noctem. Nos nihil de eo

que la guerre ou l'appât du butin ont fait sortir de leurs demeures: elles ont presque toutes conservé le nom des pays dont elles étaient originaires, lorsqu'elles vinrent les armes à la main se fixer dans la Bretagne et en cultiver le sol. L'île est extrêmement peuplée : les maisons y sont très-nombreuses, et presque semblables à celles des Gaulois : le bétail y est abondant. Pour monnaie, on se sert de cuivre, ou d'anneaux de fer d'un poids déterminé. L'intérieur du pays produit des mines d'étain; sur les côtes sont des mines de fer, mais en petite quantité : le cuivre qu'ils emploient leur vient du dehors. Il y croît des arbres de toute espèce, comme dans la Gaule, à l'exception du hêtre et du sapin. Les Bretons se font scrupule de manger du lièvre, de la poule, ou de l'oie; ils en élèvent cependant, par goût et comme amusement. Le climat est plus tempéré que celui de la Gaule, et les froids y sont moins rigoureux.

XIII. Cette île a la forme d'un triangle : l'un des côtés regarde la Gaule. Des deux angles de ce côté, l'un est au levant, vers le pays de Kent, où abordent presque tous les vaisseaux arrivant de la Gaule; l'autre, plus bas, est au midi. Ce côté a environ cinq cents milles de longueur. L'autre côté du triangle regarde l'Espagne et le couchant. Là est l'île d'Hibernie [8], qui passe pour moitié moins grande que la Bretagne, dont elle n'est pas plus éloignée que celle-ci de la Gaule. Dans l'espace intermédiaire est l'île de Mona [9]. On dit qu'il s'y trouve encore plusieurs autres îles de moindre grandeur. Ces îles, si l'on en croit quelques écrivains, sont entièrement

percontationibus reperiebamus, nisi certis ex aqua men-
suris breviores esse, quam in continenti, noctes videba-
mus. Hujus est longitudo lateris, ut fert illorum opinio,
DCC millium passuum. Tertium est contra septemtriones,
cui parti nulla est objecta terra; sed ejus angulus lateris
maxime ad Germaniam spectat : huic millia passuum
DCCC in longitudinem esse existimatur. Ita omnis insula
est in circuitu vicies centum millium passuum.

XIV. Ex his omnibus longe sunt humanissimi, qui
Cantium incolunt, quæ regio est maritima omnis; neque multum a Gallica differunt consuetudine. Interiores
plerique frumenta non serunt, sed lacte et carne vivunt,
pellibusque sunt vestiti. Omnes vero se Britanni vitro in-
ficiunt, quod cæruleum efficit colorem; atque hoc horri-
diore sunt in pugna aspectu : capilloque sunt promisso,
atque omni parte corporis rasa, præter caput et labrum
superius. Uxores habent deni duodenique inter se com-
munes, et maxime fratres cum fratribus, parentesque
cum liberis; sed si qui sunt ex his nati, eorum habentur
liberi, quo primum virgo quæque deducta est.

XV. Equites hostium essedariique acriter prœlio cum
equitatu nostro in itinere conflixerunt, tamen ut nostri
omnibus partibus superiores fuerint, atque eos in silvas
collesque compulerint : sed, compluribus interfectis, cupidius insecuti, nonnullos ex suis amiserunt. At illi, intermisso spatio, imprudentibus nostris atque occupatis
in munitione castrorum, subito se ex silvis ejecerunt,

privées de la lumière du soleil pendant trente jours con-
tinus, vers la saison d'hiver. Nos observations ne nous
ont rien appris sur ce point : nous avons seulement remarqué, au moyen de certaines horloges d'eau, que les
nuits étaient plus courtes que sur le continent. Ce côté
de l'île est, dit-on, de sept cents milles; le troisième côté
est au nord, et n'a en regard aucune terre, si ce n'est à
l'un de ses angles une partie de la Germanie. Sa longueur est estimée à huit cents milles. Ainsi toute l'île
a environ deux mille milles de tour.

XIV. Les plus civilisés de ces peuples sont, sans contredit, ceux qui habitent le pays de Kent, contrée toute
maritime, et dont les mœurs diffèrent peu de celles·des
Gaulois. Les peuples qui occupent l'intérieur de l'île n'ont
aucune culture; ils vivent de chair, de lait, et se couvrent
de peaux. Tous les Bretons se teignent le corps avec du
pastel, ce qui leur donne une couleur azurée, et rend
leur aspect horrible dans les combats. Ils laissent croître
leurs cheveux, et se rasent tout le corps, excepté la tête
et la lèvre supérieure. Les femmes y sont en commun,
entre dix ou douze, surtout entre les frères, les pères et
les fils. Les enfans qui peuvent naître sont censés apparte-
nir à celui qui a introduit leur mère dans la famille.

XV. Les cavaliers ennemis avec leurs chariots de
guerre attaquèrent vivement notre cavalerie dans sa marche; partout ils furent vaincus et repoussés dans les bois
ou sur les hauteurs. On en fit un grand carnage; mais
notre ardeur à les poursuivre nous causa quelque perte.
Peu de temps après, pendant que les nôtres, occupés
aux retranchemens, ne se défiaient de rien, tout à coup

impetuque in eos facto, qui erant in statione pro castris
collocati, acriter pugnaverunt : duabusque missis subsidio cohortibus a Cæsare, atque his primis legionum duarum, quum hæ, perexiguo intermisso loci spatio inter se,
constitissent, novo genere pugnæ perterritis nostris, per
medios audacissime proruperunt, seque inde incolumes
receperunt. Eo die Q. Laberius Durus, tribunus militum,
interficitur. Illi, pluribus immissis cohortibus, repel-
luntur.

XVI. Toto hoc in genere pugnæ, quum sub oculis
omnium ac pro castris dimicaretur, intellectum est, nostros propter gravitatem armaturæ, quod neque insequi
cedentes possent, neque ab signis discedere auderent,
minus aptos esse ad hujus generis hostem : equites autem magno cum periculo dimicare, propterea quod illi
etiam consulto plerumque cederent, et, quum paulum
ab legionibus nostros removissent, ex essedis desilirent,
et pedibus dispari proelio contenderent. Equestris autem
proelii ratio et cedentibus et insequentibus par atque
idem periculum inferebat. Accedebat huc, ut nunquam
conferti, sed rari magnisque intervallis proeliarentur, sta-
tionesque dispositas haberent; atque alios alii deinceps
exciperent, integrique et recentes defatigatis succederent.

XVII. Postero die, procul a castris hostes in collibus
constiterunt, rarique se ostendere, et lenius, quam pridie, nostros equites proelio lacessere coeperunt. Sed me-
ridie, quum Cæsar pabulandi causa tres legiones atque
omnem equitatum cum C. Trebonio legato misisset, repente ex omnibus partibus ad pabulatores advolaverunt,
sic, uti ab signis legionibusque non absisterent. Nostri,

les Bretons, s'élançant de leurs forêts, fondirent sur la
garde du camp, et l'attaquèrent avec vigueur. Aussitôt
César envoya deux cohortes, qui étaient les premières [10]
de leurs légions : elles avaient laissé entre elles une légère distance; l'ennemi les voyant étonnées de ce nouveau genre de combat, se précipite avec audace dans
l'intervalle, et échappe sans perte. Q. Laberius Durus,
tribun militaire, périt dans cette action : plusieurs autres
cohortes survinrent, et chassèrent les barbares.

XVI. Ce combat, livré devant le camp et sous les yeux
de toute l'armée, fit comprendre que nos soldats, chargés
d'armes pesantes, et n'osant s'éloigner de leurs drapeaux
pour suivre l'ennemi, étaient peu propres à ce genre de
guerre. Il offrait aussi de grands dangers pour la cavalerie : le plus souvent les Bretons feignaient de fuir pour
l'attirer loin des légions, et alors, sautant de leurs
chars, ils engageaient à pied un combat inégal. Cette
manière de combattre était pour nous également dangereuse dans l'attaque ou la retraite. D'ailleurs, les barbares ne combattaient jamais en masse, mais par troupes
séparées, et à de grandes distances; ils disposaient des
corps de réserve pour les recueillir et remplacer par des
troupes fraîches les hommes fatigués.

XVII. Le jour suivant, les ennemis se placèrent, loin
de notre camp, sur les hauteurs : ils ne se montrèrent
qu'en petit nombre, et escarmouchèrent contre notre
cavalerie avec moins d'ardeur que la veille. Mais sur le
midi, César ayant envoyé au fourrage trois légions et
toute la cavalerie sous les ordres du lieutenant C. Trebonius [11], ils fondirent tout à coup et de toutes parts sur

acriter in eos impetu facto, repulerunt; neque finem sequendi fecerunt, quoad subsidio confisi equites, quum post se legiones viderent, præcipites hostes egerunt; magnoque eorum numero interfecto, neque sui colligendi, neque consistendi, aut ex essedis desiliendi facultatem dederunt. Ex hac fuga protinus, quæ undique convenerant, auxilia discesserunt; neque post id tempus unquam summis nobiscum copiis hostes contenderunt.

XVIII. Cæsar, cognito consilio eorum, ad flumen Tamesin in fines Cassivellauni exercitum duxit; quod flumen uno omnino loco pedibus, atque hoc ægre, transiri potest. Eo quum venisset, animadvertit, ad alteram fluminis ripam magnas esse copias hostium instructas : ripa autem erat acutis sudibus præfixis munita; ejusdemque generis sub aqua defixæ sudes flumine tegebantur. His rebus cognitis a captivis perfugisque, Cæsar, præmisso equitatu, confestim legiones subsequi jussit. Sed ea celeritate atque eo impetu milites ierunt, quum capite solo ex aqua exstarent, ut hostes impetum legionum atque equitum sustinere non possent, ripasque dimitterent, ac se fugæ mandarent.

XIX. Cassivellaunus, ut supra demonstravimus, omni deposita spe contentionis, dimissis amplioribus copiis, millibus circiter quatuor essedariorum relictis, itinera nostra servabat, paululumque ex via excedebat, locisque impeditis ac silvestribus sese occultabat, atque iis regionibus, quibus nos iter facturos cognoverat, pecora atque homines ex agris in silvas compellebat; et, quum equitatus noster liberius prædandi vastandique causa se in

les fourrageurs, pressant vivement les étendards et les légions. Nos soldats tombèrent sur eux avec vigueur et les repoussèrent. Notre cavalerie se voyant soutenue de près par les légions, ne cessa de les poursuivre, sans leur laisser le temps de se rallier, de s'arrêter ou de descendre des chars. Le carnage fut grand. Après cette défaite, les secours qui leur étaient venus de tous côtés se retirèrent : depuis, ils n'essayèrent plus de nous attaquer avec des forces nombreuses.

XVIII. César, qui s'aperçut que leur dessein était de prolonger la guerre, se dirigea vers la Tamise sur le territoire de Cassivellaunus. Ce fleuve n'est guéable qu'en un seul endroit, et même avec difficulté. Arrivé là, il vit une multitude d'ennemis rangée sur l'autre rive : cette rive était défendue par une palissade de pieux très-aigus ; d'autres pieux étaient enfoncés dans le lit du fleuve et cachés sous l'eau. Averti par des prisonniers et des transfuges, César envoya en avant la cavalerie, et la fit suivre de près par les légions. Les soldats s'élancèrent avec tant d'ardeur et d'impétuosité, quoiqu'ils eussent de l'eau jusqu'aux épaules, que l'ennemi ne put soutenir leur choc, abandonna le rivage et s'enfuit.

XIX. Alors Cassivellaunus, désespérant de nous vaincre en bataille rangée, renvoya la plus grande partie de ses troupes, ne garda que quatre mille hommes montés sur des chars, et se mit à observer notre marche. Il se tenait un peu à l'écart, se cachait dans les bois et dans les lieux couverts, faisait retirer dans les forêts le bétail et les habitans qui se trouvaient sur notre route. Lorsque nos cavaliers se répandaient dans la campagne pour four-

agros effunderet, omnibus viis notis semitisque esseda-
rios ex silvis emittebat, et magno cum periculo nostrorum equitum cum iis confligebat, atque hoc metu latius
vagari prohibebat. Relinquebatur, ut neque longius ab
agmine legionum discedi Cæsar pateretur, et tantum in
agris vastandis incendiisque faciendis hostibus noceretur, quantum labore atque itinere legionarii milites efficere poterant.

XX. Interim Trinobantes, prope firmissima earum
regionum civitas, ex qua Mandubratius adolescens, Cæsaris fidem secutus, ad eum in continentem Galliam venerat (cujus pater Imanuentius in ea civitate regnum
obtinuerat, interfectusque erat a Cassivellauno; ipse fuga
mortem vitaverat), legatos ad Cæsarem mittunt, polli-
centurque, sese ei dedituros, atque imperata facturos :
petunt, ut Mandubratium ab injuria Cassivellauni defen-
dat, atque in civitatem mittat, qui præsit imperiumque
obtineat. His Cæsar imperat obsides XL, frumentumque
exercitui, Mandubratiumque ad eos mittit. Illi imperata
celeriter fecerunt, obsides ad numerum frumentaque
miserunt.

XXI. Trinobantibus defensis, atque ab omni militum
injuria prohibitis, Cenimagni, Segontiaci, Ancalites,
Bibroci, Cassi, legationibus missis sese Cæsari dedunt.
Ab his cognoscit, non longe ex eo loco oppidum Cassivellauni abesse, silvis paludibusque munitum, quo satis
magnus hominum pecorisque numerus convenerit. (Oppidum autem Britanni vocant, quum silvas impeditas
vallo atque fossa munierunt, quo incursionis hostium
vitandæ causa convenire consuerunt.) Eo proficiscitur

rager et aller à la maraude, il sortait des bois dont il connaissait les sentiers et les détours, lançait contre eux ses
chariots, les mettait en péril, et la crainte les empêchait
d'étendre au loin leurs incursions. Il ne restait à César
d'autre parti que de ne plus permettre à la cavalerie de
trop s'éloigner des légions ; il se contenta de porter le fer
et la flamme aussi loin que le permettait la marche de
l'infanterie.

XX. Cependant les Trinobantes [12], l'un des plus puissans peuples de ce pays, envoyèrent des députés à César.
C'était la patrie du jeune Mandubratius qui s'était attaché à César, et qui était venu en Gaule se réfugier près
de lui, pour éviter le sort d'Imanuentius son père, roi des
Trinobantes, que Cassivellaunus avait tué. Ils offrirent
de se rendre et de lui obéir. Ils le suppliaient de protéger, contre Cassivellaunus, le jeune Mandubratius et de
le remettre entre leurs mains, pour qu'il devînt leur chef
et leur roi. César exigea quarante otages et des vivres
pour l'armée, et leur envoya Mandubratius. De leur côté
ils s'empressèrent d'obéir, et livrèrent les vivres et les
otages.

XXI. La protection accordée aux Trinobantes les
mettait à l'abri de toute hostilité. Les Cénimagnes [13], les
Ségontiaques [14], les Ancalites [15], les Bibroques [16] et les
Cassiens [17] suivirent leur exemple et se soumirent. César
apprit d'eux que la place où Cassivellaunus s'était renfermé se trouvait à peu de distance ; elle était défendue
par des marais et des bois, et contenait un assez grand
nombre d'hommes et de bestiaux. Les Bretons donnent
le nom de place forte [18] à tout bois épais entouré d'un

cum legionibus : locum reperit egregie natura atque opere munitum : tamen hunc duabus ex partibus oppugnare contendit. Hostes, paulisper morati, militum nostrorum impetum non tulerunt, seseque alia ex parte oppidi ejecerunt. Magnus ibi numerus pecoris repertus, multique in fuga sunt comprehensi atque interfecti.

XXII. Dum hæc in his locis geruntur, Cassivellaunus ad Cantium, quod esse ad mare supra demonstravimus, quibus regionibus quatuor reges præerant, Cingetorix, Carvilius, Taximagulus, Segonax, nuntios mittit, atque his imperat, uti, coactis omnibus copiis, castra navalia de improviso adoriantur atque oppugnent. Ii quum ad castra venissent, nostri, eruptione facta, multis eorum interfectis, capto etiam nobili duce Lugotorige, suos incolumes reduxerunt. Cassivellaunus, hoc prœlio nuntiato, tot detrimentis acceptis, vastatis finibus, maxime etiam permotus defectione civitatum, legatos per Atrebatem Commium de deditione ad Cæsarem mittit. Cæsar, quum statuisset hiemem in continenti propter repentinos Galliæ motus agere, neque multum æstatis superesset, atque id facile extrahi posse intelligeret, obsides imperat, et, quid in annos singulos vectigalis populo romano Britannia penderet, constituit : interdicit atque imperat Cassivellauno, ne Mandubratio, neu Trinobantibus bellum faciat.

rempart et d'un fossé, qui leur sert de retraite contre les courses de l'ennemi. César y mena les légions, et trouva le lieu également défendu par la nature et par l'art : cependant il résolut de l'attaquer sur deux points. Les ennemis opposèrent d'abord quelque résistance; mais bientôt ne pouvant supporter notre effort, ils s'enfuirent d'un autre côté de la place. On y trouva beaucoup de bétail, et un grand nombre de barbares furent tués ou pris dans leur fuite.

XXII. Cependant Cassivellaunus avait envoyé des ordres dans le pays de Kent, situé, comme on l'a dit, sur les bords de la mer. Il ordonnait aux différens chefs de cette contrée, à Cingetorix, Carvilius, Taximagule, Segonax, de rassembler toutes leurs troupes, et d'attaquer à l'improviste le camp où étaient nos vaisseaux. Ils s'y rendirent en effet; mais les nôtres firent une sortie, en tuèrent un grand nombre, prirent un des principaux chefs, Lugotorix, et rentrèrent sans perte dans le camp. A la nouvelle de cette défaite, Cassivellaunus, rebuté de tant de pertes, du ravage de son territoire et surtout de la défection de plusieurs peuples, fit des propositions à César par l'entremise de l'Atrébate Commius. César, qui voulait passer l'hiver sur le continent, à cause des révoltes subites de la Gaule, voyant que l'été approchait de sa fin, et que l'affaire eût pu encore traîner en longueur, exigea des otages et fixa le tribut que la Bretagne paierait chaque année au peuple romain. Il défendit à Cassivellaunus d'attaquer Mandubratius et les Trinobantes.

XXIII. Obsidibus acceptis, exercitum reducit ad mare, naves invenit refectas. His deductis, quod et captivorum magnum numerum habebat, et nonnullæ tempestate deperierant naves, duobus commeatibus exercitum reportare instituit. Ac sic accidit, uti ex tanto navium numero, tot navigationibus, neque hoc, neque superiore anno, ulla omnino navis, quæ milites portaret, desideraretur : at ex iis, quæ inanes ex continenti ad eum remitterentur, prioris commeatus expositis militibus, et quas postea Labienus faciendas curaverat numero LX, perpaucæ locum caperent; reliquæ fere omnes rejicerentur. Quas quum aliquandiu Cæsar frustra exspectasset, ne anni tempore a navigatione excluderetur, quod æquinoctium suberat, necessario angustius milites collocavit, ac summa tranquillitate consecuta, secunda inita quum solvisset vigilia, prima luce terram attigit, omnesque incolumes naves perduxit.

XXIV. Subductis navibus, consilioque Gallorum Samarobrivæ peracto, quod eo anno frumentum in Gallia propter siccitates angustius provenerat, coactus est aliter, ac superioribus annis, exercitum in hibernis collocare, legionesque in plures civitates distribuere : ex quibus unam in Morinos ducendam C. Fabio legato dedit; alteram in Nervios Q. Ciceroni; tertiam in Essuos L. Roscio; quartam in Remis cum T. Labieno in confinio Trevirorum hiemare jussit; tres in Belgio collocavit : his M. Crassum quæstorem, et L. Munatium Plancum et C. Trebonium, legatos, præfecit. Unam legionem, quam

XXIII. Après avoir reçu les otages, César ramena l'armée sur la côte, et trouva tous les vaisseaux réparés : il les fit mettre en mer. Comme il avait un grand nombre de prisonniers, et que plusieurs de ses vaisseaux avaient péri par la tempête, il résolut de faire deux transports. De tant de navires qui firent plusieurs fois le trajet cette année ou la précédente, aucun de ceux qui portaient des soldats ne périt ; mais fort peu de ceux qui revenaient à vide de la Gaule, après avoir déposé à terre les soldats du premier transport, arrivèrent à leur destination : presque tous furent rejetés sur la côte. Il en fut de même des soixante navires construits par Labienus. César les attendit vainement pendant quelques jours. Voyant que l'équinoxe approchait, et que la saison empêcherait bientôt de tenir la mer, il fut contraint d'entasser ses troupes pour effectuer le départ : le temps était favorable ; il leva l'ancre au commencement de la seconde veille, et prit terre au point du jour, sans avoir perdu un seul vaisseau.

XXIV. Dès qu'il eut fait mettre les navires à sec, il se rendit à Samarobrive[19], pour tenir l'assemblée de la Gaule. Comme la récolte de cette année avait été peu abondante à cause de la sècheresse, il fut obligé de changer ses quartiers d'hiver, et de distribuer les légions dans diverses contrées ; il en envoya une chez les Morins[20], sous les ordres de C. Fabius ; une autre chez les Nerviens[21], avec Q. Cicéron[22] ; une troisième chez les Essuens[23], sous le commandement de L. Roscius ; une quatrième, sous T. Labienus, chez les Rémois, frontière des Trévires ; il en plaça trois dans le Belgium[24],

proxime trans Padum conscripserat, et cohortes v in
Eburones, quorum pars maxima est inter Mosam et Rhenum, qui sub imperio Ambiorigis et Cativolci erant,
misit. His militibus Q. Titurium Sabinum et L. Aurunculeium Cottam, legatos, præesse jussit. Ad hunc modum distributis legionibus, facillime inopiæ frumentariæ
sese mederi posse existimavit.: atque harum tamen omnium legionum hiberna (præter eam, quam L. Roscio
in pacatissimam et quietissimam partem ducendam dederat) millibus passuum centum continebantur. Ipse interea, quoad legiones collocatas munitaque hiberna co-
gnovisset, in Gallia morari constituit.

XXV. Erat in Carnutibus summo loco natus Tasgetius, cujus majores in sua civitate regnum obtinuerant.
Huic Cæsar, pro ejus virtute atque in se benevolentia,
quod in omnibus bellis singulari ejus opera fuerat usus,
majorum locum restituerat. Tertium jam hunc annum
regnantem inimici palam, multis etiam ex civitate aucto-
ribus, eum interfecerunt. Defertur ea res ad Cæsarem. Ille
veritus, quod ad plures pertinebat, ne civitas eorum im-
pulsu deficeret, L. Plancum cum legione ex Belgio celeriter in Carnutes proficisci jubet, ibique hiemare; quo-
rumque opera cognoverit Tasgetium interfectum, hos
comprehensos ad se mittere. Interim ab omnibus legatis
quæstoribusque, quibus legiones transdiderat, certior
factus est, in hiberna perventum, locumque hibernis
esse munitum.

sous la conduite de M. Crassus, son questeur, et de
L. Munatius Plancus[25] et C. Trebonius, ses lieutenans.
La légion récemment levée au delà du Pô, avec cinq cohortes, sous les ordres de Q. Titurius Sabinus et de
L. Aurunculeius Cotta, fut établie chez les Éburons[26],
dont le pays, situé en grande partie entre la Meuse et
le Rhin, était gouverné par Ambiorix et Cativolcus. En
distribuant ainsi les légions, César crut pouvoir remé-
dier à la disette des vivres. Du reste, ces quartiers d'hiver
n'étaient pas éloignés l'un de l'autre de plus de cent
milles, excepté celui qu'occupait L. Roscius, mais qui
se trouvait dans la partie la plus paisible de la Gaule.
César résolut de rester dans le pays, jusqu'à ce qu'il eût
vu les légions bien établies, et leurs quartiers fortifiés.

XXV. Il y avait chez les Carnutes[27] un homme de
haute naissance, Tasgetius, dont les ancêtres avaient
régné sur cette nation. César, en considération de sa
valeur, de son zèle et des services qu'il lui avait rendus
à la guerre, l'avait rétabli dans le rang de ses aïeux.
Il régnait depuis trois ans, lorsque ses ennemis, de concert avec plusieurs de sa nation, le massacrèrent publiquement. César en fut informé. Il craignit que le grand
nombre des coupables n'excitât le pays à la révolte. Il
ordonna donc à L. Plancus de partir du Belgium avec
une légion, d'établir ses quartiers chez les Carnutes, et
de lui envoyer tous ceux qui seraient convaincus d'avoir
trempé dans le meurtre de Tasgetius. Dans le même temps
les lieutenans et les questeurs, auxquels il avait confié
les légions, lui apprirent qu'elles étaient arrivées à leurs
quartiers, et qu'elles avaient achevé les retranchemens.

XXVI. Diebus circiter xv, quibus in hiberna ventum est, initium repentini tumultus ac defectionis ortum est ab Ambiorige et Cativolco : qui quum ad fines regni sui Sabino Cottæque præstò fuissent, frumentumque in hiberna comportavissent, Indutiomari Treviri nuntiis impulsi, suos concitaverunt, subitoque oppressis lignatoribus, magna manu castra oppugnatum venerunt. Quum celeriter nostri arma cepissent, vallumque ascendissent, atque, una ex parte Hispanis equitibus emissis, equestri prœlio superiores fuissent; desperata re, hostes suos ab oppugnatione reduxerunt. Tum suo more conclamaverunt, uti aliqui ex nostris ad colloquium prodirent; habere sese, quæ de re communi dicere vellent, quibus rebus controversias minui posse sperarent.

XXVII. Mittitur ad eos colloquendi causa C. Arpineius, eques romanus, familiaris Q. Titurii, et Q. Junius ex Hispania quidam, qui jam ante missu Cæsaris ad Ambiorigem ventitare consueverat : apud quos Ambiorix ad hunc modum locutus est : « Sese, pro Cæsaris in se beneficiis, plurimum ei confiteri debere, quod ejus opera stipendio liberatus esset, quod Aduatucis finitimis suis pendere consuesset, quodque ei et filius et fratris filius ab Cæsare remissi essent, quos Aduatuci, obsidum numero missos, apud se in servitute et catenis tenuissent : neque id, quod fecerit de oppugnatione castrorum, aut judicio aut voluntate sua fecisse, sed coactu civitatis, suaque esse ejusmodi imperia, ut non minus haberet juris in se multitudo, quam ipse in multitudinem. Civi-

XXVI. Les quartiers étaient à peine établis depuis quinze jours, lorsqu'Ambiorix et Cativolcus excitèrent une révolte soudaine. Ces deux chefs, qui d'abord étaient allés au devant de Sabinus et de Cotta jusqu'aux limites de leur territoire, et qui leur avaient même fourni des vivres, sollicités depuis par Indutiomare de Trèves, soulevèrent tout le pays, tombèrent tout d'un coup sur nos travailleurs, et vinrent en grand nombre attaquer le camp. Aussitôt les nôtres courent aux armes et montent sur le rempart. La cavalerie espagnole fait une sortie : nous obtenons l'avantage, et les ennemis, désespérant du succès, abandonnent l'attaque. Alors poussant de grands cris, selon leur coutume, ils demandèrent que quelques-uns des nôtres vinssent en pourparler : ils voulaient, disaient-ils, nous entretenir de nos intérêts communs, et espéraient terminer ainsi les différens.

XXVII. On envoya pour les entendre C. Arpineius, chevalier romain, ami de Q. Titurius, et l'espagnol Q. Junius qui, plusieurs fois, était allé auprès d'Ambiorix par l'ordre de César. Ambiorix prit la parole : il déclara qu'il devait de la reconnaissance à César pour ses nombreux bienfaits : « C'est sa bienveillance, dit-il, qui m'a délivré du tribut que je payais aux Aduatuces[28], mes voisins; c'est lui qui m'a rendu mon fils, et le fils de mon frère, que je leur envoyai comme otages, et qu'ils retinrent dans la captivité et dans les fers. Aussi n'est-ce ni de mon avis ni de mon consentement, que le camp des Romains a été assiégé. La multitude l'a voulu, et sa puissance est égale à la mienne. Au reste, elle n'a pris les armes que dans l'impuissance de résister au

tati porro hanc fuisse belli causam, quod repentinæ Gallorum conjurationi resistere non potuerit : id se facile ex humilitate sua probare posse, quod non adeo sit imperitus rerum, ut suis copiis populum romanum se superare posse confidat : sed esse Galliæ commune consilium; omnibus hibernis Cæsaris oppugnandis hunc esse dictum diem, ne qua legio alteri legioni subsidio venire posset : non facile Gallos Gallis negare potuisse, præsertim quum de recuperanda communi libertate consilium initum videretur. Quibus quoniam pro pietate satisfecerit, habere se nunc rationem officii pro beneficiis Cæsaris : monere, orare Titurium pro hospitio, ut suæ hac militum saluti consulat : magnam manum Germanorum conductam Rhenum transisse; hanc affore biduo. Ipsorum esse consilium, velintne prius, quam finitimi sentiant, eductos ex hibernis milites aut ad Ciceronem aut ad Labienum deducere, quorum alter millia passuum circiter L, alter paulo amplius ab his absit. Illud se polliceri, et jurejurando confirmare, tutum iter per fines suos daturum : quod quum faciat, et civitati sese consulere, quod hibernis levetur, et Cæsari pro ejus meritis gratiam referre. » Hac oratione habita, discedit Ambiorix.

XXVIII. Arpineius et Junius, quæ audierint, ad legatos deferunt. Illi, repentina re perturbati, etsi ab hoste ea dicebantur, non tamen negligenda existimabant : maximeque hac re permovebantur, quod civitatem ignobilem atque humilem Eburonum sua sponte populo romano bellum facere ausam, vix erat credendum. Itaque ad consilium rem deferunt; magnaque inter eos exsistit

torrent de la Gaule conjurée : notre faiblesse même le
prouve. Certes je ne suis pas si dénué d'expérience, que
je me croie capable de vaincre le peuple romain avec
mes seules forces. Mais toute la Gaule est en armes. Ce
jour même est fixé pour attaquer à la fois tous les quartiers de César, afin qu'une légion ne puisse porter secours à l'autre. Gaulois, nous n'avons pu facilement
résister aux désirs de la Gaule entière, surtout lorsqu'il
s'agit de recouvrer la liberté commune. Mes devoirs
envers la patrie sont remplis : je vais maintenant m'ac-
quitter de ce que je dois à César. J'avertis donc, je sup-
plie Titurius, au nom de l'hospitalité, de pourvoir à son
salut et à celui de l'armée. De nombreuses troupes de
Germains ont passé le Rhin, et arriveront dans deux
jours. C'est à vous de décider s'il ne convient pas, avant
que les peuples voisins s'en aperçoivent, de retirer les
troupes de leurs quartiers, pour rejoindre Cicéron ou
Labienus, dont l'un n'est qu'à la distance de cinquante
milles, et l'autre un peu plus éloigné. Je promets, avec
serment, de vous livrer un libre passage sur mes terres.
Ce sera en même temps servir mon pays, que votre départ soulagera, et reconnaître les bienfaits de César. »
Après ce discours Ambiorix se retira.

XXVIII. C. Arpineius et Junius rapportèrent ces paroles aux deux lieutenans. Un changement si subit les
troubla : quoique l'avis leur vînt d'un ennemi, ils ne
crurent pas devoir le négliger. Ce qui les frappa le plus,
c'est qu'il n'était pas probable qu'un peuple faible et
obscur, tel que les Éburons, eût osé de lui-même faire
la guerre aux Romains. L'affaire portée au conseil y éleva

controversia. L. Aurunculeius, compluresque tribuni militum, et primorum ordinum centuriones, « nihil temere
agendum, neque ex hibernis injussu Cæsaris discedendum, existimabant: quantasvis magnas etiam copias Germanorum sustineri posse munitis hibernis, docebant: rem
esse testimonio, quod primum hostium impetum, multis
ultro vulneribus illatis, fortissime sustinuerint : re frumentaria non premi : interea et ex proximis hibernis, et
a Cæsare conventura subsidia : postremo, quid esse levius aut turpius, quam, auctore hoste, de summis rebus capere consilium? »

XXIX. Contra ea Titurius, sero facturos, clamitabat,
quum majores hostium manus, adjunctis Germanis, convenissent, aut quum aliquid calamitatis in proximis hibernis esset acceptum : brevem consulendi esse occasionem : Cæsarem arbitrari profectum in Italiam : neque aliter
Carnutes interficiendi Tasgetii consilium fuisse capturos,
neque Eburones, si ille adesset, tanta cum contemptione nostri ad castra venturos esse : non hostem auctorem, sed rem spectare; subesse Rhenum; magno esse
Germanis dolori Ariovisti mortem, et superiores nostras
victorias : ardere Galliam, tot contumeliis acceptis sub
populi romani imperium redactam, superiore gloria rei
militaris exstincta. Postremo, quis hoc sibi persuaderet,
sine certa re Ambiorigem ad ejusmodi consilium descendisse? Suam sententiam in utramque partem esse tutam :
si nihil sit durius, nullo periculo ad proximam legionem perventuros; si Gallia omnis cum Germanis consentiat, unam esse in celeritate positam salutem. Cottæ
quidem atque eorum, qui dissentirent, consilium quem

de vives contestations. L. Aurunculeius, et avec lui plusieurs tribuns et centurions du premier rang, furent d'avis de ne rien faire à la hâte, et de ne point quitter les quartiers sans l'ordre de César. Les retranchemens, disaient-ils, suffisent pour nous défendre contre les Germains, si nombreux qu'ils soient : le combat de la veille le prouve assez, puisque l'ennemi a été repoussé avec grande perte : on ne manque pas de vivres : il viendra du secours des quartiers les plus proches, ou de César. Est-il rien de plus téméraire ou de plus honteux, que de prendre, pour une affaire si grave, conseil d'un ennemi?

XXIX. Titurius répondit avec force qu'il serait trop tard pour agir, lorsque les troupes des ennemis seraient accrues de celles des Germains, ou que les quartiers voisins auraient éprouvé des revers : il ne reste qu'un moment pour sauver l'armée : César est sans doute parti pour l'Italie : autrement les Carnutes auraient-ils osé tuer Tasgetius, et les Éburons attaquer notre camp avec tant de mépris? Il faut considérer l'avis en lui-même, et non l'ennemi qui le donne : le Rhin est tout proche : les Germains sont irrités de la mort d'Arioviste[29] et de nos précédentes victoires; la Gaule est en feu : elle supporte impatiemment ses injures, le joug romain, la perte de sa gloire. Enfin Ambiorix aurait-il jamais donné un tel avis sans en être certain? De toute manière, mon opinion est la plus sûre : s'il n'y a rien à craindre, nous joindrons sans risques la plus proche légion; si, au contraire, les Gaulois se sont unis aux Germains, la promptitude est le seul moyen de salut. Quel serait le résultat de l'avis de Cotta et des autres? Si le péril n'est pas immi-

haberet exitum? in quo si non præsens periculum, at certe longinqua obsidione fames esset pertimescenda.

XXX. Hac in utramque partem disputatione habita, quum a Cotta primisque ordinibus acriter resisteretur : « Vincite, inquit, si ita vultis, Sabinus, » et id clariore voce, ut magna pars militum exaudiret : « neque is sum, inquit, qui gravissime ex vobis mortis periculo terrear : hi sapient, et si gravius quid acciderit, abs te rationem reposcent; qui, si per te liceat, perendino die cum proximis hibernis conjuncti, communem cum reliquis belli casum sustineant, nec rejecti et relegati longe ab ceteris aut ferro aut fame intereant. »

XXXI. Consurgitur ex consilio; comprehendunt utrumque et orant, « ne sua dissensione et pertinacia rem in summum periculum deducant : facilem esse rem, seu maneant, seu proficiscantur, si modo unum omnes sentiant ac probent; contra in dissensione nullam se salutem perspicere. » Res disputatione ad mediam noctem perducitur. Tandem dat Cotta permotus manus : superat sententia Sabini : pronuntiatur, prima luce ituros : consumitur vigiliis reliqua pars noctis, quum sua quisque miles circumspiceret, quid secum portare posset, quid ex instrumento hibernorum relinquere cogeretur. Omnia excogitantur, quare nec sine periculo maneatur, et languore militum, et vigiliis periculum augeatur. Prima luce sic ex castris proficiscuntur, ut quibus esset persuasum, non ab hoste, sed ab homine amicissimo Ambiorige consilium datum, longissimo agmine, maximisque impedimentis.

nent, nous aurons toujours à craindre de périr de faim après un long siège.

XXX. On disputa long-temps de part et d'autre : Cotta et les principaux centurions soutenaient vivement leur avis. « Eh bien ! qu'il en soit comme vous le voulez, leur dit Sabinus ; » et élevant la voix pour être entendu des soldats : « Je ne suis pas celui de vous qui craint le plus la mort ; s'il arrive quelque revers, on saura vous en demander compte, tandis que, si vous le vouliez, réunis dans deux jours aux quartiers voisins, nous soutiendrions ensemble les chances de la guerre, au lieu de nous voir isolés et loin de nos compagnons, destinés à périr par le fer ou la faim. »

XXXI. On se lève pour sortir du conseil. Les assistans se pressent autour des lieutenans : on les conjure de ne pas tout perdre par la division et l'opiniâtreté ; s'ils restent unis, tout est facile, soit qu'on parte ou qu'on demeure ; mais leur dissension ne laisse plus d'espoir. Le débat se prolonge jusqu'au milieu de la nuit : Cotta ébranlé se rend ; l'avis de Sabinus l'emporte. On annonce le départ pour le point du jour. Le soldat passe le reste de la nuit à veiller, à visiter son équipage, à voir ce qu'il emportera, ou ce qu'il sera obligé de laisser. Il semble que tout se fasse pour qu'on ne puisse rester sans danger, ni marcher sans être affaibli par la veille et la fatigue. On sortit donc à la pointe du jour, avec autant de sécurité que si l'avis eût été donné, non par un ennemi, mais par l'ami le plus fidèle. Les troupes marchaient en longues files avec un nombreux bagage.

XXXII. At hostes, posteaquam ex nocturno fremitu vigiliisque de profectione eorum senserunt, collocatis insidiis bipartito in silvis opportune atque occulto loco, a millibus passuum circiter duobus, Romanorum adventum exspectabant : et, quum se major pars agminis in magnam convallem demisisset, ex utraque parte ejus vallis subito se ostenderunt, novissimosque premere, et primos prohibere ascensu, atque iniquissimo nostris loco proelium committere coeperunt.

XXXIII. Tum demum Titurius, ut qui nihil ante providisset, trepidare, concursare, cohortesque disponere; hæc tamen ipsa timide, atque ut eum omnia deficere viderentur : quod plerumque iis accidere consuevit, qui in ipso negotio consilium capere coguntur. At Cotta, qui cogitasset, hæc posse in itinere accidere, atque ob eam causam profectionis auctor non fuisset, nulla in re communi saluti deerat, et in appellandis cohortandisque militibus, imperatoris; et in pugna, militis officia præstabat. Quumque propter longitudinem agminis minus facile per se omnia obire, et, quid quoque loco faciendum esset, providere possent, jusserunt pronuntiare, ut impedimenta relinquerent, atque in orbem consisterent. Quod consilium etsi in ejusmodi casu reprehendendum non est, tamen incommode accidit : nam et nostris militibus spem minuit, et hostes ad pugnam alacriores effecit, quod non sine summo timore et desperatione id factum videbatur. Præterea accidit, quod fieri necesse erat, ut vulgo milites ab signis discederent, quæ quisque eorum carissima haberet, ab impedimentis petere atque abripere properaret, clamore ac fletu omnia complerentur.

XXXII. Les ennemis, avertis de notre retraite par le bruit et le tumulte de la nuit, s'étaient partagés en deux corps; et placés en embuscade dans les bois, à deux milles du camp, ils attendaient les Romains en un lieu couvert et avantageux. Quand ils virent la plus grande partie de nos troupes engagée dans une vallée étroite, tout à coup ils se montrèrent des deux côtés du vallon, nous attaquèrent en queue, arrêtèrent l'avant-garde, et nous forcèrent de combattre dans la position la plus dangereuse.

XXXIII. Alors Titurius surpris, éperdu, se trouble, court çà et là, dispose les cohortes, mais avec hésitation : tout lui manquait à la fois, comme il arrive toutes les fois qu'on est forcé de prendre un parti sur-le-champ. Mais Cotta qui avait prévu le péril, et qui, pour cette raison, s'était opposé au départ, n'oubliait rien pour le salut commun, remplissant à la fois le devoir de général en exhortant les troupes, et celui de soldat en combattant. Comme l'armée était trop étendue pour que les lieutenans pussent tout faire par eux-mêmes, et pourvoir aux besoins de chaque poste, ils donnèrent l'ordre d'abandonner les bagages et de se former en cercle. Cette résolution, assez convenable en pareille conjoncture, eut cependant un effet fâcheux. Elle diminua la confiance des soldats, et ranima l'ardeur de l'ennemi, qui crut que ce parti était dicté par la crainte et le désespoir. Elle produisit en outre un inconvénient inévitable : partout les soldats quittaient les enseignes pour courir aux bagages et en tirer ce qu'ils avaient de meilleur; on n'entendait que des cris et des gémissemens.

XXXIV. At barbaris consilium non defuit : nam duces eorum tota acie pronuntiare jusserunt, « ne quis ab
loco discederet : illorum esse prædam, atque illis reser-
vari, quæcunque Romani reliquissent; proinde omnia in
victoria posita existimarent. » Erant et virtute et numero pugnandi pares nostri, tamen etsi a duce et a fortuna
deserebantur, tamen omnem spem salutis in virtute ponebant, et quoties quæque cohors procurreret, ab ea parte
magnus hostium numerus cadebat. Qua re animadversa,
Ambiorix pronuntiari jubet, ut procul tela conjiciant,
neu propius accedant, et quam in partem Romani impetum fecerint, cedant ; levitate armorum et quotidiana
exercitatione nihil iis noceri posse : rursus se ad signa
recipientes insequantur.

XXXV. Quo præcepto ab iis diligentissime observato,
quum quæpiam cohors ex orbe excesserat, atque impetum fecerat, hostes velocissime refugiebant. Interim eam
partem nudari necesse erat, et ab latere aperto tela recipi.
Rursus, quum in cum locum, unde erant progressi, reverti
cœperant, et ab iis qui cesserant, et ab iis, qui proximi ste-
terant, circumveniebantur; sin autem locum tenere vellent, nec virtuti locus relinquebatur, neque ab tanta multitudine conjecta tela conferti vitare poterant. Tamen tot
incommodis conflictati, multis vulneribus acceptis, resiste-
bant, et magna parte diei consumpta, quum a prima luce
ad horam octavam pugnaretur, nihil, quod ipsis esset in-
dignum, committebant. Tum T. Balventio, qui superiore
anno primum pilum duxerat, viro forti et magnæ auctoritatis, utrumque femur tragula transjicitur : Q. Lu-

XXXIV. Les barbares ne manquèrent pas de prudence. Leurs chefs publièrent dans toute l'armée, «qu'aucun n'eût à quitter son rang; tout ce que les Romains
auraient abandonné serait la proie du vainqueur; tout
dépendait de la victoire.» Les nôtres étaient égaux en nombre, et ne le cédaient pas en valeur: quoiqu'abandonnés
de leur chef et de la fortune, ils attendaient tout de leurs
armes, et chaque fois qu'une cohorte tombait sur l'ennemi,
elle en faisait un grand carnage. Ambiorix s'en aperçut,
il ordonna à tous les siens de lancer leurs traits de loin,
de ne point s'approcher, de céder toutes les fois que les
Romains chargeraient, et de ne les attaquer que dans la
retraite, lorsqu'ils reviendraient aux drapeaux; la légèreté de leur armure et l'habitude de ce genre de combat
devait les préserver du péril.

XXXV. Cet ordre fut exécuté fidèlement; si une cohorte sortait de la ligne pour faire une charge, ils s'en-
fuyaient avec vitesse: cependant notre flanc était découvert et exposé à leurs traits. La cohorte revenait-elle vers
le poste d'où elle était partie, elle était enveloppée par
les ennemis qui avaient cédé d'abord, et par ceux qui
s'étaient tenus sur les flancs. Voulait-elle tenir ferme, sa
valeur devenait inutile contre une grèle de traits lancés
par une si grande multitude. Toutefois, malgré tous ces
désavantages, nos soldats, couverts de blessures, résis-
taient encore: une grande partie du jour était écoulée,
et le combat avait duré depuis le lever du soleil jusqu'à
la huitième heure[30], sans qu'on eût rien fait qui fut in-
digne du nom romain: mais alors T. Balventius qui,
l'année précédente, avait été premier centurion, homme

canius, ejusdem ordinis, fortissime pugnans, dum circumvento filio subvenit, interficitur : L. Cotta, legatus, omnes cohortes ordinesque adhortans, in adversum os funda vulneratur.

XXXVI. His rebus permotus Q. Titurius, quum procul Ambiorigem suos cohortantem conspexisset, interpretem suum, Cn. Pompeium, ad eum mittit, rogatum, ut sibi militibusque parcat. Ille appellatus, respondit : « Si velit secum colloqui, licere; sperare, a multitudine impetrari posse, quod ad militum salutem pertineat; ipsi vero nihil nocitum iri, inque eam rem se suam fidem interponere.» Ille cum Cotta saucio communicat, si videatur, pugna ut excedant, et cum Ambiorige una colloquantur : sperare, ab eo de sua ac militum salute impetrare posse. Cotta se ad armatum hostem iturum negat, atque in eo constitit.

XXXVII. Sabinus, quos in præsentia tribunos militum circum se habebat et primorum ordinum centuriones, se sequi jubet : et quum propius Ambiorigem accessisset, jussus arma abjicere, imperatum facit; suisque, ut idem faciant, imperat. Interim, dum de conditionibus inter se agunt, longiorque consulto ab Ambiorige instituitur sermo, paulatim circumventus interficitur. Tum vero suo more victoriam conclamant, atque ululatum tollunt; impetuque in nostros facto, ordines perturbant. Ibi L. Cotta pugnans interficitur cum maxima parte militum. Reliqui se in castra recipiunt, unde erant egressi:

brave et respecté, eut les deux cuisses traversées d'un javelot; Q. Lucanius, officier du même grade, fut tué en combattant vaillamment pour secourir son fils, qui se trouvait enveloppé : le lieutenant Cotta lui-même fut blessé au visage d'un coup de fronde, tandis qu'il allait de rang en rang animer les soldats.

XXXVI. Q. Titurius, effrayé de ce désastre, ayant aperçu de loin Ambiorix qui excitait ses troupes, lui envoya son interprète Cn. Pompée [31] pour le prier de l'épargner lui et les siens. Ambiorix répondit «que si Titurius voulait conférer avec lui, il le pouvait sans crainte; il espérait obtenir des Gaulois la vie des soldats : aucun mal ne serait fait à sa personne; il en donne lui-même sa parole.» Titurius fait part de cette réponse à son collègue Cotta qui était blessé, et il lui propose de sortir de la mêlée pour conférer ensemble avec Ambiorix, dont il espère obtenir le salut de l'armée. Cotta proteste qu'il ne se rendra jamais auprès d'un ennemi armé, et persiste dans ses refus.

XXXVII. Sabinus ordonne aux tribuns légionnaires et aux centurions de première classe, qui étaient alors autour de lui, de le suivre. Arrivé près d'Ambiorix, il reçoit l'ordre de mettre bas les armes; il obéit, et ordonne aux siens d'imiter son exemple. Tandis que l'on discute les conditions, dans un entretien qu'Ambiorix traîne exprès en longueur, Sabinus est peu à peu enveloppé et mis à mort. Alors les barbares, poussant des hurlemens, crient victoire, se jettent sur nos troupes et les mettent en désordre. Cotta et la plus grande partie des soldats romains périssent en combattant : le reste se

ex quibus L. Petrosidius aquilifer, quum magna multitudine hostium premeretur, aquilam intra vallum projecit, ipse pro castris fortissime pugnans occiditur. Illi
ægre ad noctem oppugnationem sustinent : noctu ad
unum omnes, desperata salute, se ipsi interficiunt. Pauci
ex prœlio elapsi, incertis itineribus per silvas ad T. Labienum legatum in hiberna perveniunt, atque eum de
rebus gestis certiorem faciunt.

XXXVIII. Hac victoria sublatus Ambiorix, statim
cum equitatu in Aduatucos, qui erant ejus regno finitimi, proficiscitur; neque noctem neque diem intermittit, peditatumque se subsequi jubet. Re demonstrata,
Aduatucisque concitatis, postero die in Nervios pervenit, hortaturque, ne sui in perpetuum liberandi, atque
ulciscendi Romanos, pro iis, quas acceperint, injuriis,
occasionem dimittant : interfectos esse legatos duo, magnamque partem exercitus interisse demonstrat; nihil esse
negotii, subito oppressam legionem, quæ cum Cicerone
hiemet, interfici; se ad eam rem profitetur adjutorem.
Facile hac oratione Nerviis persuadet.

XXXIX. Itaque, confestim dimissis nuntiis ad Ceu-
trones, Grudios, Levacos, Pleumoxios, Geidunos, qui
omnes sub eorum imperio sunt, quam maximas manus
possunt, cogunt, et de improviso ad Ciceronis hiberna
advolant, nondum ad eum fama de Titurii morte perlata. Huic quoque accidit, quod fuit necesse, ut nonnulli milites, qui lignationis munitionisque causa in sil-

retira au camp d'où ils étaient partis. Un d'entre eux,
L. Petrosidius, porte-aigle, pressé par une foule d'ennemis, jeta l'aigle dans les retranchemens, se défendit avec courage, et périt devant le camp. Les autres
s'efforcèrent encore de soutenir le combat jusqu'à la
nuit, et cette nuit même, tous jusqu'au dernier s'entre-
tuèrent de désespoir. Quelques-uns, échappés de la défaite, traversèrent les forêts, et par des chemins dé-
tournés gagnèrent les quartiers de T. Labienus, qu'ils
instruisirent de ce désastre.

XXXVIII. Enflé de cette victoire, Ambiorix se dirige
aussitôt avec sa cavalerie vers le pays des Aduatuces, peuple
voisin de ses états, et marche jour et nuit après avoir ordonné à son infanterie de le suivre. Il leur annonce sa victoire, et les excite à prendre les armes. Le lendemain, il
passe chez les Nerviens; il les exhorte à ne point perdre
l'occasion de s'affranchir à jamais et de se venger sur les
Romains des injures qu'ils en ont reçues; il leur apprend
que deux lieutenans ont été tués, et qu'une grande partie
de l'armée romaine a péri; il ne sera pas difficile de
surprendre et de détruire la légion qui hiverne chez eux
avec Cicéron. Il leur offre son secours pour un coup de
main. Les Nerviens furent aisément persuadés.

XXXIX. Aussitôt ils avertissent les Ceutrons[32], les
Grudiens[33], les Lévaques[34], les Pleumoxiens[35], les Gei-
duniens[36], tous peuples de leur dépendance; ils rassemblent le plus de troupes qu'ils peuvent, et volent à
l'improviste au camp de Cicéron, avant qu'il ait appris
la mort de Titurius. Il arriva, ce qui était inévitable,
que plusieurs soldats sortis du camp pour recueillir des

vas discessissent, repentino equitum adventu intercipe-
rentur. His circumventis, magna manu Eburones, Nervii,
Aduatuci, atque horum omnium socii et clientes, legionem oppugnare incipiunt : nostri celeriter ad arma con-
currunt, vallum conscendunt. Ægre is dies sustenta-
tur, quod omnem spem hostes in celeritate ponebant,
atque hanc adepti victoriam, in perpetuum se fore victores confidebant.

XL. Mittuntur ad Cæsarem confestim a Cicerone litteræ, magnis propositis præmiis, si pertulissent. Obsessis omnibus viis, missi intercipiuntur. Noctu ex ea materia, quam munitionis causa comportaverant, turres
admodum cxx excitantur incredibili celeritate : quæ deesse
operi videbantur, perficiuntur. Hostes postero die, multo
majoribus copiis coactis, castra oppugnant, fossam complent. Ab nostris eadem ratione, qua pridie, resistitur.
Hoc idem deinceps reliquis fit diebus. Nulla pars nocturni
temporis ad laborem intermittitur : non ægris, non vulneratis facultas quietis datur : quæcunque ad proximi
diei oppugnationem opus sunt, noctu comparantur ;
multæ præustæ sudes, magnus muralium pilorum numerus instituitur ; turres contabulantur ; pinnæ loricæ-
que ex cratibus attexuntur. Ipse Cicero, quum tenuis-
sima valetudine esset, ne nocturnum quidem sibi tempus ad quietem relinquebat, ut ultro militum concursu
ac vocibus sibi parcere cogeretur.

XLI. Tunc duces principesque Nerviorum, qui aliquem sermonis aditum causamque amicitiæ cum Cicerone habebant, colloqui sese velle dicunt. Facta potes-

fascines, furent surpris par l'irruption soudaine des cavaliers ennemis et enveloppés de toutes parts. Une troupe
de barbares, Éburons [37], Aduatuces [38], Nerviens [39], leurs
alliés et auxiliaires, tous vinrent attaquer la légion. Nos
soldats courent aux armes et bordent le retranchement.
La journée fut rude; car l'ennemi avait mis tout son
espoir dans la promptitude de cette première attaque :
il se flattait, après cette victoire, d'être désormais in-
vincible.

XL. Cicéron écrit aussitôt à César, et promet de
grandes récompenses à ceux qui lui remettront ses lettres : mais les chemins étaient gardés, et aucun envoyé
ne put passer. Pendant la nuit on éleva cent vingt tours
avec le bois déjà apporté, et l'on acheva les retranchemens.
L'ouvrage se fit avec une vitesse incroyable. Le lendemain, les ennemis reviennent à l'assaut en plus grand
nombre et comblent le fossé. La résistance fut aussi vive
que la veille. Les jours suivans se passent de même. On
travaille la nuit sans relâche : les blessés, les malades,
ne prennent aucun repos : chaque nuit on prépare la défense du lendemain : on aiguise des pieux, on fabrique
une multitude de traits propres à être lancés du haut
des remparts; de nouveaux étages sont ajoutés aux tours;
des claies sont tressées; des mantelets construits. Cicéron
lui-même, malgré sa faible santé, ne prenait aucun repos,
même la nuit; au point que ses soldats le forçaient, par
d'unanimes instances, à se ménager davantage.

XLI. Cependant les chefs des Nerviens, et les principaux de cette nation qui avaient eu quelque accès auprès de Cicéron et quelques relations d'amitié avec lui,

tate, eadem, quæ Ambiorix cum Titurio egerat, comme-
morant : « Omnem esse in armis Galliam ; Germanos
Rhenum transisse ; Cæsaris reliquorumque hiberna op-
pugnari. » Addunt etiam de Sabini morte. Ambiorigem
ostentant fidei faciundæ causa : « errare eos, dicunt, si
quidquam ab his præsidii sperent, qui suis rebus diffi-
dant ; sese tamen hoc esse in Ciceronem populumque romanum animo, ut nihil nisi hiberna recusent, atque
hanc inveterascere consuetudinem nolint : licere illis in-
columibus per se ex hibernis discedere, et, quascunque
in partes velint, sine metu proficisci. » Cicero ad hæc unum
modo respondit : « Non esse consuetudinem populi romani, ullam accipere ab hoste armato conditionem ;
si ab armis discedere velint, se adjutore utantur, legatosque ad Cæsarem mittant ; sperare, pro ejus justitia,
quæ petierint, impetraturos. »

XLII. Ab hac spe repulsi Nervii, vallo pedum xi et
fossa pedum xv hiberna cingunt. Hæc et superiorum annorum consuetudine a nostris cognoverant ; et, quosdam
de exercitu nacti captivos, ab his docebantur : sed, nulla
ferramentorum copia, quæ sunt ad hunc usum idonea,
gladiis cespitem circumcidere, manibus sagulisque terram exhaurire cogebantur. Qua quidem ex re hominum
multitudo cognosci potuit : nam minus horis tribus millium passuum quindecim in circuitum munitionem perfe-
cerunt : reliquisque diebus turres ad altitudinem valli,

lui proposent une entrevue. Là , ils répètent ce qu'Ambiorix avait dit à Titurius, «que toute la Gaule était en armes :
les Germains ont passé le Rhin; les quartiers de César
et de ses lieutenans sont attaqués; Sabinus a péri;» et en
même temps pour faire foi de leurs paroles, ils lui montrent Ambiorix. «Ce serait, ajoutent-ils, une illusion de
compter sur le secours de légions qui désespèrent elles-
mêmes de leur salut. Au reste, loin d'avoir aucune intention fâcheuse à l'égard de Cicéron et du peuple romain, ils ne leur demandent autre chose que de sortir
de leurs quartiers d'hiver, et de ne pas se faire une habitude d'occuper la Gaule : les Romains peuvent sortir
du camp en toute sûreté et se retirer sans crainte par les
chemins qu'ils voudront choisir.» Cicéron ne répondit
qu'un mot : « Le peuple romain n'est point dans l'usage
d'accepter aucune condition d'un ennemi armé : s'ils
veulent mettre bas les armes, ils pourront, sous ses auspices, envoyer des députés à César. Il espère qu'ils ob-
tiendront de sa justice l'objet de leur demande.»

XLII. Déçus dans cet espoir, les Nerviens entourent
le camp romain d'un rempart de onze pieds de haut, et
d'un fossé profond de quinze pieds. Ils avaient observé
nos ouvrages dans les campagnes précédentes, et appris
cet art de quelques prisonniers de l'armée. Mais ils manquaient des instrumens de fer nécessaires, et étaient réduits à couper le gazon avec leurs épées, et à porter la
terre dans leurs mains ou dans les pans de leurs saies.
On put juger, par cet ouvrage, de leur nombre prodigieux, puisqu'en moins de trois heures [40] ils achevèrent

falces, testudinesque, quas iidem captivi docuerant, parare ac facere cœperunt.

XLIII. Septimo oppugnationis die, maximo coorto vento, ferventes fusili ex argilla glandes fundis, et fervefacta jacula in casas, quæ more Gallico stramentis erant tectæ, jacere cœperunt. Hæ celeriter ignem comprehenderunt, et venti magnitudine in omnem castrorum locum distulerunt. Hostes, maximo clamore insecuti, quasi parta jam atque explorata victoria, turres testudinesque agere, et scalis vallum ascendere cœperunt. At tanta militum virtus atque ea præsentia animi fuit, ut, quum undique flamma torrerentur, maximaque telorum multitudine premerentur, suaque omnia impedimenta atque omnes fortunas conflagrare intelligerent, non modo demigrandi causa de vallo decederet nemo, sed pæne ne respiceret quidem quisquam, ac tum omnes acerrime fortissimeque pugnarent. Hic dies nostris longe gravissimus fuit; sed tamen hunc habuit eventum, ut eo die maximus hostium numerus vulneraretur atque interficeretur; ut se sub ipso vallo constipaverant, recessumque primis ultimi non dabant. Paulum quidem intermissa flamma, et quodam loco turri adacta et contingente vallum, tertiæ cohortis centuriones ex eo, quo stabant, loco recesserunt, suosque omnes removerunt; nutu vocibusque hostes, si introire vellent, vocare cœperunt : quorum progredi ausus est nemo. Tum ex omni parte lapidibus conjectis deturbati, turrisque succensa est.

un retranchement qui avait quinze milles de circuit. Les
jours suivans, ils élevèrent des tours à la hauteur de
notre rempart, firent des faux[41], préparèrent des tortues[42]. Les mêmes prisonniers les avaient instruits dans
ces travaux.

XLIII. Le septième jour du siège, un grand vent
s'étant élevé, les ennemis lancèrent dans le camp des
dards enflammés, et avec la fronde des boulets d'argile
rougis au feu. Les huttes de nos soldats, couvertes en
paille, à la manière gauloise, eurent bientôt pris feu, et
le vent porta en un instant la flamme sur tout le camp.
Alors poussant de grands cris, comme s'ils eussent déjà
remporté la victoire, ils firent avancer leurs tours et
leurs tortues, et montèrent à l'escalade. Mais tel fut le
courage et la fermeté de nos soldats, que de toutes parts
environnés de flammes, accablés d'une grêle de traits,
sachant bien que l'incendie dévorait leur bagage et leur
fortune, aucun d'eux ne quitta son poste, et ne songea
même à tourner la tête ; le combat les occupait tout entiers. Ce fut pour nous une rude journée ; cependant beaucoup d'ennemis y furent tués ou blessés ; entassés au pied
du rempart, les derniers venus gênaient les autres dans
la retraite. Quand l'incendie fut un peu apaisé, les barbares ayant roulé une de leurs tours près du rempart,
les centurions de la troisième cohorte s'éloignèrent de ce
poste, emmenèrent toute leur troupe, et appelant les
ennemis du geste et de la voix, les invitèrent à entrer,
s'ils voulaient : aucun n'osa s'avancer. On les chassa par
une grêle de pierres, et l'on brûla leur tour.

XLIV. Erant in ea legione fortissimi viri centuriones, qui jam primis ordinibus appropinquarent, T. Pulfio, et L. Varenus. Hi perpetuas inter se controversias
habebant, quinam anteferretur, omnibusque annis de loco
summis simultatibus contendebant. Ex iis Pulfio, quum
acerrime ad munitiones pugnaretur : « Quid dubitas, inquit, Varene? aut quem locum probandæ virtutis tuæ
spectas? hic, hic dies de nostris controversiis judica-
bit. » Hæc quum dixisset, procedit extra munitiones,
quaque pars hostium confertissima visa est, in eam ir-
rumpit. Ne Varenus quidem tum vallo sese continet, sed
omnium veritus existimationem, subsequitur. Mediocri
spatio relicto, Pulfio pilum in hostes mittit, atque unum
ex multitudine procurrentem transjicit : quo percusso et
exanimato, hunc scutis protegunt hostes, in illum universi tela conjiciunt, neque dant regrediendi facultatem. Transfigitur scutum Pulfioni, et verutum in balteo
defigitur. Avertit hic casus vaginam, et gladium educere conanti dextram moratur manum : impeditum hostes circumsistunt. Succurrit inimicus illi Varenus, et
laboranti subvenit. Ad hunc se confestim a Pulfione
omnis multitudo convertit : illum veruto transfixum
arbitrantur. Occursat ocius gladio, cominusque rem
gerit Varenus, atque uno interfecto, reliquos paulum
propellit : dum cupidius instat, in locum dejectus inferiorem concidit. Huic rursus circumvento fert subsidium Pulfio, atque ambo incolumes, compluribus interfectis, summa cum laude sese intra munitiones recipiunt. Sic fortuna in contentione et certamine utrumque
versavit, ut alter alteri inimicus auxilio salutique esset,

XLIV. A cette légion appartenaient deux centurions du plus grand courage, et qui approchaient déjà des grades supérieurs, T. Pulfion et L. Varenus. Il existait entre eux une rivalité perpétuelle, et chaque année ils se disputaient le premier rang avec une émulation sans égale. Comme on se battait opiniâtrément près des remparts : « Qu'attends-tu, dit Pulfion à Varenus ? Quelle occasion plus belle de prouver ton courage ? Voici le jour qui décidera entre nous. » A ces mots, il sort des retranchemens et se jette au plus épais de la mêlée. Varenus, craignant de passer pour moins brave, franchit à son tour le rempart, et le suit de près. Pulfion lance son javelot contre un de ceux qui s'avançaient en foule sur lui, et le blesse à mort ; tous les Gaulois aussitôt couvrent le cadavre de leurs boucliers, lancent à la fois leurs traits contre Pulfion, et lui coupent la retraite. Son bouclier est percé d'un trait, dont le fer reste dans le baudrier ; le même coup détourne le fourreau et arrête sa main droite, qui cherche en vain à tirer l'épée : les ennemis l'enveloppent ; mais Varenus, son rival, accourt et vient le défendre. Aussitôt les barbares se tournent contre lui, et laissent Pulfion, qu'ils croient blessé et hors de combat. Varenus, l'épée à la main, se met en défense contre les ennemis qui le pressent, en tue un, écarte un peu les autres ; mais, se laissant trop emporter à son ardeur, il rencontre un creux et tombe ; sur-le-champ il est enveloppé. Pulfion vient à son tour le secourir, et tous deux, couverts de sang et de gloire, rentrent au camp sans blessure. Ainsi, dans cette lutte, la fortune se plut à balancer leurs succès ; chacun d'eux

neque dijudicari posset, uter utri virtute anteferendus videretur.

XLV. Quanto erat in dies gravior atque asperior oppugnatio, et maxime quod, magna parte militum confecta vulneribus, res ad paucitatem defensorum pervenerat, tanto crebriores litteræ nuntiique ad Cæsarem mittebantur : quorum pars deprehensa in conspectu nostrorum militum cum cruciatu necabatur. Erat unus intus Nervius, nomine Vertico, loco natus honesto, qui a prima obsidione ad Ciceronem perfugerat, suamque ei fidem præstiterat. Hic servo spe libertatis magnisque persuadet præmiis, ut litteras ad Cæsarem deferat. Has ille in jaculo illigatas effert; et Gallus inter Gallos sine ulla suspicione versatus, ad Cæsarem pervenit. Ab eo de periculis Ciceronis legionisque cognoscitur.

XLVI. Cæsar, acceptis litteris hora circiter undecima diei, statim nuntium in Bellovacos ad M. Crassum quæstorem mittit, cujus hiberna aberant ab eo millia passuum xxv. Jubet media nocte legionem proficisci, celeriterque ad se venire. Exiit cum nuntio Crassus. Alterum ad C. Fabium legatum mittit, ut in Atrebatium fines legionem adducat, qua sibi iter faciendum sciebat. Scribit Labieno, si reipublicæ commodo facere posset, cum legione ad fines Nerviorum veniat : reliquam partem exercitus, quod paulo aberat longius, non putat exspectandam; equites circiter CD ex proximis hibernis cogit.

sauva la vie à son rival, et l'on ne put décider quel avait été le plus brave.

XLV. Chaque jour le siège devenait plus rude et plus difficile à soutenir, et le nombre des blessés diminuait celui des défenseurs. Cicéron ne cessait d'envoyer des messagers vers César; mais la plupart étaient arrêtés et cruellement mis à mort à la vue de nos soldats. Dans le camp était un Nervien nommé Verticon, d'une naissance distinguée, qui, dès le commencement du siège, s'était rendu près de Cicéron et lui avait juré fidélité. Il détermine un de ses esclaves, par l'espoir de la liberté et de grandes récompenses, à porter une lettre à César. L'esclave l'attache à son javelot; Gaulois lui-même, il traverse le camp des Gaulois sans inspirer de défiance, arrive auprès de César, et l'instruit du danger de Cicéron et de la légion.

XLVI. César reçut cet avis vers la onzième [43] heure du jour, et envoya aussitôt un courrier au questeur M. Crassus, dont les quartiers étaient chez les Bellovaques, à vingt-cinq milles de distance. Il lui ordonne de partir avec sa légion au milieu de la nuit, et de le joindre en toute hâte. Crassus partit avec le courrier même. Un autre fut envoyé au lieutenant C. Fabius, pour l'avertir de mener sa légion sur les terres des Atrébates [44]; ce devait être le chemin de César. Il écrivit de même à Labienus de se rendre avec sa légion chez les Nerviens [45], s'il le pouvait sans péril. César ne crut pas devoir attendre le reste de l'armée, qui était plus éloignée, et prit environ quatre cents cavaliers des quartiers voisins.

XLVII. Hora circiter tertia, ab antecursoribus de Crassi adventu certior factus, eo die millia passuum viginti progreditur. Crassum Samarobrivæ præficit, legionemque ei attribuit, quod ibi impedimenta exercitus, obsides civitatum, litteras publicas, frumentumque omne, quod eo tolerandæ hiemis causa devexerat, relinquebat. Fabius, ut imperatum erat, non ita multum moratus, in itinere cum legione occurrit. Labienus, interitu Sabini et cæde cohortium cognita, quum omnes ad eum Trevirorum copiæ venissent, veritus, ne, si ex hibernis fugæ similem profectionem fecisset, hostium impetum sustinere non posset, præsertim quos recenti victoria efferri sciret, litteras Cæsari remittit, quanto cum periculo legionem ex hibernis educturus esset : rem gestam in Eburonibus perscribit : docet, omnes equitatus peditatusque copias Trevirorum tria millia passuum longe ab suis castris consedisse.

XLVIII. Cæsar, consilio ejus probato, etsi, opinione trium legionum dejectus, ad duas redierat, tamen unum communis salutis auxilium in celeritate ponebat. Venit magnis itineribus in Nerviorum fines. Ibi ex captivis cognoscit, quæ apud Ciceronem gerantur, quantoque in periculo res sit. Tum cuidam ex equitibus Gallis magnis præmiis persuadet, uti ad Ciceronem epistolam deferat. Hanc græcis conscriptam litteris mittit, ne, intercepta epistola, nostra ab hostibus consilia cognoscantur. Si adire non possit, monet, ut tragulam cum epistola, ad amentum deligata, intra munitiones castrorum abjiciat. In litteris scribit, se cum legionibus profectum celeriter af-

XLVII. Vers la troisième [46] heure, César fut averti
par ses coureurs de l'arrivée de Crassus. Ce même jour
il fit environ vingt milles, et laissa Crassus à Samarobrive [47], avec une légion, pour garder les bagages de
l'armée, les otages, les registres, et tous les vivres ras-
semblés en ce lieu pour l'hiver. Fabius, selon l'ordre
qu'il avait reçu, ne perdit pas de temps, et avec sa légion
joignit l'armée sur la route. Labienus, déjà instruit de
la mort de Sabinus et du massacre des cohortes, était
alors entouré de toutes les troupes des Trévires, et craignait, dans un départ qui ressemblerait à une fuite, de
ne pouvoir résister à des ennemis fiers d'une récente
victoire. Il répondit donc à César qu'il ne pourrait sans
péril tirer la légion de son camp; il lui détailla ce qui
s'était passé chez les Éburons, et lui apprit que toute la
cavalerie et l'infanterie des Trévires n'étaient qu'à trois
milles de distance.

XLVIII. Ces raisons furent approuvées de César. Quoique réduit à deux légions, au lieu de trois qu'il avait espé-
rées d'abord, il savait que le salut commun dépendait entièrement de sa diligence, et se rendit à grandes journées
sur les terres des Nerviens. Là, il connut des prisonniers
l'état de Cicéron et son extrême danger. Aussitôt il engage, par de grandes récompenses, un cavalier gaulois
à lui porter une lettre. Cette lettre était écrite en grec,
afin que l'ennemi, s'il l'interceptait, ne pût connaître
notre dessein. Dans le cas où il ne pourrait parvenir jusqu'à Cicéron, il avait l'ordre de l'attacher à la courroie
de son javelot et de la lancer dans le camp. César écri-

fore : hortatur, ut pristinam virtutem retineat. Gallus, periculum veritus, ut erat præceptum, tragulam mittit. Hæc casu ad turrim adhæsit, neque ab nostris biduo animadversa, tertio die a quodam milite conspicitur : dempta ad Ciceronem defertur. Ille perlectam in conventu militum recitat, maximaque omnes lætitia afficit. Tum fumi incendiorum procul videbantur : quæ res omnem dubitationem adventus legionum expulit.

XLIX. Galli, re cognita per exploratores, obsidionem relinquunt, ad Cæsarem omnibus copiis contendunt : eæ erant armatorum circiter millia LX. Cicero, data facultate, Gallum ab eodem Verticone, quem supra demonstravimus, repetit, qui litteras ad Cæsarem referat : hunc admonet, iter caute diligenterque faciat : prescribit in litteris, hostes ab se discessisse, omnemque ad eum multitudinem convertisse. Quibus litteris circiter media nocte allatis, Cæsar suos facit certiores, eosque ad dimicandum animo confirmat : postero die, luce prima, movet castra, et circiter millia passuum IV progressus, trans vallem magnam et rivum, multitudinem hostium conspicatur. Erat magni periculi res, cum tantis copiis iniquo loco dimicare. Tum, quoniam liberatum obsidione Ciceronem sciebat, eoque omnino remittendum de celeritate existimabat, consedit, et, quam æquissimo potest loco, castra communit. Atque hæc, etsi erant exigua per se, vix hominum millium VII, præsertim nullis cum impedimentis, tamen angustiis viarum, quam maxime potest, contrahit, eo consilio, ut in summam contemptionem hostibus veniat. Interim, speculatoribus in omnes partes

vait qu'il venait avec les légions, et exhortait Cicéron à
conserver tout son courage. Le Gaulois, craignant le
péril, lança son javelot ; le trait s'attacha par hasard à
une tour, où il resta deux jours sans être aperçu. Le
troisième jour, un soldat découvre la lettre, la prend et
la porte à Cicéron. La lettre, lue publiquement, excite
des transports de joie. Déjà l'on aperçoit la fumée des
incendies [48] ; on ne doute plus de l'approche des légions.

XLIX. Les Gaulois, avertis par leurs coureurs, lèvent
le siège et marchent contre César avec toutes leurs troupes, au nombre de soixante mille. Cicéron profite de
leur départ ; il demande à ce même Verticon, que nous
avons nommé, un Gaulois pour porter une lettre à César,
et avertit l'esclave d'user de prudence et de vitesse. Cicéron annonçait, par cette lettre, que l'ennemi l'avait
quitté et tournait toutes ses forces contre César. Celui-ci
la reçut vers le milieu de la nuit, en fit part aux siens,
et les exhorta au combat. Le lendemain, au point du
jour, il leva son camp, et fit à peine quatre milles, qu'il
aperçut une foule d'ennemis au delà d'une grande vallée
traversée par un ruisseau. Il eût été dangereux de combattre, dans un lieu défavorable, des troupes si nombreuses ;
d'ailleurs Cicéron était délivré, et il n'était plus besoin
d'une marche rapide : César s'arrêta, et choisit un poste
avantageux pour s'y retrancher. Quoique son camp eût
nécessairement peu d'étendue, puisqu'il contenait à peine
sept mille hommes sans bagage, il le resserra le plus possible, pour inspirer aux barbares le mépris de sa faiblesse.
En même temps il envoya partout des éclaireurs, afin

dimissis, explorat, quo commodissimo itinere vallem transire possit.

L. Eo die, parvulis equestribus prœliis ad aquam factis, utrique sese suo loco continent : Galli, quod ampliores copias, quæ nondum convenerant, exspectabant; Cæsar, si forte timoris simulatione hostes in suum locum elicere posset, ut citra vallem pro castris prœlio contenderet; si id efficere non posset, ut, exploratis itineribus, minore cum periculo vallem rivumque transiret. Prima luce, hostium equitatus ad castra accedit, prœliumque cum nostris equitibus committit. Cæsar consulto equites cedere, seque in castra recipere jubet; simul ex omnibus partibus castra altiore vallo muniri, portasque obstrui, atque in his administrandis rebus quam maxime concursari, et cum simulatione timoris agi jubet.

LI. Quibus omnibus rebus hostes invitati copias transducunt, aciemque iniquo loco constituunt; nostris vero etiam de vallo deductis, propius accedunt, et tela intra munitionem ex omnibus partibus conjiciunt; præconibusque circum missis, pronuntiari jubent, seu quis Gallus, seu Romanus velit ante horam tertiam ad se transire, sine periculo licere; post id tempus non fore potestatem; ac sic nostros contempserunt, ut, obstructis in speciem portis singulis ordinibus cespitum, quod ea non posse introrumpere videbantur, alii vallum manu scindere, alii fossas complere inciperent. Tum Cæsar, omnibus portis eruptione facta, equitatuque emisso, celeriter hostes dat in fugam, sic, uti omnino pugnandi

de reconnaître l'endroit le plus commode pour traverser le vallon.

L. Cette journée se passa en escarmouches de cavalerie sur les bords du ruisseau; mais chacun resta dans ses positions : les Gaulois, parce qu'ils attendaient des forces plus nombreuses; César, parce qu'en feignant de craindre, il espérait attirer l'ennemi en deçà du ravin, et combattre à la tête de son camp. S'il ne le pouvait, il voulait au moins reconnaître assez les chemins pour traverser le ruisseau avec moins de péril. Dès le point du jour, la cavalerie ennemie s'approcha des retranchemens et vint attaquer la nôtre. César avertit les siens de céder et de rentrer dans le camp; en même temps il ordonna d'augmenter la hauteur du rempart, de boucher les portes, de s'empresser et de courir, avec tous les signes de la confusion et de l'effroi.

LI. Les Gaulois, attirés par cette feinte, passèrent le ravin et se rangèrent en bataille dans un lieu désavantageux. Voyant même que les nôtres avaient abandonné le rempart, ils s'en approchèrent de plus près; y lancèrent des javelots de toutes parts, et publièrent autour de nos retranchemens, par la voix des hérauts, que tout Gaulois ou Romain qui passerait de leur côté, avant la troisième heure, pouvait le faire sans danger; qu'après ce temps, il ne le pourrait plus. Enfin, ils conçurent pour nous tant de mépris, que sans essayer de forcer nos portes à peine fermées par une simple couche de gazon, les uns travaillaient de leurs mains à couper le rempart, d'autres comblaient déjà le fossé. Alors César,

causa resisteret nemo; magnumque ex eis numerum oc-
cidit, atque omnes armis exuit.

LII. Longius prosequi veritus, quod silvæ paludesque intercedebant, neque etiam parvulo detrimento illorum locum relinqui videbat, omnibus suis incolumi-
bus copiis, eodem die ad Ciceronem pervenit. Institutas
turres, testudines, munitionesque hostium admiratur:
producta legione cognoscit, non decimum quemque esse
relictum militem sine vulnere. Ex his omnibus judicat
rebus, quanto cum periculo et quanta cum virtute sint
res administratæ : Ciceronem pro ejus merito legionemque collaudat; centuriones sigillatim tribunosque militum appellat, quorum egregiam fuisse virtutem testimonio Ciceronis cognoverat; de casu Sabini et Cottæ cer-
tius ex captivis cognoscit. Postero die, concione habita,
rem gestam proponit : milites consolatur et confirmat :
quod detrimentum culpa et temeritate legati sit acceptum, hoc æquiore animo ferendum docet, quod, beneficio deorum immortalium et virtute eorum, expiato incommodo, neque hostibus diutina lætatio, neque ipsis
longior dolor relinquatur.

LIII. Interim ad Labienum per Remos incredibili celeritate de victoria Cæsaris fama perfertur, ut, quum ab hibernis Ciceronis abesset millia passuum circiter LX, eoque
post horam nonam diei Cæsar pervenisset, ante mediam

sortant brusquement par toutes les portes, suivi de sa
cavalerie, mit bientôt les ennemis en fuite, sans qu'aucun
osât résister. On en tua un grand nombre, et tous abandonnèrent leurs armes.

LII. César, craignant de s'engager trop avant à cause
des bois et des marais, et voyant que les ennemis eux-
mêmes y trouvaient leur perte, ramena tous les siens sans
avoir perdu un seul homme, et joignit Cicéron le même
jour. Il ne vit pas sans étonnement les tours, les tortues, les retranchemens des barbares. Il passa en revue
la légion, et à peine un dixième des soldats se trouva
sans blessure. Ces circonstances lui firent connaître tout
ce qu'ils avaient essuyé de péril et déployé de courage.
Il donna à Cicéron et aux soldats les éloges qui leur
étaient dus, distinguant par leur nom les centurions et les
tribuns, dont la valeur lui avait été signalée par le général.
Les prisonniers lui apprirent les détails du malheur de
Sabinus et de Cotta. Le lendemain il assembla l'armée, et
rappelant ce qui s'était passé, consola et encouragea les
soldats. Il rejeta l'échec sur l'imprudence du lieutenant,
et leur dit qu'il devait le supporter avec d'autant plus
de résignation, que, grâce à leur valeur et à la protection des dieux, la vengeance avait été prompte et n'avait
pas laissé long-temps aux ennemis leur joie, aux Romains
leur douleur.

LIII. Cependant la nouvelle de la victoire de César
fut portée à Labienus, chez les Rémois, avec une si incroyable vitesse, que, bien qu'il fût à soixante milles du
camp de Cicéron, où César n'était arrivé qu'après la neu-

noctem ad portas castrorum clamor oriretur, quo clamore significatio victoriæ gratulatioque ab Remis Labieno fieret. Hac fama ad Treviros perlata, Indutiomarus, qui postero die castra Labieni oppugnare decreverat, noctu profugit, copiasque omnes in Treviros reducit.
Cæsar Fabium cum legione in sua remittit hiberna, ipse
cum III legionibus circum Samarobrivam trinis hibernis
hiemare constituit; et, quod tanti motus Galliæ exstite-
rant, totam hiemen ipse ad exercitum manere decrevit.
Nam illo incommodo de Sabini morte perlato, omnes
fere Galliæ civitates de bello consultabant, nuntios lega-
tionesque in omnes partes dimittebant, et, quid reliqui
consilii caperent, atque unde initium belli fieret, explo-
rabant, nocturnaque in locis desertis concilia habebant.
Neque ullum fere totius hiemis tempus sine sollicitudine
Cæsaris intercessit, quin aliquem de conciliis ac motu
Gallorum nuntium acciperet. In his ab L. Roscio legato, quem legioni XIII præfecerat, certior est factus,
magnas Gallorum copias earum civitatum, quæ Armo-
ricæ appellantur, oppugnandi sui causa, convenisse : neque longius millia passuum VIII ab hibernis suis abfuisse;
sed nuntio allato de victoria Cæsaris, discessisse, adeo,
ut fugæ similis discessus videretur.

LIV. At Cæsar, principibus cujusque civitatis ad se
evocatis, alios territando, quum se scire quæ fierent,
denuntiaret, alios cohortando, magnam partem Galliæ
in officio tenuit. Tamen Senones, quæ est civitas in primis firma, et magnæ inter Gallos auctoritatis, Cavarinum, quem Cæsar apud eos regem constituerat (cujus

vième heure du jour, des acclamations s'élevèrent aux
portes du camp avant minuit, et déjà, par leurs cris de
joie, les Rémois félicitaient Labienus. Le bruit en parvint
aux Trévires, et Indutiomare, qui le lendemain avait résolu d'attaquer le camp de Labienus, s'enfuit pendant la
nuit et ramena toutes ses troupes. César renvoya Fabius
dans ses quartiers avec sa légion, et s'établit lui-même
aux environs de Samarobrive, avec trois légions dont il
forma trois camps. Les troubles de la Gaule le détermi-
nèrent à rester tout l'hiver [49] près de l'armée. Sur le bruit
de la mort de Sabinus, presque tous les peuples de la
Gaule se disposaient à prendre les armes, s'envoyaient
des députations et des messages, se communiquaient leurs
projets, délibéraient entre eux sur la manière de commencer la guerre. Ils tenaient des assemblées nocturnes
dans les lieux écartés, et de tout l'hiver il ne se passa pas
un jour, où César n'apprît avec inquiétude quelques
réunions ou quelques mouvemens des Gaulois. Ainsi il
sut de L. Roscius, lieutenant de la treizième légion, que
plusieurs des nations gauloises, que l'on appelle Armoriques [50], s'étaient réunies pour l'attaquer, et n'étaient
plus qu'à huit milles de ses quartiers, lorsqu'à la nouvelle de la victoire de César, elles se retirèrent en telle
hâte, que leur départ ressembla à une fuite.

LIV. César appela près de lui les principaux de chaque cité, effraya les uns en leur signifiant qu'il était
instruit de leurs menées, exhorta les autres, et par là
contint dans le devoir une grande partie de la Gaule. Cependant les Sénonais [51], nation très-puissante et renommée chez les Gaulois, avaient résolu, dans une assem-

frater Moritasgus, adventu in Galliam Cæsaris, cujusque majores regnum obtinuerant), interficere publico
consilio conati, quum ille præsensisset ac profugisset,
usque ad fines insecuti, regno domoque expulerunt; et,
missis ad Cæsarem satisfaciendi causa legatis, quum is
omnem ad se senatum venire jussisset, dicto audientes
non fuerunt. Tantum apud homines barbaros valuit, esse
repertos aliquos principes belli inferendi, tantamque
omnibus voluntatum commutationem attulit, ut, præter
Æduos et Remos, quos præcipuo semper honore Cæsar
habuit, alteros pro vetere ac perpetua erga populum romanum fide, alteros pro recentibus Gallici belli officiis,
nulla fere civitas fuerit non suspecta nobis. Idque adeo
haud scio mirandumne sit, quum compluribus aliis de
causis, tum maxime, quod, qui virtute belli omnibus
gentibus præferebantur, tantum se ejus opinionis deper-
didisse, ut a populo romano imperia perferrent, gravissime dolebant.

LV. Treviri vero atque Indutiomarus totius hiemis
nullum tempus intermiserunt, quin trans Rhenum legatos mitterent, civitates sollicitarent, pecunias pollicerentur, magna parte exercitus nostri interfecta, multo minorem superesse dicerent partem. Neque tamen ulli civitati
Germanorum persuaderi potuit, ut Rhenum transiret,
quum se bis expertos dicerent, Ariovisti bello et Tenchtherorum transitu, non esse amplius fortunam ten-
tandam. Hac spe lapsus Indutiomarus, nihilo minus co-

blée, la mort de Cavarinus, que César leur avait donné
pour roi. Il descendait lui-même des anciens rois de ce
pays, et Moritasgus, son frère, y régnait à l'arrivée de
César en Gaule. Cavarinus avait pressenti leurs desseins
et s'était enfui; ils le poursuivirent jusque sur leurs frontières, et le chassèrent du trône et de ses domaines:
ils envoyèrent ensuite des députés vers César pour justifier leur conduite. César leur ordonna de lui envoyer tous
leurs sénateurs: ils n'obéirent point. Les barbares n'attendaient qu'un peuple qui osât le premier déclarer la guerre;
la hardiesse des Sénonais les encouragea, et produisit un tel
changement dans les esprits, qu'à l'exception des Éduens
et des Rémois, toujours honorés de César, les uns pour
leur ancienne et constante fidélité au peuple romain, les
autres pour leurs services récens dans cette guerre, il
n'y eut presque pas une cité qui ne dût nous être sus-
pecte; et, sans parler des autres motifs, je ne sais si l'on
doit s'étonner qu'il ait paru dur à une nation, naguère la
première de toutes par la gloire des armes, de se voir
assez déchue de sa renommée, pour être soumise au joug
des Romains.

LV. Durant tout l'hiver, les Trévires et Indutiomare
ne cessèrent d'envoyer des députés au delà du Rhin,
d'exciter les peuples à prendre les armes, de promettre
des subsides, assurant qu'une grande partie de notre
armée ayant été détruite, le reste était peu redoutable.
Cependant aucun peuple Germain ne se laissa persuader
de passer le Rhin; la guerre d'Arioviste et le sort des
Tenchthères les avertissaient de ne plus tenter la fortune.
Déçu dans cet espoir, Indutiomare ne laissa pas de ras-

pias cogere, exercere, a finitimis equos parare, exsules damnatosque tota Gallia magnis praemiis ad se allicere coepit. Ac tantam sibi jam iis rebus in Gallia auctoritatem comparaverat, ut undique ad eum legationes concurrerent, gratiam atque amicitiam publice privatimque peterent.

LVI. Ubi intellexit, ultro ad se veniri, altera ex parte Senones Carnutesque conscientia facinoris instigari, altera Nervios Aduatucosque bellum Romanis parare, neque sibi voluntariorum copias defore, si ex finibus suis progredi coepisset, armatum concilium indicit (hoc more Gallorum est initium belli), quo, lege communi, omnes puberes armati convenire consuerunt; qui ex iis novissimus venit, in conspectu multitudinis omnibus cruciatibus affectus necatur. In eo concilio Cingetorigem, alterius principem factionis, generum suum (quem supra demonstravimus, Caesaris secutum fidem, ab eo non discessisse), hostem judicat, bonaque ejus publicat. His rebus confectis, in concilio pronuntiat, arcessitum se a Senonibus et Carnutibus, aliisque compluribus Galliae civitatibus, huc iter facturum per fines Remorum, eorumque agros populaturum, ac prius, quam id faciat, Labieni castra oppugnaturum : quae fieri velit, praecipit.

LVII. Labienus, quum et loci natura et manu munitissimis castris sese teneret, de suo ac legionis periculo nihil timebat; ne quam occasionem rei bene gerendae dimitteret, cogitabat. Itaque a Cingetorige atque ejus propinquis oratione Indutiomari cognita, quam in concilio

sembler des troupes, de les exercer, de lever de la cavalerie chez les peuples voisins, d'attirer à lui, de toutes les
parties de la Gaule, les bannis et les condamnés. Bientôt
son crédit fut tel, que de tous côtés les villes ou les particuliers s'empressaient de solliciter son amitié et sa protection.

LVI. Dès qu'il vit qu'on accourait à lui; que d'un
côté les Sénonais et les Carnutes [52] y étaient poussés
par le souvenir de leur crime [53]; que, de l'autre, les
Nerviens et les Aduatuces se préparaient à la guerre,
et qu'une fois sorti du territoire, une foule de volontaires
se rallieraient à lui, Indutiomare, selon l'usage des Gaulois au commencement de chaque guerre, convoqua un
conseil armé. Là, en vertu d'une loi publique, tous les
jeunes gens doivent se rendre en armes; celui qui arrive
le dernier est égorgé en présence de tous, au milieu des
tourmens. Dans cette assemblée, Indutiomare déclara ennemi de la patrie Cingetorix, son gendre, chef du parti
opposé, et qui, comme on l'a vu, s'était attaché à César
et lui restait fidèle. Ses biens furent confisqués et vendus.
Il annonça ensuite, qu'appelé par les Sénonais, les Carnutes, et plusieurs autres peuples de la Gaule, il se rendrait chez eux par le pays des Rémois, dont il ravagerait
les terres; mais qu'avant tout il attaquerait le camp de
Labienus. En même temps il donna ses ordres.

LVII. Labienus, maître d'une position fortifiée par la
nature et par l'art, ne craignait ni pour lui ni pour sa
légion, et cherchait le moyen de faire un coup d'éclat.
Averti par Cingetorix et ses proches du discours qu'Indutiomare avait tenu dans l'assemblée, il députe vers les

habuerat, nuntios mittit ad finitimas civitates, equitesque undique evocat : iis certam diem conveniendi dicit.
Interim prope quotidie cum omni equitatu Indutiomarus sub castris ejus vagabatur, alias ut situm castrorum
cognosceret, alias colloquendi aut territandi causa : equites plerumque omnes tela intra vallum conjiciebant. Labienus suos intra munitiones continebat, timorisque opinionem, quibuscunque poterat rebus, augebat.

LVIII. Quum majore in dies contemptione Indutiomarus ad castra accederet, nocte una, intromissis equitibus
omnium finitimarum civitatum, quos arcessendos curaverat, tanta diligentia omnes suos custodiis intra castra
continuit, ut nulla ratione ea res enuntiari, aut ad Treviros perferri posset. Interim ex consuetudine quotidiana
Indutiomarus ad castra accedit, atque ibi magnam partem diei consumit: equites tela conjiciunt, et magna cum
contumelia verborum nostros ad pugnam evocant. Nullo
ab nostris dato responso, ubi visum est, sub vesperum
dispersi ac dissipati discedunt. Subito Labienus duabus
portis omnem equitatum emittit; præcipit atque interdicit, proterritis hostibus atque in fugam conjectis (quod
fore, sicut accidit, videbat), unum omnes petant Indutiomarum; neu quis quem prius vulneret, quam illum
interfectum viderit, quod mora reliquorum spatium
effugere nactum illum nolebat : magna proponit iis, qui
occiderint, præmia : submittit cohortes equitibus subsidio. Comprobat hominis consilium fortuna, et, quum
unum omnes peterent, in ipso fluminis vado deprehen-
sus Indutiomarus interficitur, caputque ejus refertur in

états voisins, demande des cavaliers, et indique le jour de leur réunion. Cependant, presque tous les jours Indutiomare faisait circuler sa cavalerie autour du camp, soit pour en reconnaître la situation, soit pour entrer en pourparler, ou faire entendre des menaces. Ses cavaliers lançaient souvent des traits dans nos retranchemens. Labienus retenait ses troupes [54] dans le camp, simulait la crainte, et ne négligeait rien pour augmenter la présomption de l'ennemi.

LVIII. Tandis qu'Indutiomare s'approchait de jour en jour de notre camp avec plus de mépris, Labienus fit entrer secrètement, dans une seule nuit, les cavaliers qu'il avait demandés aux peuples voisins, et sut si bien, par une garde vigilante, retenir tous les siens au camp, que les Trévires n'en eurent aucune connaissance. Indutiomare s'approche comme de coutume; il passe une partie du jour près de nos retranchemens; ses cavaliers lancent des traits, et par des invectives nous provoquent au combat. On ne répondit point; sur le soir ils se retirent dispersés et sans ordre. Tout à coup Labienus fait ouvrir les portes et lance toute sa cavalerie : il ordonne expressément, dès que l'ennemi sera en fuite, comme il le prévoyait, de s'attacher à Indutiomare seul, de ne blesser personne avant qu'il ne fût tué, de peur que le temps donné à la poursuite des autres ne lui permît de s'échapper. Labienus promit de grandes récompenses à ceux qui apporteraient sa tête. Il fit soutenir la cavalerie par ses cohortes, et la fortune seconda ses projets. Poursuivi seul par tous, Indutiomare fut atteint au gué même de la rivière [55], mis à mort, et sa tête portée au camp. A leur retour, nos

castra : redeuntes equites, quos possunt, consectantur atque occidunt. Hac re cognita, omnes Eburonum et Nerviorum, quæ convenerant, copiæ discedunt; pauloque habuit post id factum Cæsar quietiorem Galliam.

cavaliers massacrèrent tout ce qu'ils purent rencontrer d'ennemis. En même temps toutes les troupes des Ébu- rons et des Nerviens se retirèrent, et, après cet évène- ment, César vit la Gaule un peu plus tranquille.

NOTES

SUR LE LIVRE CINQUIÈME.

----

1. *Aller en Italie*, c'est-à-dire dans la Gaule citérieure ou Cisalpine.

2. *Notre mer.* Les Romains appelaient ainsi la mer Méditerranée.

3. *L'Illyrie.* Le gouvernement de César embrassait la Gaule citérieure, avec l'Illyrie et toute la Gaule Transalpine. Suet., *Jul. Cæs.* 22.

4. *Les Pirustes.* L'Albanie, selon quelques auteurs.

5. *Au port Itius.* La position de ce port a été le sujet de plusieurs discussions savantes, qu'il serait trop long d'énumérer ici. La distance indiquée par César est également incertaine; cependant, des raisons assez solides portent à croire que c'est l'ancien port de Wissan.

6. *L'éduen Dumnorix. Voyez* plus haut, liv. I, chap. iii.

7. *Il prit...... les ouvriers.* Servius avait formé deux centuries d'ouvriers (*fabri*), pour entretenir les machines de guerre. Tite-Live, lib. i.

8. *L'île d'Hibernie.* Aujourd'hui l'Irlande.

9. *L'île de Mona.* L'île d'Anglesey, selon d'Anville; selon d'autres, l'île de Man.

10. *Qui étaient les premières.* C'étaient des cohortes d'élite.

11. *C. Trebonius.* Ce fut un des meurtriers de César.

12. *Les Trinobantes.* Aujourd'hui le Middlesex.

13. *Les Cénimagnes.* Province de Norfolk.

14. *Les Ségontiaques.* La principauté de Galles, selon quelques géographes.

15. *Les Ancalites.* Inconnus.

16. *Les Bibroques.* Peut-être le comté de Sommerset.

17. *Les Cassiens.* Inconnus.

18. *Le nom de place forte.* On peut comparer ce morceau avec Strabon, lib. IV. « Les bois, dit-il, sont les villes des Bretons, etc. »

19. *Samarobrive.* Amiens.

20. *Les Morins.* Le Boulonnais, une partie du comté d'Artois et de la Flandre maritime.

21. *Les Nerviens.* Hainaut, Cambrésis, etc.

22. *Q. Cicéron.* C'était le frère de l'orateur romain.

23. *Les Essuens.* Territoire de Seez en Normandie.

24. *Dans le Belgium.* Le Belgium comprenait la Picardie, l'Artois et le Beauvoisis.

25. *Munatius Plancus.* Munatius Plancus fut, plus tard, le fondateur de la ville de Lyon.

26. *Les Éburons.* Territoire liégeois.

27. *Chez les Carnutes.* Territoire de Chartres.

28. *Aux Aduatuces.* Comté de Namur.

29. *La mort d'Arioviste.* César, liv. I, chap. LV, nous a montré Arioviste fuyant sur une barque, mais il n'a rien dit de sa mort.

30. *Jusqu'à la huitième heure.* Deux heures après midi.

31. *Cn. Pompée.* C'était le fils aîné du grand Pompée. Il périt depuis en Espagne après la bataille de Munda.

32. *Les Ceutrons.* Peuples de la Tarentaise.

33. *Les Grudiens.* D'Anville trouve des traces de ce nom dans la terre de Gronde, au dessus de l'Écluse, au nord.

34. *Les Lévaques.* Louvain.

35. *Les Pleumosiens.* Peu connus.

36. *Les Corduniens.* Peuple de la côte maritime de la Belgique. *Voyez* D'ANVILLE.

37. *Éburons.* Peuple de Liège.

38. *Aduatuces.* Comté de Namur.

39. *Nerviens.* Les dépendances des Nerviens s'étendaient dans la Flandre jusqu'à la mer. *Voyez* D'ANVILLE.

40. *En moins de trois heures.* Ce récit paraît exagéré.

41. *Firent des faux.* On s'en servait dans les sièges pour saper les murs.

42. *Préparèrent des tortues.* C'étaient des machines propres à garantir les travailleurs.

43. *La onzième heure.* Cinq heures du soir.

44. *Des Atrébates.* L'Artois.

45. *Les Nerviens.* Le Hainaut.

46. *Vers la troisième heure.* Neuf heures du matin.

47. *A Samarobrive.* Amiens.

48. *La fumée des incendies.* On voit ici que la coutume de César était de tout incendier sur son passage. *Voyez* encore liv. VIII.

49. *A rester tout l'hiver.* Nous avons vu que jusqu'alors César allait passer l'hiver dans la Gaule Cisalpine.

50. *Que l'on appelle Armoriques.* Une partie de la Normandie, et la Bretagne entière. Sur l'étymologie du mot Armorique, *ar moer, ad mare, voyez* CELLIER.

51. *Les Sénonais.* Territoire de Sens.

52. *Les Carnutes.* Le pays Chartrain et l'Orléanais.

53. *Le souvenir de leur crime.* C'est-à-dire l'expulsion de Cavarinus par les Sénonais, chap. LIV, et le meurtre de Tasgetius par les Carnutes, chap. XXV.

54. *Retenait ses troupes.* Nous avons déjà vu ce moyen employé avec succès par César, chap. XLIX.

55. *Au gué de la rivière.* La Meuse.

LIBER VI.

I. Multis de causis Cæsar, majorem Galliæ motum exspectans, per M. Silanum, C. Antistium Reginum, T. Sextium, legatos, dilectum habere instituit : simul ab Cn. Pompeio proconsule petit, quoniam ipse ad urbem cum imperio reipublicæ causa maneret, quos ex Cisalpina Gallia consulis sacramento rogavisset, ad signa convenire, et ad se proficisci juberet : magni interesse etiam in reliquum tempus ad opinionem Galliæ existimans, tantas videri Italiæ facultates, ut, si quid esset in bello detrimenti acceptum, non modo id brevi tempore sarciri, sed etiam majoribus adaugeri copiis posset. Quod quum Pompeius et reipublicæ et amicitiæ tribuisset, celeriter confecto per suos dilectu, tribus ante exactam hiemem et constitutis et adductis legionibus, duplicatoque earum cohortium numero, quas cum Q. Titurio amiserat, et celeritate et copiis docuit, quid populi romani disciplina atque opes possent.

II. Interfecto Indutiomaro, ut docuimus, ad ejus propinquos a Treviris imperium defertur. Illi finitimos Germanos sollicitare, et pecuniam polliceri non desistunt : quum ab proximis impetrare non possent, ulteriores tentant. Inventis nonnullis civitatibus, jurejurando inter se confirmant, obsidibusque de pecunia cavent : Am-

LIVRE VI.

I. César, qui pour plusieurs motifs s'attendait à de plus grands mouvemens en Gaule, chargea M. Silanus, C. Antistius Reginus et T. Sextius, ses lieutenans, de faire des levées. En même temps il demanda à Cn. Pompée, proconsul qui restait devant Rome avec le commandement, pour veiller à la sûreté de la république, d'ordonner aux recrues faites dans la Gaule Cisalpine, sous son dernier consulat, de rejoindre leurs enseignes et de se rendre auprès de lui : il jugeait très-important, même pour l'avenir, de convaincre les Gaulois que l'Italie était assez puissante pour réparer un échec, et même pour opposer aux ennemis des forces plus considérables qu'avant. Pompée accorda cette demande au bien de l'état et à l'amitié [1]. Les lieutenans eurent bientôt terminé les levées : trois légions nouvelles furent formées et réunies avant la fin de l'hiver ; le nombre des cohortes perdues sous Titurius se trouva doublé en un instant, et l'on vit, par cette diligence, ce que pouvaient la discipline et les ressources du peuple romain.

II. Après la mort d'Indutiomare, les Trévires donnèrent le commandement à ses proches. Ceux-ci ne cessèrent de solliciter les Germains de leur voisinage, et de leur promettre des subsides : n'obtenant rien des nations voisines, ils s'adressèrent aux peuples plus éloignés. Ils réussirent auprès de quelques cités, se lièrent

biorigem sibi societate et fœdere adjungunt. Quibus rebus cognitis, Cæsar, quum undique bellum parari videret, Nervios, Aduatucos, Menapios, adjunctis cisrhe-
nanis omnibus Germanis, esse in armis, Senones ad
imperatum non venire, et cum Carnutibus finitimisque
civitatibus consilia communicare, a Treviris Germanos
crebris legationibus sollicitari, maturius sibi de bello
cogitandum putavit.

III. Itaque nondum hieme confecta, proximis IV legionibus coactis, de improviso in fines Nerviorum contendit; et, prius quam illi aut convenire aut profugere
possent, magno pecoris atque hominum numero capto,
atque ea præda militibus concessa, vastatisque agris, in
deditionem venire atque obsides sibi dare coegit. Eo celeriter confecto negotio, rursus legiones in hiberna reduxit. Concilio Galliæ primo vere, uti instituerat, indicto, quum reliqui, præter Senones, Carnutes Trevirosque venissent, initium belli ac defectionis hoc esse
arbitratus, ut omnia postponere videretur, concilium Lu-
tetiam Parisiorum transfert. Confines erant hi Senonibus,
civitatemque patrum memoria conjunxerant; sed ab hoc
concilio abfuisse existimabantur. Hac re pro suggestu
pronuntiata, eodem die cum legionibus in Senones proficiscitur, magnisque itineribus eo pervenit.

IV. Cognito ejus adventu, Acco, qui princeps ejus
consilii fuerat, jubet in oppida multitudinem convenire:

par des sermens, et donnèrent des otages pour sûreté
de l'argent promis. Ambiorix fut engagé dans cette alliance. César voyait que la guerre se préparait de toutes
parts : les Nerviens, les Aduatuces, les Ménapiens, tous
les Germains en deçà du Rhin étaient en armes : les Sénonais ne se rendaient pas à ses ordres, et se concer-
taient avec les Carnutes et les états voisins; les Trévires
sollicitaient les Germains par de nombreux messages;
tout avertissait César de hâter la guerre.

III. Sans attendre la fin de l'hiver, il réunit les quatre
légions les plus proches, et fondit à l'improviste sur les
terres des Nerviens. Avant qu'ils eussent pu se rassembler
ou fuir, il leur prit un grand nombre d'hommes et de
bestiaux, abandonna le butin aux soldats, dévasta le
territoire, et les obligea de se rendre et de donner des
otages. Après cette expédition rapide, il ramena les légions dans leurs quartiers. Dès le printemps il convoqua,
selon son usage, l'assemblée de la Gaule. Les Sénonais,
les Carnutes, et les Trévires, furent les seuls qui ne s'y
trouvèrent point. César regarda cette conduite comme un
signal de guerre et de révolte, et, ajournant toute autre
affaire, transféra l'assemblée à Lutèce, capitale des Pari-
siens. Ce peuple était voisin des Sénonais, et n'avait même,
anciennement, formé qu'une seule nation avec eux; mais
il paraissait étranger au complot. César prononça cette
translation au sein de l'assemblée, partit le même jour
avec les légions, et marcha à grandes journées contre les
Sénonais.

IV. A la nouvelle de son approche, Accon, le principal auteur de la révolte, ordonna que de toutes parts

conantibus, prius quam id effici posset, adesse Romanos nuntiatur : necessario sententia desistunt, legatosque deprecandi causa ad Cæsarem mittunt : adeunt per Æduos, quorum antiquitus erat in fide civitas. Libenter Cæsar petentibus Æduis dat veniam, excusationemque accipit, quod æstivum tempus instantis belli, non quæstionis esse arbitrabatur. Obsidibus imperatis centum, hos Æduis custodiendos tradit. Eodem Carnutes legatos obsidesque mittunt, usi deprecatoribus Remis, quorum erant in clientela : eadem ferunt responsa. Peragit concilium Cæsar, equitesque imperat civitatibus.

V. Hac parte Galliæ pacata, totus et mente et animo in bellum Trevirorum et Ambiorigis insistit. Cavarinum cum equitatu Senonum secum proficisci jubet, ne quis aut ex hujus iracundia, aut ex eo, quod meruerat, odio civitatis, motus exsistat. His rebus constitutis, quod pro explorato habebat, Ambiorigem prœlio non esse concertaturum, reliqua ejus consilia animo circumspiciebat. Erant Menapii propinqui Eburonum finibus, perpetuis paludibus silvisque muniti, qui uni ex Gallia de pace ad Cæsarem legatos nunquam miserant. Cum iis esse hospitium Ambiorigi sciebat : item per Treviros venisse Germanis in amicitiam, cognoverat. Hæc prius illi detrahenda auxilia existimabat, quam ipsum bello lacesseret; ne, desperata salute, aut se in Menapios abderet, aut cum transrhenanis congredi cogeretur. Hoc inito consilio, totius exercitus impedimenta ad Labienum in Treviros mittit, duasque legiones ad eum proficisci ju-

on vint se rassembler dans les places fortes ; mais, avant que l'ordre pût être exécuté, ils surent l'arrivée des Romains. Forcés de renoncer à leur projet, ils envoyèrent à César des députés pour implorer leur pardon ; ils se firent présenter par les Éduens, leurs anciens alliés. César, à la prière des Éduens, se laissa fléchir, et reçut leurs excuses : il pensait que le temps de cette campagne ne devait pas se perdre en discussions. Il exigea cent otages, dont il confia la garde aux Éduens. Les Carnutes envoyèrent aussi des députés et des otages, et obtinrent le même traitement par l'entremise des Rémois, leurs patrons. De là César vint clore l'assemblée de la Gaule, et ordonna aux villes de lui fournir des cavaliers.

V. Cette partie de la Gaule étant pacifiée, il tourna toutes ses pensées vers la guerre des Trévires et d'Ambiorix. Il ordonna à Cavarinus [2] de le suivre avec la cavalerie sénonaise, dans la crainte que le ressentiment de ce roi, ou la haine qu'il s'était attirée, n'excitât quelques troubles. Sachant bien qu'Ambiorix ne hasarderait point de bataille, il chercha à pénétrer ses autres desseins. Près du territoire des Éburons [3] étaient les Ménapiens [4], dont le pays est défendu par des bois et de vastes marais, et qui seuls entre les Gaulois n'avaient jamais envoyé de députés à César. Il savait qu'Ambiorix était uni avec eux par des liens d'hospitalité, et qu'il s'était allié avec les Germains par l'entremise des Trévires. Il crut donc qu'il fallait, avant de l'attaquer, le priver de ces ressources, de peur qu'en se voyant pressé, il n'allât chercher une retraite chez les Ménapiens, ou former une ligue au delà du Rhin. Ce parti pris, César envoya à Labienus,

bet : ipse cum legionibus expeditis quinque in Menapios
proficiscitur. Illi, nulla coacta manu, loci præsidio freti,
in silvas paludesque confugiunt, suaque eodem conferunt.

VI. Cæsar, partitis copiis cum C. Fabio legato et
M. Crasso quæstore, celeriterque effectis pontibus, adit
tripartito, ædificia vicosque incendit, magno pecoris atque hominum numero potitur. Quibus rebus coacti Menapii, legatos ad eum, pacis petendæ causa, mittunt. Ille,
obsidibus acceptis, hostium se habiturum numero confirmat, si aut Ambiorigem, aut ejus legatos, finibus suis
recepissent. His confirmatis rebus, Commium Atrebatem
cum equitatu, custodis loco, in Menapiis relinquit; ipse
in Treviros proficiscitur.

VII. Dum hæc a Cæsare geruntur, Treviri, magnis
coactis peditatus equitatusque copiis, Labienum cum una
legione, quæ in eorum finibus hiemabat, adoriri para-
bant : jamque ab eo non longius bidui via aberant, quum
duas venisse legiones missu Cæsaris cognoscunt. Positis
castris a millibus passuum xv, auxilia Germanorum
exspectare constituunt. Labienus, hostium cognito consilio, sperans, temeritate eorum fore aliquam dimicandi
facultatem, præsidio cohortium v impedimentis relicto,
cum xxv cohortibus magnoque equitatu contra hostem
proficiscitur, et m passuum intermisso spatio, castra
communit. Erat inter Labienum atque hostem difficili
transitu flumen, ripisque præruptis : hoc neque ipse

chez les Trévires, deux légions et tous les bagages de
l'armée : pour lui, il marcha sur les Ménapiens avec
cinq légions sans équipages. Ceux-ci, se fiant à leur position, n'avaient point rassemblé de troupes; ils se réfugièrent dans leurs bois et leurs marais avec tout ce
qu'ils possédaient.

VI. César partagea ses troupes avec le lieutenant C. Fabius et le questeur M. Crassus, et, faisant construire des
ponts à la hâte, pénétra dans le pays par trois endroits,
incendia les maisons et les bourgs, et enleva quantité
d'hommes et de bestiaux. Les Ménapiens se virent forcés
de demander la paix. César reçut leurs otages, en leur
déclarant qu'il les traiterait en ennemis, s'ils donnaient
asile à Ambiorix ou à ses lieutenans. Cette affaire ache-
vée, il laissa chez eux l'Atrébate Commius avec de la cavalerie, pour les surveiller. Il marcha de là contre les Trévires.

VII. Pendant ces expéditions de César, les Trévires
avaient rassemblé des troupes nombreuses d'infanterie et
de cavalerie, et se préparaient à attaquer Labienus, qui
hivernait sur leurs terres avec une seule légion. Ils n'en
étaient plus qu'à deux jours de marche, lorsqu'ils apprirent que deux autres légions lui avaient été envoyées
par César. Ils placèrent leur camp à quinze milles, et
attendirent le secours des Germains. Labienus, apercevant leur dessein, espéra que leur imprudence lui donne-
rait quelque heureuse occasion de les combattre. Il laissa
cinq cohortes à la garde des bagages, en prit vingt-cinq,
et alla camper à mille pas de l'ennemi. Entre les deux
camps était une rivière [5], dont le passage était difficile et

transire habebat in animo, neque hostes transituros existimabat. Augebatur auxiliorum quotidie spes. Loquitur in consilio palam, « quoniam Germani appropinquare dicantur, sese suas exercitusque fortunas in dubium non devocaturum, et postero die prima luce castra moturum. » Celeriter hæc ad hostes deferuntur, ut ex magno Gallorum equitatus numero nonnullos Gallicis rebus favere natura cogebat. Labienus noctu, tribunis militum primisque ordinibus coactis, quid sui sit consilii, proponit, et quo facilius hostibus timoris det suspicionem, majore strepitu et tumultu, quam populi romani fert consuetudo, castra moveri jubet. His rebus fugæ similem profectionem efficit. Hæc quoque per exploratores ante lucem, in tanta propinquitate castrorum, ad hostes deferuntur.

VIII. Vix agmen novissimum extra munitiones processerat, quum Galli, cohortati inter se, « ne speratam prædam ex manibus dimitterent; longum esse, perterritis Romanis, Germanorum auxilium exspectare; neque suam pati dignitatem, ut tantis copiis tam exiguam manum, præsertim fugientem atque impeditam, adoriri non audeant; » flumen transire, et iniquo loco prœlium committere non dubitant. Quæ fore suspicatus Labienus, ut omnes citra flumen eliceret, eadem usus simulatione itineris, placide progrediebatur. Tum, præmissis paulum impedimentis, atque in tumulo quodam collocatis: «Habetis, inquit, milites, quam petistis, facultatem; hostem impedito atque iniquo loco tenetis : præstate eamdem no-

les bords escarpés. Il n'avait point l'intention de la traverser, et ne jugeait pas que l'ennemi voulût le faire.
L'espoir de l'arrivée des Germains croissait de jour en
jour. Labienus déclara hautement, dans le conseil, qu'il
redoutait l'approche de ces auxiliaires, qu'il ne hasarderait pas le sort de l'armée et le sien, et que le lendemain,
au point du jour, il leverait le camp. Ces paroles furent
promptement rapportées aux ennemis; car il était naturel que parmi tant de cavaliers gaulois, il y en eût qui
s'intéressassent aux succès de leur nation. Labienus assemble, pendant la nuit, les tribuns et les centurions du
premier rang, leur expose son dessein, et pour mieux
inspirer aux ennemis l'opinion de sa frayeur, il ordonne
de lever le camp avec plus de bruit et de tumulte que
les Romains n'ont coutume de le faire. De cette manière
son départ a les apparences d'une fuite[6]. La proximité
des camps fit que l'ennemi fut averti avant le jour.

VIII. Notre arrière-garde était à peine sortie du camp,
que les barbares s'exhortent à ne point laisser échapper
une proie si désirée. « Les Romains sont frappés de terreur; il serait trop long d'attendre le secours des Germains : l'honneur ne leur permet point de n'oser, avec
tant de forces, attaquer une poignée de fuyards embar-
rassés de leurs bagages. » Ils passent donc la rivière, et
n'hésitent pas à combattre sur un terrain désavantageux.
Labienus l'avait prévu, et pour les attirer tous de l'autre
côté de la rivière, il continuait son stratagème, et s'avançait lentement. Les bagages ayant été envoyés en avant,
et placés sur une hauteur : « Soldats, dit-il, le moment que
vous désiriez est venu; vous tenez l'ennemi engagé dans

bis ducibus virtutem, quam sæpenumero imperatori præ-
stitistis : adesse eum, et hæc coram cernere, existimate. »
Simul signa ad hostem converti aciemque dirigi jubet :
et paucis turmis præsidio ad impedimenta dimissis, reliquos equites ad latera disponit. Celeriter nostri, clamore sublato, pila in hostes immittunt. Illi, ubi præter
spem, quos fugere credebant, infestis signis ad se ire
viderunt, impetum modo ferre non potuerunt, ac primo
concursu in fugam conjecti, proximas silvas petiverunt :
quos Labienus equitatu consectatus, magno numero interfecto, compluribus captis, paucis post diebus civitatem recepit : nam Germani, qui auxilio veniebant, per-
cepta Trevirorum fuga, sese domum contulerunt. Cum
iis propinqui Indutiomari, qui defectionis auctores fuerant, comitati eos, ex civitate excessere. Cingetorigi,
quem ab initio permansisse in officio demonstravimus,
principatus atque imperium est traditum.

IX. Cæsar, postquam ex Menapiis in Treviros venit,
duabus de causis Rhenum transire constituit : quarum
erat altera, quod auxilia contra se Treviris miserant;
altera, ne Ambiorix ad eos receptum haberet. His constitutis rebus, paulum supra eum locum, quo ante
exercitum transduxerat, facere pontem instituit. Nota
atque instituta ratione, magno militum studio, paucis
diebus opus efficitur. Firmo in Treviris præsidio ad pontem relicto, ne quis ab iis subito motus oriretur, reliquas
copias equitatumque transducit. Ubii, qui ante obsides
dederant, atque in deditionem venerant, purgandi sui
causa ad eum legatos mittunt, qui doceant, neque ex

une position désavantageuse ; déployez sous notre conduite cette valeur qui s'est tant de fois signalée sous les
ordres de César ; supposez qu'il est présent et qu'il vous
voit. » Aussitôt il ordonne de tourner les enseignes contre
l'ennemi et de faire front, détache quelques escadrons
pour la garde des bagages, et dispose le reste de la cavalerie sur les ailes. Les Romains poussent un cri et lancent leurs javelots. L'ennemi, surpris de se voir attaqué
par ceux qu'il croyait poursuivre, ne put pas même soutenir notre premier choc, et s'enfuit précipitamment dans
ses forêts. Labienus les poursuivit avec la cavalerie, en
tua un grand nombre, fit beaucoup de prisonniers, et
peu de jours après, le pays se soumit ; car les Germains,
qui déjà avaient passé le Rhin, s'en retournèrent dès
qu'ils apprirent cette défaite. Les parens d'Indutiomare[7],
auteur de la révolte, sortirent du territoire, et se retirèrent avec eux. Cingetorix[8], qui était toujours resté fidèle
aux Romains, eut le gouvernement de sa nation.

IX. César, qui était passé du pays des Ménapiens dans
celui des Trévires[9], résolut, pour deux motifs, de traverser le Rhin. Il voulait punir les Germains d'avoir secouru les Trévires, et aussi fermer à Ambiorix cette retraite. Dans ce dessein, il fit construire un pont, un peu
au dessus de celui qui avait été fait pour le premier passage de l'armée. Le soldat, déjà exercé à ces travaux, s'y
appliqua avec ardeur, et l'ouvrage fut achevé en peu de
jours. César laissa une forte garde à la tête du pont,
du côté des Trévires, pour empêcher ce peuple de remuer, et passa le fleuve avec le reste des légions et la cavalerie. Les Ubiens[10], dont il avait déjà reçu la soumis-

sua civitate auxilia in Treviros missa, neque ab se fidem
læsam : petunt atque òrant, ut sibi parcat, ne communi
odio Germanorum innocentes pro nocentibus pœnas pendant : si amplius obsidum velit, dare pollicentur. Cognita Cæsar causa, reperit ab Suevis auxilia missa esse,
Ubiorum satisfactionem accepit, aditus viasque in Suevos perquirit.

X. Interim paucis post diebus fit ab Ubiis certior,
Suevos omnes unum in locum copias cogere, atque iis
nationibus, quæ sub eorum sint imperio, denuntiare,
uti auxilia peditatus equitatusque mittant. His cognitis
rebus, rem frumentariam providet, castris idoneum locum deligit, Ubiis imperat, ut pecora deducant, suaque
omnia ex agris in oppida conferant, sperans, barbaros
atque imperitos homines, inopia cibariorum afflictos,
ad iniquam pugnandi conditionem posse deduci : mandat, ut crebros exploratores in Suevos mittant, quæque
apud eos gerantur, cognoscant. Illi imperata faciunt, et
paucis diebus intermissis referunt, Suevos omnes, posteaquam certiores nuntii de exercitu Romanorum venerint, cum omnibus suis sociorumque copiis, quas coe-
gissent, penitus ad extremos fines sese recepisse : silvam
esse ibi infinita magnitudine, quæ appellatur Bacenis :
hanc longe introrsus pertinere, et pro nativo muro ob-
jectam, Cheruscos ab Suevis, Suevos ab Cheruscis, injuriis incursionibusque prohibere : ad ejus initium silvæ
Suevos adventum Romanorum exspectare constituisse. »

sion et les otages; envoient des députés pour se justifier.
Ils protestent qu'ils n'ont point secouru les Trévires, ni
violé leur foi : ils le supplient de les épargner et de ne
point confondre, dans sa haine contre les Germains, les
innocens avec les coupables; s'il exige encore des otages,
ils offrent de les lui donner. César s'étant informé du fait,
apprit que les secours avaient été envoyés par les Suèves [11]; il reçut les satisfactions des Ubiens, et s'informa des
chemins et des passages qui menaient chez les Suèves.

X. Peu de jours après, il sut des Ubiens que les Suèves
rassemblaient toutes leurs troupes en un seul lieu, et
qu'ils avaient ordonné aux peuples de leur dépendance
d'envoyer des renforts d'infanterie et de cavalerie. Sur cet
avis, César pourvoit aux vivres, choisit pour le camp
une position avantageuse, et enjoint aux Ubiens de
quitter la campagne, et de renfermer dans les villes leur
bétail et tout ce qu'ils possédaient. Il espérait, par la disette, amener ces Suèves barbares et ignorans à la dure
nécessité de combattre. Il chargea les Ubiens d'envoyer
de nombreux éclaireurs, pour connaître ce qui se passait
chez les ennemis. Ils obéirent, et peu de jours après, ils
lui rapportèrent que les Suèves, instruits de l'approche
des Romains, s'étaient retirés avec toutes leurs troupes
et celles de leurs alliés, jusqu'à l'extrémité de leur territoire. Là est une forêt immense appelée Bacénis [12], qui
s'étend fort avant dans le pays, et qui, placée comme un
mur naturel entre les Suèves et les Chérusques [13], sépare
ces deux peuples et les défend de leurs incursions mu-
tuelles. C'était à l'entrée de cette forêt que les Suèves
avaient résolu d'attendre les Romains.

XI. Quoniam ad hunc locum perventum est, non alienum esse videtur, de Galliæ Germaniæque moribus, et quo differant eæ nationes inter sese, proponere. In Gallia, non solum in omnibus civitatibus, atque in omnibus pagis partibusque, sed pæne etiam in singulis domibus factiones sunt : earumque factionum principes sunt, qui summam auctoritatem eorum judicio habere existimantur, quorum ad arbitrium judiciumque summa omnium rerum consiliorumque redeat. Idque ejus rei causa antiquitus institutum videtur, ne quis ex plebe contra potentiorem auxilii egeret : suos enim quisque opprimi et circumveniri non patitur, neque, aliter si faciant, ullam inter suos habent auctoritatem. Hæc eadem ratio est in summa totius Galliæ : namque omnes civitates in partes divisæ sunt duas.

XII. Quum Cæsar in Galliam venit, alterius factionis principes erant Ædui, alterius Sequani. Hi quum per se minus valerent, quod summa auctoritas antiquitus erat in Æduis, magnæque eorum erant clientelæ, Germanos atque Ariovistum sibi adjunxerant, eosque ad se magnis jacturis pollicitationibusque perduxerant. Prœliis vero compluribus factis secundis, atque omni nobilitate Æduorum interfecta, tantum potentia antecesserant, ut magnam partem clientium ab Æduis ad se transducerent, obsidesque ab iis principum filios acciperent, et publice jurare cogerent, nihil se contra Sequanos consilii inituros; et partem finitimi agri, per vim occupatam, possiderent, Galliæque totius principatum obtinerent. Qua necessitate adductus Divitiacus, auxilii petendi causa, Romam ad senatum profectus, infecta re redierat. Adventu

XI. Avant d'aller plus loin, il est à propos de décrire les mœurs de la Gaule et de la Germanie, et de remarquer la différence qui existe entre ces deux nations. Dans la Gaule, chaque ville, chaque bourg, chaque canton, et presque chaque famille, est divisée en factions : à la tête de ces factions sont les citoyens qui jouissent du plus grand crédit : la plupart des affaires et des résolutions sont soumises à leur jugement. La raison de cet antique usage paraît être de protéger le peuple contre les grands. Aucun ne souffre que l'on opprime ou que l'on tourmente ses cliens ; s'il agissait autrement, son crédit serait bientôt perdu. Ce même principe régit la Gaule tout entière ; car toutes les cités sont divisées en deux partis.

XII. Lors de l'entrée de César dans la Gaule, les chefs étaient les Éduens [14] d'un côté, les Séquaniens [15] de l'autre. Ceux-ci étant trop faibles par eux-mêmes, parce que depuis long-temps la principale autorité appartenait aux Éduens, qui possédaient les clientelles les plus considérables, s'étaient unis avec Arioviste et les Germains, et se les étaient attachés à force de présens et de promesses. Vainqueurs dans plusieurs batailles où ils détruisirent toute la noblesse des Éduens, ils acquirent tant de puissance, qu'un grand nombre de peuplades, jadis alliées aux Éduens, passèrent dans leur parti. Ils prirent en otage les fils des principaux citoyens, imposèrent à cette nation le serment de ne rien entreprendre contre eux, s'attribuèrent la partie du territoire conquise par leurs armes, et obtinrent la prépondérance dans toute la Gaule.

Cæsaris facta commutatione rerum , obsidibus Æduis redditis , veteribus clientelis restitutis , novis per Cæsarem comparatis (quod hi, qui se ad eorum amicitiam aggregaverant, meliore conditione atque æquiore imperio se uti videbant), reliquis rebus eorum , gratia , dignitateque amplificata, Sequani principatum dimiserant. In eorum locum Remi successerant : quos quod adæquare apud Cæsarem gratia intelligebatur, ii, qui propter veteres inimicitias nullo modo cum Æduis conjungi poterant, se Remis in clientelam dicabant. Hos illi diligenter tuebantur. Ita et novam et repente collectam auctoritatem tenebant. Eo tum statu res erat, ut longe principes haberentur Ædui, secundum locum dignitatis Remi obtinerent.

XIII. In omni Gallia eorum hominum, qui aliquo sunt numero atque honore, genera sunt duo : nam plebs pæne servorum habetur loco , quæ per se nihil audet, et nullo adhibetur consilio. Plerique, quum aut ære alieno, aut magnitudine tributorum, aut injuria potentiorum premuntur, sese in servitutem dicant nobilibus : in hos eadem omnia sunt jura, quæ dominis in servos. Sed de his duobus generibus alterum est druidum, alterum equitum. Illi rebus divinis intersunt, sacrificia publica ac privata procurant, religiones interpretantur. Ad hos magnus adolescentium numerus disciplinæ causa concurrit, magnoque ii sunt apud eos honore. Nam fere de omnibus controversiis publicis privatisque constituunt; et, si quod est admissum facinus, si cædes facta, si de heredi-

Réduit à cette extrémité, Divitiacus était allé à Rome
implorer le secours du sénat, et était revenu sans rien
obtenir. L'arrivée de César changea la face des choses ;
les Éduens reprirent leurs otages, recouvrèrent leurs anciens cliens, en obtinrent de nouveaux par le crédit de
César : on remarquait que leurs amis jouissaient d'une
condition plus heureuse et d'un gouvernement plus doux.
Le pouvoir et le crédit des Éduens s'accrurent; la prépondérance échappa aux Séquaniens. Les Rémois[16] prirent leur place, et lorsqu'on vit que leur faveur auprès
de César égalait celle des Éduens, les peuples que d'anciennes inimitiés éloignaient de ces derniers, se rallièrent
à la clientelle des Rémois. Ceux-ci les protégeaient avec
zèle, pour conserver le nouveau crédit qu'ils venaient
d'acquérir. Ainsi les Éduens étaient les plus puissans des
Gaulois, et les Rémois occupaient le second rang.

XIII. Dans toute la Gaule, il n'y a que deux classes
d'hommes auxquels appartiennent les honneurs et la
considération; car, pour le bas peuple, il n'a guère que
le rang d'esclave, ne faisant rien par lui-même, et n'étant
admis à aucun conseil. La plupart, accablés de dettes,
écrasés d'impôts, ou en butte aux violences des grands, se
mettent au service des nobles, qui exercent sur eux les
mêmes droits que les maîtres sur leurs esclaves. De ces
deux classes, l'une est celle des druides, l'autre celle des
chevaliers. Les premiers, ministres des choses divines,
président aux sacrifices publics et particuliers, et con-
servent le dépôt des doctrines religieuses. Le désir de
l'instruction attire auprès d'eux une nombreuse jeunesse.
Leur nom est environné de respect; ils connaissent de

tate, si de finibus controversia est, iidem decernunt;
præmia pœnasque constituunt : si qui, aut privatus, aut
publicus, eorum decreto non stetit, sacrificiis interdicunt.
Hæc pœna apud eos est gravissima. Quibus ita est inter-
dictum, ii numero impiorum ac sceleratorum habentur;
iis omnes decedunt, aditum eorum sermonemque defu-
giunt, ne quid ex contagione incommodi accipiant : neque iis petentibus jus redditur, neque honos ullus communicatur. His autem omnibus druidibus præest unus,
qui summam inter eos habet auctoritatem. Hoc mortuo,
si qui ex reliquis excellit dignitate, succedit : aut si sunt
plures pares, suffragio druidum adlegitur, nonnunquam
etiam armis de principatu contendunt. Hi, certo anni tempore, in finibus Carnutum, quæ regio totius Galliæ media habetur, considunt in loco consecrato. Huc omnes
undique, qui controversias habent, conveniunt, eorumque judiciis decretisque parent. Disciplina in Britannia
reperta, atque inde in Galliam translata esse existimatur : et nunc, qui diligentius eam rem cognoscere vó-
lunt, plerumque illo discendi causa proficiscuntur.

XIV. Druides a bello abesse consuerunt, neque tri-
buta una cum reliquis pendunt; militiæ vacationem omniumque rerum habent immunitatem. Tantis excitati præmiis, et sua sponte multi in disciplinam conveniunt, et
a parentibus propinquisque mittuntur. Magnum ibi numerum versuum ediscere dicuntur : itaque annos non-

presque toutes les contestations publiques et privées. S'il
s'est commis un crime, s'il s'est fait un meurtre, s'il
s'élève quelque débat sur un héritage ou sur des limites,
ce sont eux qui en décident : ils dispensent les peines et
les récompenses. Si un particulier ou un magistrat ne
défère point à leur décision, ils lui interdisent les sacrifices. Cette peine est chez eux la plus sévère de toutes :
ceux qui l'encourent sont mis au rang des impies et des
criminels ; on les évite ; on fuit leur abord et leur entretien, comme si cette approche avait quelque chose de
funeste : s'ils demandent justice, elle leur est refusée ; ils
n'ont part à aucun honneur. Le corps entier des druides
n'a qu'un seul chef, dont l'autorité est absolue. A sa mort,
le premier en dignité lui succède : si plusieurs ont des titres
égaux, les suffrages des druides, ou quelquefois les armes,
en décident. A une époque marquée de l'année, les druides
s'assemblent dans un lieu consacré, sur la frontière du pays
des Carnutes, qui passe pour le point central de la Gaule.
Là se rendent de toutes parts ceux qui ont des différens,
et ils se soumettent aux jugemens des druides. On croit
que leur doctrine a pris naissance dans la Bretagne, d'où
elle fut transportée en Gaule, et, aujourd'hui, ceux qui
désirent en avoir une connaissance plus approfondie, se
rendent encore dans cette île pour s'y instruire.

XIV. Les druides ne vont point à la guerre ; ils ne
contribuent pas aux impôts comme le reste des citoyens ;
ils sont dispensés du service militaire et exempts de toute
espèce de charges. De si grands privilèges, et le goût
particulier des jeunes gens, leur amènent beaucoup de
disciples ; d'autres y sont envoyés par leurs familles. Là ils

nulli vicenos in disciplina permanent. Neque fas esse existimant, ea litteris mandare, quum in reliquis fere rebus publicis, privatisque rationibus, græcis utantur litteris. Id mihi duabus de causis instituisse videntur; quod neque in vulgum disciplinam efferri velint, neque eos, qui discant, litteris confisos, minus memoriæ studere : quod fere plerisque accidit, ut præsidio litterarum diligentiam in perdiscendo ac memoriam remittant. In primis hoc volunt persuadere, non interire animas, sed ab aliis post mortem transire ad alios : atque hoc maxime ad virtutem excitari putant, metu mortis neglecto. Multa præterea de sideribus atque eorum motu, de mundi ac terrarum magnitudine, de rerum natura, de deorum immortalium vi ac potestate disputant, et juventuti transdunt.

XV. Alterum genus est equitum. Hi, quum est usus, atque aliquod bellum incidit (quod ante Cæsaris adventum fere quotannis accidere solebat, uti aut ipsi injurias inferrent, aut illatas propulsarent), omnes in bello versantur : atque eorum ut quisque est genere copiisque amplissimus, ita plurimos circum se ambactos clientesque habent. Hanc unam gratiam potentiamque noverunt.

XVI. Natio est omnium Gallorum admodum dedita religionibus; atque ob eam causam, qui sunt affecti gravioribus morbis, quique in prœliis periculisque versantur, aut pro victimis homines immolant, aut se immolaturos vovent, administrisque ad ea sacrificia druidibus

apprennent, dit-on, un grand nombre de vers, et passent souvent vingt années dans cet apprentissage. Il est défendu de les écrire, quoiqu'ils se servent des lettres grecques pour la plupart des autres affaires publiques et privées. Je crois voir deux raisons de cet usage : l'une est de ne point livrer au vulgaire les mystères de leur science, l'autre d'empêcher les disciples de se reposer sur l'écriture, et de négliger leur mémoire. Il arrive en effet, presque toujours, que l'on s'applique moins à retenir par cœur ce que l'on peut trouver dans les livres. Leur dogme principal, c'est que les âmes ne périssent pas, et qu'après la mort elles passent d'un corps dans un autre. Cette croyance leur paraît singulièrement propre à exciter le courage, en inspirant le mépris de la mort. Ils traitent aussi du mouvement des astres, de la grandeur de l'univers, de la nature des choses, du pouvoir et de l'influence des dieux immortels, et transmettent ces doctrines à la jeunesse.

XV. La seconde classe est celle des chevaliers. S'il survient quelque guerre (et avant l'arrivée de César il se passait peu d'années sans quelque guerre offensive ou défensive), ils prennent tous les armes. L'éclat de leur naissance et de leur fortune se marque au dehors par le nombre des serviteurs et des cliens dont ils s'entourent. C'est chez eux le signe du crédit et de la puissance.

XVI. La nation gauloise est en général très-superstitieuse. Aussi ceux qui sont attaqués de maladies graves, ou qui vivent dans les hasards des combats, immolent des victimes humaines, ou font vœu d'en sacrifier. Les druides sont les ministres de ces sacrifices. Ils pensent que

utuntur; quod, pro vita hominis nisi hominis vita reddatur, non posse aliter deorum immortalium numen placari arbitrantur : publiceque ejusdem generis habent instituta sacrificia. Alii immani magnitudine simulacra habent, quorum contexta viminibus membra vivis hominibus complent, quibus succensis, circumventi flamma exanimantur homines. Supplicia eorum, qui in furto, aut in latrocinio, aut aliqua noxa sint comprehensi, gratiora diis immortalibus esse arbitrantur : sed, quum ejus generis copia deficit, etiam ad innocentium supplicia descendunt.

XVII. Deum maxime Mercurium colunt. Hujus sunt plurima simulacra : hunc omnium inventorem artium ferunt, hunc viarum atque itinerum ducem, hunc ad quæstus pecuniæ mercaturasque habere vim maximam arbitrantur. Post hunc, Apollinem, et Martem, et Jovem, et Minervam. De his eamdem fere, quam reliquæ gentes, habent opinionem : Apollinem morbos depellere; Minervam operum atque artificiorum initia transdere; Jovem imperium cœlestium tenere; Martem bella regere. Huic, quum prœlio dimicare constituerunt, ea, quæ bello ceperint, plerumque devovent. Quæ superaverint, animalia capta immolant : reliquas res in unum locum conferunt. Multis in civitatibus harum rerum exstructos tumulos locis consecratis conspicari licet : neque sæpe accidit, ut, neglecta quispiam religione, aut capta apud se occultare, aut posita tollere auderet; gravissimumque ei rei supplicium cum cruciatu constitutum est.

XVIII. Galli se omnes ab Dite patre prognatos prædicant; idque ab druidibus proditum dicunt. Ob eam

la vie d'un homme ne peut être rachetée auprès des dieux
immortels, que par la vie d'un autre homme : ces sortes
de sacrifices sont même d'institution publique. Quelquefois on remplit d'hommes vivans des espèces de manne-
quins tissus en osier et d'une hauteur colossale; l'on y
met le feu, et les victimes périssent étouffées par la
flamme. Ils jugent plus agréable aux dieux le supplice de
ceux qui sont convaincus de vol, de brigandage ou de
quelque autre crime; mais, lorsque les coupables manquent, ils y dévouent des innocens.

XVII. Mercure est le premier de leurs dieux, et ils
lui élèvent un grand nombre de statues. Ils le regardent
comme l'inventeur de tous les arts, comme le guide
des voyageurs : c'est encore le protecteur du commerce.
Après lui, ils adorent Apollon, Mars, Jupiter et Minerve. Ils ont de ces divinités à peu près les mêmes idées
que les autres nations. Apollon guérit les maladies,
Minerve enseigne les élémens des arts, Jupiter est le
maître du ciel, Mars l'arbitre de la guerre. Souvent,
quand ils ont résolu de combattre, ils font vœu de con-
sacrer à Mars les dépouilles de l'ennemi; et, après la
victoire, ils immolent le bétail qu'ils ont pris. Le reste
est déposé dans des lieux consacrés, et en beaucoup de
villes l'on peut voir de ces espèces de trophées. Il n'arrive guère qu'un Gaulois ose, au mépris de la religion,
détourner une partie du butin, ou ravir quelque chose
de ces dépôts. Les plus cruelles tortures sont réservées
à un tel crime.

XVIII. Les Gaulois se vantent d'être issus de Pluton;
c'est une tradition qu'ils tiennent des druides. C'est pour

causam spatia omnis temporis non numero dierum, sed
noctium, finiunt : dies natales, et mensium et annorum
initia sic observant, ut noctem dies subsequatur. In reliquis vitæ institutis hoc fere ab reliquis differunt, quod
suos liberos, nisi quum adoleverint, ut munus militiæ
sustinere possint, palam ad se adire non patiuntur;
filiumque puerili ætate in publico, in conspectu patris,
assistere, turpe ducunt.

XIX. Viri, quantas pecunias ab uxoribus dotis nomine acceperunt, tantas ex suis bonis, æstimatione facta,
cum dotibus communicant. Hujus omnis pecuniæ con-
junctim ratio habetur, fructusque servantur : uter eorum
vita superarit, ad eum pars utriusque cum fructibus superiorum temporum pervenit. Viri in uxores, sicut in
liberos, vitæ necisque habent potestatem : et quum pater familiæ, illustriori loco natus, decessit, ejus propinqui conveniunt, et, de morte si res in suspicionem venit, de uxoribus in servilem modum quæstionem habent,
et, si compertum est, igni atque omnibus tormentis ex-
cruciatas interficiunt. Funera sunt pro cultu Gallorum
magnifica et sumptuosa; omniaque, quæ vivis cordi fuisse
arbitrantur, in ignem inferunt, etiam animalia : ac paulo
supra hanc memoriam servi et clientes, quos ab iis di-
lectos esse constabat, justis funeribus confectis, una cre-
mabantur.

XX. Quæ civitates commodius suam rempublicam ad-
ministrare existimantur, habent legibus sanctum, si quis

cette raison qu'ils mesurent le temps par le nombre des
nuits [17], et non par celui des jours. Ils calculent les jours
de naissance, ainsi que le commencement des mois et
des années, en choisissant la nuit pour point de départ.
Dans les autres usages de la vie, ils diffèrent des autres
nations par une coutume particulière : c'est de ne pas
permettre à leurs enfans de les aborder en public, avant
l'âge où ils sont capables du service militaire; ce serait
une honte pour un père de recevoir publiquement auprès
de lui son fils en bas âge.

XIX. Les hommes mettent en communauté, avec la
somme d'argent qu'ils reçoivent de leurs femmes à titre
de dot, une somme égale à cette dot. L'estimation en est
faite. On dresse de part et d'autre un état de ce capital,
et l'on en réserve les intérêts. Celui des deux époux qui
survit a la part de l'un et de l'autre, avec les intérêts
accumulés. Les hommes ont droit de vie et de mort sur
leurs femmes et sur leurs enfans : lorsqu'un père de famille d'une haute naissance vient à mourir, ses proches
s'assemblent : s'ils ont quelque soupçon sur sa mort, ses
femmes sont mises à la question comme les esclaves; si
le crime est prouvé, elles sont livrées au feu et aux plus
cruels tourmens. Les funérailles, relativement à la civilisation des Gaulois, sont magnifiques et somptueuses. Tout
ce que le défunt a chéri pendant sa vie, on le brûle après
sa mort, même les animaux : il y a peu de temps encore,
pour lui rendre des honneurs complets, on brûlait ensemble les esclaves et les cliens qu'il avait aimés.

XX. Parmi les cités qui passent pour les plus habiles
dans l'art d'administrer leurs affaires, c'est une loi sacrée

quid de republica a finitimis rumore ac fama acceperit,
uti ad magistratum deferat, neve cum quo alio commu-
nicet; quod sæpe homines temerarios atque imperitos
falsis rumoribus terreri, et ad facinus impelli, et de summis rebus consilium capere cognitum est. Magistratus,
quæ visa sunt, occultant; quæque esse ex usu judicave-
rint, multitudini produnt : de republica, nisi per concilium, loqui non conceditur.

XXI. Germani multum ab hac consuetudine differunt : nam neque druides habent, qui rebus divinis præsint, neque sacrificiis student. Deorum numero eos solos
ducunt, quos cernunt, et quorum aperte opibus juvan-
tur, Solem, et Vulcanum, et Lunam : reliquos ne fama
quidem acceperunt. Vita omnis in venationibus atque in
studiis rei militaris consistit : ab parvulis labori ac du-
ritiæ student. Qui diutissime impuberes permanserunt,
maximam inter suos ferunt laudem : hoc ali staturam,
ali hoc vires, nervosque confirmari, putant. Intra annum vero vicesimum feminæ notitiam habuisse, in tur-
pissimis habent rebus : cujus rei nulla est occultatio,
quod et promiscue in fluminibus perluuntur, et pellibus
aut parvis rhenonum tegimentis utuntur, magna corporis parte nuda.

XXII. Agriculturæ non student; majorque pars victus eorum in lacte, caseo, carne consistit : neque quisquam agri modum certum aut fines habet proprios; sed
magistratus ac principes in annos singulos gentibus cog-
nationibusque hominum, qui una coierunt, quantum, et

que celui qui apprend, soit de ses voisins, soit par le bruit public, quelque nouvelle qui intéresse la cité, doit en avertir le magistrat sans en faire part à aucun autre. Ils savent que souvent des hommes imprudens et inhabiles s'effraient de fausses rumeurs, se portent à des excès, et prennent des résolutions extrêmes. Les magistrats cachent ce qu'ils jugent convenable, et ne découvrent à la multitude que ce qu'il est utile de lui dire. Il n'est permis de parler sur les affaires publiques qu'en assemblée générale.

XXI. Les mœurs des Germains sont très-différentes. Ils n'ont ni druides qui président à la religion, ni sacrifices. Ils ne mettent au nombre des dieux, que ceux qu'ils voient et dont ils ressentent manifestement les bienfaits, le soleil, le feu, la lune; ils n'ont pas la moindre notion des autres. Toute leur vie se passe à la chasse et dans les exercices de la guerre : ils s'endurcissent dès l'enfance au travail et à la fatigue. Ils estiment fort une puberté tardive, persuadés que le corps en devient plus robuste, et les nerfs plus vigoureux. C'est une honte parmi eux d'avoir connu les femmes avant l'âge de vingt ans : ce qui ne peut demeurer caché; car ils se baignent pêle-mêle dans les fleuves, et ne se couvrent que de peaux de renne ou de vêtemens fort courts, qui laissent à nu la plus grande partie de leur corps.

XXII. Ils s'adonnent peu à l'agriculture, et ne vivent guère que de lait, de fromage et de chair. Nul n'a chez eux de champs limités, ni de terrain qui lui appartienne en propre; mais tous les ans les magistrats et les principaux chefs assignent partout où il leur plaît, à chaque fa-

quo loco visum est, agri attribuunt, atque anno post
alio transire cogunt. Ejus rei multas afferunt causas :
ne, assidua consuetudine capti, studium belli gerundi
agricultura commutent; ne latos fines parare studeant,
potentioresque humiliores possessionibus expellant; ne
accuratius, ad frigora atque æstus vitandos, ædificent;
ne qua oriatur pecuniæ cupiditas, qua ex re factiones
dissensionesque nascuntur; ut animi æquitate plebem
contineant, quum suas quisque opes cum potentissimis
æquari videat.

XXIII. Civitatibus maxima laus est, quam latissimas
circum se vastatis finibus solitudines habere. Hoc pro-
prium virtutis existimant, expulsos agris finitimos cedere, neque quemquam prope audere consistere : simul
hoc se fore tutiores arbitrantur, repentinæ incursionis
timore sublato. Quum bellum civitas aut illatum defendit, aut infert, magistratus, qui ei bello præsint, ut vitæ
necisque habeant potestatem, deliguntur. In pace nullus
communis est magistratus; sed principes regionum atque pagorum inter suos jus dicunt, controversiasque
minuunt. Latrocinia nullam habent infamiam, quæ extra fines cujusque civitatis fiunt; atque ea juventutis exer-
cendæ ac desidiæ minuendæ causa fieri prædicant. Atque
ubi quis ex principibus in concilio dixit, se ducem fore,
qui sequi velint, profiteantur, consurgunt ii, qui et causam et hominem probant, suumque auxilium pollicentur, atque ab multitudine collaudantur : qui ex iis secuti
non sunt, in desertorum ac proditorum numero ducun-
tur, omniumque iis rerum postea fides derogatur. Hos-

mille vivant en société commune, une suffisante étendue de terre, et l'année suivante, ils l'obligent de passer ailleurs. Ils allèguent plusieurs raisons de cet usage [18]. Ils craindraient que la longue habitude des travaux champêtres ne fît négliger les armes ; chacun songerait à étendre ses possessions, et les plus forts dépouilleraient les faibles ; on se garantirait de la saison par des habitations plus commodes ; avec l'amour des richesses naîtraient les factions et les discordes : le sentiment de l'égalité maintient la paix parmi le peuple, qui se voit avec plaisir aussi riche que les plus puissans.

XXIII. C'est pour ces peuples le plus beau titre de gloire, de n'être environnés que de vastes déserts. Ils regardent comme une marque éclatante de valeur, de chasser au loin leurs voisins, et ne permettent à personne de s'établir auprès d'eux. Ils y trouvent d'ailleurs un moyen de se garantir contre des invasions subites. Lorsqu'un état déclare la guerre, il choisit, pour la diriger, des magistrats qui ont droit de vie et de mort. En temps de paix, il n'y a point de magistrature générale : les principaux habitans des cantons ou des bourgs rendent la justice et arrangent les procès. Le brigandage n'a rien de honteux, s'il se commet hors des limites du pays : c'est, disent-ils, un moyen d'exercer la jeunesse et de bannir l'oisiveté. Lorsque, dans une assemblée, un chef propose une entreprise, et demande qui veut le suivre, ceux auxquels plaisent et l'expédition et le chef, se lèvent, et lui promettent leur assistance : aussitôt la multitude applaudit. Ceux d'entre eux qui l'abandonnent sont regardés comme déserteurs et comme traîtres ; toute

pites violare, fas non putant : qui quaque de causa ad
eos venerint, ab injuria prohibent, sanctosque habent;
iis omnium domus patent, victusque communicatur.

XXIV. Ac fuit antea tempus, quum Germanos Galli
virtute superarent, ultro bella inferrent, propter hominum multitudinem agrique inopiam trans Rhenum colo-
nias mitterent. Itaque ea, quæ fertilissima sunt, Germaniæ loca circum Hercyniam silvam (quam Eratostheni
et quibusdam Græcis fama notam esse video, quam illi
Orcyniam appellant), Volcæ Tectosages occupaverunt,
atque ibi consederunt. Quæ gens ad hoc tempus iis sedibus sese continet, summamque habet justitiæ et bellicæ
laudis opinionem : nunc quoque in eadem inopia, eges-
tate, patientia, qua Germani, permanent, eodem victu
et cultu corporis utuntur. Gallis autem Provinciæ pro-
pinquitas, et transmarinarum rerum notitia, multa ad
copiam atque usus largitur. Paulatim assuefacti superari, multisque victi prœliis, ne se quidem ipsi cum illis virtute comparant.

XXV. Hujus Hercyniæ silvæ, quæ supra demonstrata
est, latitudo novem dierum iter expedito patet : non
enim aliter finiri potest, neque mensuras itinerum noverunt. Oritur ab Helvetiorum, et Nemetum, et Rauracorum finibus, rectaque fluminis Danubii regione pertinet ad fines Dacorum et Anartium : hinc se flectit sinis-
trorsus, diversis ab flumine regionibus, multarumque

confiance leur est désormais refusée. Chez eux le droit
d'hospitalité est sacré. Quiconque vient les implorer est
garanti de toute insulte, et trouve auprès d'eux un asile
inviolable : toutes les maisons lui sont ouvertes ; on partage les vivres avec lui.

XXIV. Il fut un temps où les Gaulois surpassaient
les Germains en valeur, portaient la guerre chez eux, et
envoyaient au delà du Rhin des colonies, pour soulager
leur territoire d'un excédant de population. C'est ainsi
que les Volques-Tectosages [19] vinrent se fixer dans les contrées les plus fertiles de la Germanie, près de la forêt Hercynie [20], qui paraît avoir été connue d'Ératosthène [21] et
de quelques autres Grecs, sous le nom d'Orcynie. Cette
nation s'y est maintenue jusqu'à ce jour, et jouit d'une
grande réputation de justice et de valeur. Aujourd'hui
encore ses habitans vivent dans la même pauvreté, la
même indigence, la même frugalité que les Germains :
ils ont adopté leur genre de vie et leur costume. Quant
aux Gaulois, le voisinage de la Province [22], et le commerce maritime, leur ont fait connaître l'abondance et
les jouissances du luxe. Accoutumés peu à peu à se laisser
battre, vaincus dans un grand nombre de combats, ils
n'osent plus eux-mêmes se comparer aux Germains.

XXV. La largeur de cette forêt d'Hercynie est de
neuf longues journées de marche, et ne peut être déter-
minée autrement, nos mesures itinéraires n'étant point
connues des Germains. Cette forêt commence aux frontières des Helvétiens [23], des Némètes [24] et des Rauraques [25], et s'étend le long du Danube jusqu'aux pays des
Daces [26] et des Anartes [27] : de là elle tourne sur la gauche,

gentium fines propter magnitudinem attingit : neque
quisquam est hujus Germaniæ, qui se aut adisse ad initium ejus silvæ dicat, quum dierum iter LX processerit,
aut, quo ex loco oriatur, acceperit. Multa in ea genera
ferarum nasci constat, quæ reliquis in locis visa non sint :
ex quibus quæ maxime differant ab ceteris, et memoriæ
prodenda videantur, hæc sunt.

XXVI. Est bos cervi figura, cujus a media fronte inter aures unum cornu exsistit, excelsius magisque di-
rectum his, quæ nobis nota sunt, cornibus. Ab ejus
summo, sicut palmæ, rami quam late diffunduntur. Eadem est feminæ marisque natura, eadem forma magni-
tudoque cornuum.

XXVII. Sunt item, quæ appellantur alces. Harum
est consimilis capris figura, et varietas pellium; sed magnitudine paulo antecedunt, mutilæque sunt cornibus, et
crura sine nodis articulisque habent; neque quietis causa
procumbunt, neque, si quo afflictæ casu conciderint,
erigere sese aut sublevare possunt. His sunt arbores pro
cubilibus : ad eas se applicant, atque ita, paulum modo
reclinatæ, quietem capiunt : quarum ex vestigiis quum est
animadversum a venatoribus, quo se recipere consuerint,
omnes eo loco aut a radicibus subruunt, aut accidunt arbores tantum, ut summa species earum stantium relinquatur. Huc quum se consuetudine reclinaverint, infir-
mas arbores pondere affligunt, atque una ipsæ concidunt.

XXVIII. Tertium est genus eorum, qui uri appellantur. Hi sunt magnitudine paulo infra elephantos; specie, et colore, et figura tauri. Magna vis est eorum, et

en s'éloignant du fleuve, et par sa vaste étendue borde
le territoire de plusieurs peuples. Il n'est point de Germain qui, après soixante jours de marche, puisse dire
où elle finit, ni savoir où elle commence. On assure
qu'elle renferme plusieurs espèces d'animaux sauvages
qu'on ne voit pas ailleurs. Voici celles qui diffèrent le
plus des autres, et qui paraissent le plus remarquables.

XXVI. D'abord une espèce de bœuf[28], de la forme
d'un cerf, portant au milieu du front, entre les oreilles,
une seule corne, plus élevée et plus droite que celles qui
nous sont connues : cette corne se partage, à son sommet,
en rameaux semblables à des palmes. La femelle est de
même nature que le mâle : la forme et la grandeur de
leur bois est la même.

XXVII. Il y a une autre espèce d'animaux, qu'on
nomme élans[29]. Ils ont la forme d'une chèvre, mais la
peau tachetée et la taille un peu plus haute : ils n'ont
point de cornes, point d'articulations aux jambes : ils ne
se couchent point pour dormir, et s'ils tombent, ils ne
peuvent se soulever ni se redresser : les arbres leur servent de lit; ils s'appuient contre l'écorce et se repo-
sent en s'inclinant un peu. Lorsqu'on découvre à leurs
traces les lieux qu'ils fréquentent, le chasseur déracine
les arbres ou les scie de manière qu'ils puissent encore se
soutenir debout. L'animal venant s'y appuyer, selon sa
coutume, les fait fléchir par son poids, et tombe.

XXVIII. Une troisième espèce est l'urus, sorte de
bœuf sauvage[30], un peu moindre que l'éléphant : sa couleur et ses formes sont celles de nos taureaux. La force

magna velocitas : neque homini, neque feræ, quam con-
spexerint, parcunt. Hos studiose foveis captos interficiunt. Hoc se labore durant homines adolescentes, atque hoc genere venationis exercent; et, qui plurimos
ex his interfecerunt, relatis in publicum cornibus, quæ
sint testimonio, magnam ferunt laudem. Sed assuescere
ad homines et mansuefieri, ne parvuli quidem excepti,
possunt. Amplitudo cornuum, et figura, et species, multum a nostrorum boum cornibus differt. Hæc studiose
conquisita ab labris argento circumcludunt, atque in am-
plissimis epulis pro poculis utuntur.

XXIX. Cæsar, postquam per Ubios exploratores comperit, Suevos sese in silvas recepisse, inopiam frumenti
veritus, quod, ut supra demonstravimus, minime omnes Germani agriculturæ student, constituit, non progredi longius; sed, ne omnino metum reditus sui barbaris tolleret, atque ut eorum auxilia tardaret, reducto
exercitu, partem ultimam pontis, quæ ripas Ubiorum
contingebat, in longitudinem pedum cc rescindit; atque
in extremo ponte turrim tabulatorum quatuor constituit,
præsidiumque cohortium xii pontis tuendi causa ponit,
magnisque eum locum munitionibus firmat. Ei loco præsidioque C. Volcatium Tullum adolescentem præfecit.
Ipse, quum maturescere frumenta inciperent, ad bellum
Ambiorigis profectus (per Arduennam silvam, quæ est
totius Galliæ maxima, atque ab ripis Rheni finibusque
Trevirorum ad Nervios pertinet, millibusque amplius d
in longitudinem patet), L. Minucium Basilum cum omni

et la vitesse de ces animaux sont prodigieuses. Rien de
ce qu'ils aperçoivent, hommes ou bêtes, ne peut leur
échapper. On les tue en les prenant dans des fosses
préparées avec soin. Ce genre de chasse est pour les
jeunes gens un exercice qui les endurcit à la fatigue.
Ceux qui ont tué le plus de ces animaux en apportent
les cornes en public, et reçoivent de grands éloges.
On ne peut les apprivoiser, même dans le jeune âge.
La grandeur, la forme, et l'espèce de leurs cornes, diffèrent beaucoup de celles de nos bœufs. Elles sont avidement recherchées; les Germains les garnissent d'argent
sur les bords, et en font des coupes pour les festins so-
lennels.

XXIX. César, informé par les éclaireurs Ubiens [31]
que les Suèves s'étaient retirés dans leurs forêts, résolut
de ne pas aller plus avant, de peur de manquer de vivres;
car on a vu que l'agriculture est fort négligée chez tous
les Germains. Cependant, pour laisser aux barbares la
crainte de son retour, et arrêter les renforts qu'ils pourraient envoyer à ses ennemis, il fit, en repassant le fleuve,
couper deux cents pieds du pont du côté de la rive des
Ubiens; et, à l'extrémité opposée, vers la Gaule, il éleva
une tour à quatre étages, laissa une garde de douze cohortes, et fortifia ce lieu par de nombreux retranchemens. Il
en donna le commandement au jeune C. Volcatius Tullus.
Les blés commençant à mûrir, il part lui-même contre
Ambiorix, à travers la forêt des Ardennes, la plus grande
de toute la Gaule, et qui s'étend depuis les rives du Rhin
et le pays des Trévires, jusqu'à celui des Nerviens, dans
un espace de plus de cinq cents milles. Il envoya en avant

equitatu præmittit, si quid celeritate itineris atque opportunitate temporis proficere possit : monet, ut ignes
fieri in castris prohibeat, ne qua ejus adventus procul
significatio fiat : sese confestim subsequi dicit.

XXX. Basilus, ut imperatum est, facit : celeriter
contraque omnium opinionem confecto itinere, multos
in agris inopinantes deprehendit; eorum indicio ad ipsum Ambiorigem contendit, quo in loco cum paucis
equitibus esse dicebatur. Multum quum in omnibus rebus, tum in re militari potest fortuna. Nam sicut magno
accidit casu, ut in ipsum incautum atque etiam im-
paratum incideret, priusque ejus adventus ab hominibus videretur, quam fama ac nuntiis afferretur, sic magnæ
fuit fortunæ, omni militari instrumento, quod circum
se habebat, erepto, rhedis equisque comprehensis, ipsum effugere mortem. Sed hoc eo factum est, quod,
ædificio circumdato silva (ut sunt fere domicilia Gallorum, qui, vitandi æstus causa, plerumque silvarum ac
fluminum petunt propinquitates), comites familiaresque
ejus angusto in loco paulisper equitum nostrorum vim
sustinuerunt. His pugnantibus, illum in equum quidam
ex suis intulit : fugientem silvæ texerunt. Sic et ad subeun-
dum periculum, et ad vitandum, multum fortuna valuit.

XXXI. Ambiorix copias suas judicione non conduxe-
rit, quod prœlio dimicandum non existimarit, an tempore
exclusus, et repentino equitum adventu prohibitus fuerit, quum reliquum exercitum subsequi crederet, dubium
est : sed certe, clam dimissis per agros nuntiis, sibi quemque consulere jussit : quorum pars in Arduennam sil-

L. Minucius Basilus [32], avec toute la cavalerie, espérant que sa diligence pourrait lui offrir quelque occasion favorable. Il l'avertit de ne point allumer de feux dans le camp, afin de ne pas annoncer de loin sa marche, et lui promet de le suivre de près.

XXX. Basilus se conforma à ses ordres, et par une marche aussi prompte qu'inattendue, surprit un grand nombre d'ennemis dans la campagne : sur leur rapport, il alla droit où l'on disait qu'était Ambiorix avec quelques cavaliers. La fortune peut beaucoup à la guerre, comme en toute chose. Car si ce fut un grand hasard de surprendre Ambiorix sans défense, et avant qu'il eût rien appris par des courriers ou par le bruit public, ce fut pour lui un bonheur singulier, qu'après avoir perdu tous ses équipages, armes, chars et chevaux, il ait pu échapper à la mort. Mais il arriva que sa maison étant située dans les bois (comme le sont presque toutes celles des Gaulois, qui, pour éviter la chaleur, cherchent le voisinage des forêts et des fleuves), ses compagnons et ses amis purent soutenir quelque temps, dans un défilé, le choc de notre cavalerie. Pendant cette courte résistance, l'un des siens le mit à cheval, et les bois protégèrent sa fuite. Ainsi, la fortune qui l'avait livré au péril, se plût à l'y soustraire.

XXXI. Ambiorix ne rassembla point ses troupes; on ignore si ce fut à dessein, parce qu'il ne les jugeait pas en état de combattre, ou faute de temps, à cause de l'arrivée subite de notre cavalerie, qu'il crut suivie de toute l'armée. Quoi qu'il en soit, il envoya secrètement des messagers dans les campagnes, pour avertir chacun de

vam, pars in continentes paludes profugit; qui proximi
Oceanum fuerunt, his insulis sese occultaverunt, quas
æstus efficere consuerunt : multi, ex suis finibus egressi,
se suaque omnia alienissimis crediderunt. Cativolcus, rex
dimidiæ partis Eburonum, qui una cum Ambiorige consilium inierat, ætate jam confectus, quum laborem aut
belli aut fugæ ferre non posset, omnibus precibus de-
testatus Ambiorigem, qui ejus consilii auctor fuisset,
taxo, cujus magna in Gallia Germaniaque copia est, se
exanimavit.

XXXII. Segni Condrusique, ex gente et numero Germanorum, qui sunt inter Eburones Trevirosque, legatos
ad Cæsarem miserunt, oratum, ne se in hostium numero duceret, neve omnium Germanorum, qui essent
citra Rhenum, unam esse causam judicaret : nihil se de
bello cogitasse, nulla Ambiorigi auxilia misisse. Cæsar,
explorata re quæstione captivorum, si qui ad eos Eburones ex fuga convenissent, ut ad se reducerentur, imperavit : si ita fecissent, fines eorum se violaturum ne-
gavit. Tum copiis in tres partes distributis, impedimenta
omnium legionum Aduatucam contulit. Id castelli nomen est. Hoc fere est in mediis Eburonum finibus, ubi
Titurius atque Aurunculeius hiemandi causa consederant. Hunc quum reliquis rebus locum probabat, tum
quod superioris anni munitiones integræ manebant, ut
militum laborem sublevaret. Præsidio impedimentis legionem xiv reliquit, unam ex iis tribus, quas proxime
conscriptas ex Italia transduxerat. Ei legioni castrisque

pourvoir à sa sûreté. Les uns se réfugièrent dans les Ardennes, les autres dans les marais : ceux qui étaient le
plus près de la mer se cachèrent dans les îles que forment
les marées : plusieurs, quittant leur pays, se fixèrent avec
tous leurs biens en des contrées tout à fait étrangères.
Cativolcus [33], roi de la moitié du pays des Éburons, et
allié d'Ambiorix, se sentant accablé par l'âge, et également incapable de supporter les fatigues de la guerre ou
de la fuite, après avoir chargé d'imprécations Ambiorix,
auteur de l'entreprise, s'empoisonna avec de l'if, arbre
très-commun en Gaule et en Germanie.

XXXII. Les Sègnes [34] et les Condrusiens [35], peuples
germains établis entre les Éburons et les Trévires, députèrent vers César, pour le prier de ne point les mettre au
nombre de ses ennemis, et de ne pas confondre dans une
seule et même cause tous les Germains en deçà du Rhin,
protestant qu'ils n'avaient songé ni à faire la guerre, ni à
secourir Ambiorix. César s'informa du fait auprès des captifs : il ordonna à ces peuples de lui renvoyer les Éburons
qui se seraient réfugiés chez eux, et promit à ce prix de ne
faire aucun dégat sur leur territoire. Il distribua ensuite ses
troupes en trois corps, et envoya le bagage de toutes les
légions à Aduatuce [36]; c'est le nom d'une forteresse située presqu'au milieu du pays des Éburons, où Titurius
et Aurunculeius avaient eu leurs quartiers d'hiver. Cette
position plaisait d'autant plus à César, qu'elle pouvait
épargner beaucoup de travail aux troupes ; car les retranchemens de l'année précédente étaient encore en bon état.
Il laissa, pour la garde des bagages, la quatorzième lé-

Q. Tullium Ciceronem præfecit , ducentosque equites attribuit.

XXXIII. Partito exercitu , T. Labienum cum legioni-bus tribus ad Oceanum versus in eas partes , quæ Mena-pios attingunt, proficisci jubet : C. Trebonium cum pari legionum numero ad eam regionem, quæ Aduatucis adja-cet , depopulandam mittit : ipse cum reliquis tribus ad flumen Scaldim , quod influit in Mosam, extremasque Arduennæ partes ire constituit; quo cum paucis equiti-bus profectum Ambiorigem audiebat. Discedens, post diem septimum sese reversurum, confirmat : quam ad diem ei legioni, quæ in præsidio relinquebatur, frumen-tum deberi sciebat. Labienum Treboniumque hortatur, si reipublicæ commodo facere possint, ad eam diem re-vertantur; ut, rursus communicato consilio, exploratis-que hostium rationibus, aliud belli initium capere possent.

XXXIV. Erat, ut supra demonstravimus, manus certa nulla, non oppidum, non præsidium, quod se armis de-fenderet; sed in omnes partes dispersa multitudo. Ubi cuique aut vallis abdita, aut locus silvestris, aut palus im-pedita spem præsidii aut salutis aliquam offerebat, con-sederat. Hæc loca vicinitatibus erant nota, magnam-que res diligentiam requirebat, non in summa exercitus tuenda (nullum enim poterat universis, ab perterritis ac dispersis, periculum accidere), sed in singulis militibus conservandis; quæ tamen ex parte res ad salutem exer-citus pertinebat. Nam et prædæ cupiditas multos lon-

gion, une des trois qu'il avait levées depuis peu en Italie. Il confia cette légion et le camp à Q. Tullius Cicéron, et lui donna deux cents cavaliers.

XXXIII. César partagea son armée : il envoya T. Labienus, avec trois légions, vers l'Océan, dans le pays qui touche aux Ménapiens : il ordonna à C. Trebonius de marcher avec le même nombre de légions vers les contrées voisines des Aduatuces, et de les ravager. Pour lui, prenant les trois autres, il résolut d'aller vers l'Escaut [37], qui se jette dans la Meuse, et de se rendre à l'extrémité des Ardennes, où l'on disait qu'Ambiorix s'était retiré avec quelque cavalerie. Il annonça, en partant, qu'il serait de retour dans sept jours, époque où l'on devait distribuer les vivres à la légion qui restait pour la garde des bagages. Il engagea Labienus et Trebonius à revenir le même jour, s'ils pouvaient le faire avec avantage, afin de se concerter encore, et de délibérer sur le plan de campagne, après avoir connu les desseins et les forces des ennemis.

XXXIV. Ils n'avaient, comme on l'a déjà dit, nulle troupe réglée, nulle garnison, nulle place en état de défense; ce n'était qu'une multitude éparse. Rencontraient-ils un vallon couvert, un bois épais, un marais inaccessible, qui leur offrît quelque espoir de sûreté ou de salut, ils s'y arrêtaient. Ces retraites étaient connues des habitans voisins. La prudence était nécessaire, non pour protéger le corps de l'armée (réunie elle n'avait rien à craindre de gens effrayés et dispersés), mais pour défendre chaque soldat isolé; ce qui en résultat intéressait l'armée tout entière. L'appât du butin en avait

gius evocabat , et silvæ incertis occultisque itineribus
confertos adire prohibebant. Si negotium confici, stir-
pemque hominum sceleratorum interfici vellet, dimit-
tendæ plures manus, diducendique erant milites : si con-
tinere ad signa manipulos vellet, ut instituta ratio et
consuetudo exercitus romani postulabat, locus ipse erat
præsidio barbaris, neque ex occulto insidiandi et dispersos circumveniendi singulis deerat audacia. At in ejusmodi difficultatibus , quantum diligentia provideri poterat, providebatur; ut potius in nocendo aliquid omitte-
retur, etsi omnium animi ad ulciscendum ardebant, quam
cum aliquo detrimento militum noceretur. Cæsar ad finitimas civitates nuntios dimittit : omnes ad se evocat spe
prædæ, ad diripiendos Eburones, ut potius in silvis
Gallorum vita, quam legionarius miles, periclitetur; simul ut, magna multitudine circumfusa, pro tali facinore, stirps ac nomen civitatis tollatur. Magnus undique numerus celeriter convenit.

XXXV. Hæc in omnibus Eburonum partibus gere-
bantur, diesque appetebat septimus, quem ad diem Cæsar
ad impedimenta legionemque reverti constituerat. Hic,
quantum in bello fortuna possit, et quantos afferat casus, cognosci potuit. Dissipatis ac perterritis hostibus,
ut demonstravimus, manus erat nulla, quæ parvam modo
causam timoris afferret. Trans Rhenum ad Germanos
pervenit fama, diripi Eburones, atque ultro omnes ad
prædam evocari. Cogunt equitum duo millia Sigambri,
qui sunt proximi Rheno, a quibus receptos ex fuga
Tenchtheros atque Usipetes supra docuimus : transeunt

entraîné plusieurs à de longues distances, et l'embarras
des chemins, dans ces forêts épaisses, empêchait de marcher en masse. Si l'on voulait terminer cette guerre, et
exterminer une race de brigands, il fallait diviser l'armée
en nombreux détachemens. Voulait-on, suivant l'ordre et
l'usage des armées romaines, les tenir rassemblées près
de leurs enseignes, la nature même du pays protégeait
les barbares, qui d'ailleurs ne manquaient point d'audace
pour dresser de secrètes embûches ou envelopper nos
soldats dispersés. En des circonstances si difficiles, il fallait user de toutes les ressources de la prudence : il valait
mieux, quel que fût le désir de la vengeance, faire moins
de mal à l'ennemi, que d'exposer les troupes à trop de
périls. César députe vers tous les peuples voisins : il leur
offre l'espoir du butin, et les invite[38] à piller les Éburons, aimant mieux risquer la vie des Gaulois que celle
des légionnaires. Il voulait, par cette immense multitude,
détruire jusqu'au nom d'une nation coupable de tels
crimes. Une foule nombreuse accourut promptement.

XXXV. Tandis que ces choses se passaient sur tous
les points du pays des Éburons, l'on approchait de ce
septième jour où César avait résolu de retourner près
de la légion qui gardait le bagage. On vit alors combien
le hasard a d'influence à la guerre, et quels incidens il
produit. L'ennemi, glacé d'épouvante et dispersé, n'avait
point réuni de troupe capable d'inspirer la moindre
crainte. On apprit bientôt au delà du Rhin, en Germanie, que le territoire des Éburons était livré au pillage, et qu'on appelait tous les peuples à cette proie. Les
Sigambres[39], voisins du fleuve, assemblent deux mille

Rhenum navibus ratibusque, xxx millibus passuum infra eum locum, ubi pons erat perfectus præsidiumque
ab Cæsare relictum : primos Eburonum fines adeunt,
multos ex-fuga dispersos excipiunt, magno pecoris numero, cujus sunt cupidissimi barbari, potiuntur. Invitati præda, longius procedunt. Non hos palus, in bello
latrociniisque natos, non silvæ morantur : quibus in locis sit Cæsar, ex captivis quærunt; profectum longius
reperiunt, omnemque exercitum discessisse cognoscunt.
Atque unus ex captivis, « Quid vos, inquit, hanc mise-
ram ac tenuem sectamini prædam, quibus licet jam esse
fortunatissimis ? Tribus horis Aduatucam venire potes-
tis : huc omnes suas fortunas exercitus Romanorum contulit : præsidii tantum est, ut ne murus quidem cingi
possit, neque quisquam egredi extra munitiones audeat. » Oblata spe, Germani, quam nacti erant prædam,
in occulto relinquunt; ipsi Aduatucam contendunt, usi
eodem duce, cujus hæc indicio cognoverant.

XXXVI. Cicero, qui per omnes superiores dies præ-
ceptis Cæsaris summa diligentia milites in castris conti-
nuisset, ac ne calonem quidem quemquam extra munitionem egredi passus esset, septimo die diffidens, de numero
dierum Cæsarem fidem servaturum, quod longius eum
progressum audiebat, neque ulla de ejus reditu fama af-
ferebatur, simul eorum permotus vocibus, qui illius pa-
tientiam pæne obsessionem appellabant, si quidem ex
castris egredi non liceret, nullum ejusmodi casum exspectans, quo, novem oppositis legionibus maximoque

chevaux : ils avaient, comme nous l'avons vu, recueilli
dans leur fuite les Usipètes et les Tenchthères : ils passent le Rhin sur des radeaux et des barques, à trente
mille pas au dessous de l'endroit où César avait jeté un
pont et laissé une garde. Ils entrent sur les frontières
des Éburons, ramassent une foule de fuyards, et se jettent avidement sur un bétail nombreux. L'appât du
butin les entraîne : nourris au sein de la guerre et du
brigandage, ils ne sont arrêtés, ni par les marais, ni
par les bois : ils s'informent des prisonniers en quels
lieux est César : on leur répond qu'il s'est éloigné avec
toute l'armée. Puis un des captifs s'écrie : « Pourquoi
vous arrêter à une proie si mince et si chétive, quand la
fortune s'offre à vous? en trois heures vous pouvez être
devant Aduatuce : là sont déposées les richesses des
Romains : la garnison est si faible qu'elle ne suffirait pas
à border le rempart, et que pas un n'oserait sortir des
retranchemens. » Flattés de cet espoir, les Germains cachent le butin qu'ils ont fait, et marchent sur Aduatuce,
guidés par le prisonnier qui leur a donné l'avis.

XXXVI. Cicéron qui, tous les jours précédens, avait,
suivant l'ordre de César, retenu soigneusement les troupes
dans le camp, sans permettre à un seul valet d'en sortir,
le septième jour, n'espérant plus que César revînt au
terme fixé (car on disait qu'il s'était avancé au loin, et l'on
ne parlait pas de son retour), céda aux plaintes du soldat qui blâmait sa patience et disait qu'on était donc
assiégé, puisqu'on n'osait sortir. Persuadé qu'étant couvert par neuf légions et une nombreuse cavalerie, il
n'avait rien à craindre, à trois milles de son camp, d'un

equitatu, dispersis ac pæne deletis hostibus, in millibus passuum iii offendi posset, quinque cohortes frumentatum in proximas segetes misit, quas inter et castra unus omnino collis intererat. Complures erant in castris ex legionibus ægri relicti; ex quibus qui hoc spatio dierum convaluerant, circiter ccc sub vexillo una mittuntur: magna præterea multitudo calonum, magna vis jumentorum, quæ in castris subsederat, facta potestate, sequitur.

XXXVII. Hoc ipso tempore casu Germani equites interveniunt, protinusque eodem illo, quo venerant, cursu ab Decumana porta in castra irrumpere conantur: nec prius sunt visi, objectis ab ea parte silvis, quam castris appropinquarent, usque eo, ut, qui sub vallo tenderent mercatores, recipiendi sui facultatem non haberent. Inopinantes nostri re nova perturbantur, ac vix primum impetum cohors in statione sustinet. Circumfunduntur hostes ex reliquis partibus, si quem aditum reperire possent. Ægre nostri portas tuentur, reliquos aditus locus ipse per se munitioque defendit. Totis trepidatur castris, atque alius ex alio causam tumultus quærit: neque quo signa ferantur, neque quam in partem quisque conveniat, provident. Alius capta jam castra pronuntiat; alius, deleto exercitu atque imperatore, victores barbaros venisse contendit: plerique novas sibi ex loco religiones fingunt, Cottæque et Titurii calamitatem, qui in eodem occiderint castello, ante oculos ponunt. Tali timore omnibus perterritis, confirmatur opinio barbaris, ut ex captivo audierant, nullum esse intus præsidium. Perrum-

ennemi dispersé et presque détruit, il envoie cinq cohortes couper des blés dans la campagne la plus voisine,
dont une colline seulement le séparait. César avait laissé
des malades de diverses légions : trois cents environ,
qui s'étaient rétablis dans l'intervalle, sortirent ensemble
sous une même enseigne. Une foule de valets eurent la
permission de suivre avec un grand nombre de chevaux
laissés au camp.

XXXVII. En ce moment la cavalerie des Germains
arrive, et, sans faire halte, essaie de pénétrer dans le
camp par la porte Décumane : les bois qui couvraient
cette partie avaient dérobé leur marche : on ne les vit
que près du camp, et les marchands, dont les tentes
étaient sous le rempart, n'eurent pas même le temps de
rentrer. Les nôtres sont surpris et se troublent; la cohorte de garde soutient à peine le premier choc. L'ennemi se répand à l'entour, et cherche un passage. Nos
soldats peuvent à peine défendre les portes : les autres
issues étaient garanties par leur position et par les retranchemens; l'alarme est partout : on se demande la cause
du tumulte; l'on ne pense ni à déterminer le lieu où l'on
doit porter les enseignes, ni à marquer le poste que chacun
doit occuper : l'un dit que le camp est pris; l'autre, que le
général a péri avec l'armée, et que les barbares reviennent
victorieux : la plupart se font tout à coup, sur la nature du
lieu, des idées superstitieuses, et se rappellent la catastro-
phe de Cotta et de Titurius [40], tués dans le même camp.
La frayeur générale semble confirmer aux barbares le récit

pere nituntur, seque ipsi adhortantur, ne tantam fortunam ex manibus dimittant.

XXXVIII. Erat æger in præsidio relictus P. Sextius
Baculus, qui primum pilum ad Cæsarem duxerat, cujus
mentionem superioribus prœliis fecimus, ac diem jam
quintum cibo caruerat. Hic, diffisus suæ atque omnium
saluti, inermis ex tabernaculo prodit : videt imminere
hostes, atque in summo esse rem discrimine : capit arma
a proximis, atque in porta consistit. Consequuntur hunc
centuriones ejus cohortis, quæ in statione erat : paulisper una prœlium sustinent. Relinquit animus Sextium,
gravibus acceptis vulneribus : ægre, per manus trac-
tus, servatur. Hoc spatio interposito, reliqui sese confirmant tantum, ut in munitionibus consistere audeant,
speciemque defensorum præbeant.

XXXIX. Interim confecta frumentatione, milites nostri clamorem exaudiunt : præcurrunt equites, quanto
res sit in periculo, cognoscunt. Hic vero nulla munitio
est, quæ perterritos recipiat : modo conscripti, atque
usus militaris imperiti, ad tribunum militum centurio-
nesque ora convertunt : quid ab his præcipiatur, exspec-
tant. Nemo est tam fortis, quin rei novitate perturbetur.
Barbari, signa procul conspicati, oppugnatione desistunt : redisse primo legiones credunt, quas longius discessisse ex captivis cognoverant : postea, despecta pau-
citate, ex omnibus partibus impetum faciunt.

du captif; ils se persuadent que la place est sans défense; ils s'efforcent de pénétrer, et s'exhortent à ne pas
laisser échapper une si belle proie.

XXXVIII. Parmi les malades laissés dans le camp était
P. Sextius Baculus, qui avait servi sous César en qualité
de primipile, et dont nous avons déjà parlé dans le récit des
combats précédens. Depuis cinq jours, il n'avait pas pris
de nourriture. Inquiet sur le salut de tous et sur le sien,
il sort sans armes de sa tente : il voit devant lui l'ennemi
et le péril, se saisit des premières armes qu'il trouve et
se place à une porte. Les centurions de la cohorte qui
était de garde le suivent, et tous ensemble soutiennent
l'attaque pendant quelques instans. Sextius, grièvement
blessé, s'évanouit : on le passe de mains en mains, et on
ne le sauve qu'avec peine. Dans l'intervalle, les autres
se rassurent assez pour rester sur le rempart, et présenter au moins l'apparence d'une défense.

XXXIX. Cependant nos soldats reviennent du fourrage et entendent des cris : la cavalerie prend les de-
vans, et reconnaît le danger. Point de retranchement
qui puisse servir d'abri à leur frayeur. Les soldats nouvellement levés, encore sans expérience de la guerre, se
tournent vers le tribun et les centurions, et attendent
des ordres : les plus braves s'étonnent. Les barbares qui
aperçoivent de loin les enseignes, cessent un instant
l'attaque, croyant que ces légions sont celles que les
captifs disaient fort éloignées; mais bientôt pleins de
mépris pour le petit nombre de ces troupes, ils les attaquent de toutes parts.

XL. Calones in proximum tumulum procurrunt. Hinc celeriter dejecti, se in signa manipulosque conjiciunt : eo magis timidos perterrent milites. Alii, cuneo facto ut celeriter perrumpant, censent, quoniam tam propinqua sint castra; et si pars aliqua circumventa ceciderit, at reliquos servari posse confidunt : alii, ut in jugo consistant, atque eumdem omnes ferant casum. Hoc veteres non probant milites, quos sub vexillo una profectos docuimus. Itaque inter se cohortati, duce C. Trebonio, equite romano, qui eis erat praepositus, per medios hostes perrumpunt, incolumesque ad unum omnes in castra perveniunt. Hos subsecuti calones equitesque eodem impetu, militum virtute servantur. At ii, qui in jugo constiterant, nullo etiam nunc usu rei militaris percepto, neque in eo, quod probaverant, consilio permanere, ut se loco superiore defenderent, neque eam, quam profuisse aliis vim celeritatemque viderant, imitari potuerunt; sed, se in castra recipere conati, iniquum in locum demiserant. Centuriones, quorum nonnulli ex inferioribus ordinibus reliquarum legionum virtutis causa in superiores erant ordines hujus legionis transducti, ne ante partam rei militaris laudem amitterent, fortissime pugnantes conciderunt. Militum pars, horum virtute submotis hostibus, praeter spem incolumis in castra pervenit; pars a barbaris circumventa periit.

XLI. Germani, desperata expugnatione castrorum, quod nostros jam constitisse in munitionibus videbant, cum ea praeda, quam in silvis deposuerant, trans Rhenum sese receperunt. Ac tantus fuit etiam post disces-

XL. Les valets s'enfuient sur une hauteur voisine : chassés de ce poste, ils se replient bientôt sur les rangs et les enseignes, et augmentent la frayeur des soldats. Les uns proposent de se former en triangle, afin de percer jusqu'au camp qu'ils voient si près d'eux, espérant que la perte de quelques hommes pourra sauver le reste. D'autres sont d'avis de rester sur la colline et de courir tous la même fortune. Cet avis n'est pas celui des vieux soldats que nous avons dit s'être réunis sous la même enseigne. Ils s'encouragent mutuellement, partent sous la conduite de leur chef C. Trebonius, chevalier romain, se font jour à travers l'ennemi, et rentrent tous au camp sans perdre un seul homme. Les valets et la cavalerie suivent l'impulsion et doivent leur salut à ce trait de courage. Mais ceux qui s'étaient arrêtés sur la colline, n'ayant encore aucune expérience de l'art militaire, ne surent ni persister à défendre leur poste, ni imiter la vigueur et l'impétuosité des autres : en essayant de gagner le camp, ils s'engagèrent dans un lieu dangereux. Les centurions, dont plusieurs avaient mérité par leur valeur d'être tirés des rangs inférieurs d'autres légions, pour être élevés aux premiers grades de celle-ci, voulant conserver leur ancienne gloire, se firent tuer en combattant : leur courage écarta un instant les ennemis; une partie des soldats put rentrer au camp contre tout espoir; le reste fut enveloppé et périt.

XLI. Les Germains désespérèrent de forcer les retranchemens : nous voyant préparés à nous défendre, ils repassèrent le Rhin avec le butin qu'ils avaient caché dans les bois. Tel était encore l'effroi même après leur

sum hostium terror, ut ea nocte, quum C. Volusenus
missus cum equitatu ad castra venisset, fidem non faceret, adesse cum incolumi Cæsarem exercitu. Sic omnium animos timor præoccupaverat, ut, pæne alienata
mente, deletis omnibus copiis equitatum se ex fuga recepisse, dicerent; neque, incolumi exercitu, Germanos
castra oppugnaturos fuisse, contenderent. Quem timorem Cæsaris adventus sustulit.

XLII. Reversus ille, eventus belli non ignorans, unum,
quod cohortes ex statione et præsidio essent emissæ,
questus, ne minimo quidem casu locum relinqui de-
buisse, multum fortunam in repentino hostium adventu
potuisse judicavit; multo etiam amplius, quod pæne ab
ipso vallo portisque castrorum barbaros avertissent. Quarum omnium rerum maxime admirandum videbatur, quod
Germani, qui eo consilio Rhenum transierant, ut Ambiorigis fines depopularentur, ad castra Romanorum de-
lati, optatissimum Ambiorigi beneficium obtulerant.

XLIII. Cæsar, rursus ad vexandos hostes profectus,
magno coacto numero ex finitimis civitatibus, in omnes
partes dimittit. Omnes vici atque omnia ædificia, quæ
quisque conspexerat, incendebantur: præda ex omnibus
locis agebatur: frumenta non solum a tanta multitudine
jumentorum atque hominum consumebantur, sed etiam
anni tempore atque imbribus procubuerant; ut, si qui
etiam in præsentia se occultassent, tamen iis, deducto
exercitu, rerum omnium inopia pereundum videretur.
Ac sæpe in eum locum ventum est, tanto in omnes partes diviso equitatu, ut modo visum ab se Ambiorigem
in fuga captivi, nec plane etiam abisse ex conspectu

retraite, que la nuit suivante, C. Volusenus étant venu au camp avec la cavalerie, ne pouvait faire croire au retour de César avec toute l'armée. La frayeur possédait et égarait les esprits; elle faisait dire que toutes les légions avaient été détruites, que la cavalerie seule avait échappé par la fuite, et que, si l'armée n'avait rien souffert, les Germains n'auraient jamais attaqué le camp. L'arrivée de César dissipa cette crainte.

XLII. A son retour, celui-ci qui connaissait les chances de la guerre, se plaignit seulement qu'on eût fait sortir les cohortes; on n'aurait pas dû s'exposer au moindre hasard : il jugea que la fortune avait eu grande part à l'arrivée subite des ennemis; et qu'on lui devait plus encore pour avoir repoussé les barbares des portes même du camp. Il s'étonnait surtout que les Germains ayant passé le Rhin dans le dessein de ravager le territoire d'Ambiorix, fussent venus attaquer le camp romain, et rendissent ainsi à Ambiorix le service le plus signalé.

XLIII. César marcha de nouveau à la poursuite des ennemis, et, rassemblant un grand nombre de troupes des états voisins, les envoya sur tous les points. Les bourgs, les habitations devinrent la proie des flammes; tout fut mis au pillage : les hommes et les chevaux consommèrent le blé; les pluies et les orages détruisirent le reste. Le petit nombre de ceux qui échappèrent en se cachant, dut, après le départ des troupes, périr de faim et de misère. La cavalerie parcourait le pays en tous sens : il arrivait souvent que des prisonniers disaient avoir vu Ambiorix dans sa fuite, et assuraient même qu'il ne pouvait être loin : l'espoir de le saisir et de

contenderent, ut, spe consequendi illata, atque infinito labore suscepto, qui se summam a Cæsare gratiam inituros putarent, pæne naturam studio vincerent, semperque paulum ad summam felicitatem defuisse videretur, atque ille latebris aut saltibus se eriperet, et noctu occultatus alias regiones partesque peteret, non majore equitum præsidio, quam quatuor, quibus solis vitam suam committere audebat.

XLIV. Tali modo vastatis regionibus, exercitum Cæsar duarum cohortium damno Durocortorum Remorum reducit, concilioque in eum locum Galliæ indicto, de conjuratione Senonum et Carnutum quæstionem habere instituit; et de Accone, qui princeps ejus consilii fuerat, graviore sententia pronuntiata, more majorum supplicium sumpsit. Nonnulli, judicium veriti, profugerunt : quibus quum aqua atque igni interdixisset, II legiones ad fines Trevirorum, II in Lingonibus, VI reliquas in Senonum finibus Agendici in hibernis collocavit; frumentoque exercitu proviso, ut instituerat, in Italiam ad conventus agendos profectus est.

gagner les bonnes grâces de César faisait supporter des
fatigues infinies et triompher presque de la nature. A
chaque instant on se croyait assez heureux pour l'atteindre; et toujours d'épaisses forêts ou de profondes retraites le dérobaient à toutes les recherches. Il gagna
d'autres régions à la faveur de la nuit, escorté de quatre
cavaliers, les seuls auxquels il osât confier sa vie.

XLIV. Après ces terribles ravages, César ramena à
Durocortore [41], capitale des Rémois, l'armée diminuée de
deux cohortes. Là, ayant convoqué l'assemblée de la Gaule,
il résolut d'informer sur l'affaire des Sénonais [42] et des
Carnutes [43]. Accon [44], chef de la révolte, fut condamné
et exécuté selon les anciens usages. Quelques autres
craignant le même sort prirent la fuite. Après leur avoir
interdit le feu et l'eau, César envoya deux légions en
quartiers d'hiver chez les Trévires, deux chez les Lingons [45], et les six autres chez les Sénonais, à Agendicum.
Ayant pourvu aux vivres, il alla, selon sa coutume, tenir
l'assemblée en Italie [46].

NOTES

1. Caton sentait bien tout le danger de cette conduite. « Ainsi, disait-il, des corps de six mille hommes, avec armes et chevaux, sont des présens d'amitié entre particuliers. » PLUTARQ., trad. de Ricard, *Vie de Caton*.

2. *Voyez* plus haut, liv. V, chap. LIV.

3. *Éburons.* Pays de Liège.

4. *Ménapiens.* Partie de la Flandre maritime et du Brabant.

5. La position de cette rivière est incertaine. Quelques-uns pensent que c'est la Moselle.

6. Frontin, liv. II, rapporte ce stratagême.

7. *Voyez* plus haut, chap. II.

8. Livre V, chap. III, LVI.

9. *Trévires.* Trèves et son territoire.

10. *Ubiens.* Territoire de Cologne.

11. *Suèves.* Peuples de la Souabe.

12. *Baceius.* Position douteuse : le Hartz, selon Cellarius.

13. *Chérusques.* Peut-être dans le Landgraviat de Thuringe, entre Erfurt et Swartzbourg.

14. *Éduens.* Peuple de la Bourgogne méridionale.

15. *Séquaniens.* Les Francs-Comtois.

16. *Rémois.* Territoire de Reims.

17. C'était aussi l'usage des anciens Germains. *Voyez* TACITE, *Germ.*, chap. II.

18. *Voyez* TACITE, *Mœurs des Germ.*, chap. XVI.

19. *Volques-Tectosages.* Peuples du haut Languedoc.

20. *Hercynie.* La forêt Noire.

21. *Ératosthène*, bibliothécaire d'Alexandrie, sous Ptolémée Évergète.

22. La Gaule Narbonnaise.

23. *Helvétiens.* Suisses.

24. *Némètes.* Spire.

25. *Rauraques.* Bâle.

26. *Daces.* Valaques.

27. *Anartes.* Transylvanie.

28. M. Cuvier assure que c'est le rhenne, le *tarandus* des autres auteurs.

29. C'est l'elk ou l'elend des Allemands, notre élan; mais la description est entièrement fausse. *Voyez* CUVIER.

30. Bœufs sauvages. La plupart des naturalistes pensent que c'était l'animal encore appelé *urochs* ou *auer-ochs* par les Allemands. *Voyez* CUVIER.

31. *Ubiens.* Territoire de Cologne.

32. Ce fut un des meurtriers de César.

33. *Voyez* lib. V, chap. XXIV.

34. *Sègnes.* Le Limbourg.

35. *Condrusiens.* Le Condrotz.

36. *Aduatuque.* Tongres.

37. Ceci nous paraît aujourd'hui inexact. L'Escaut se jette dans la mer d'Allemagne.

38. Turpin de Crissé accuse ici César d'imprudence.

39. *Sigambres.* Position incertaine.

40. *Voyez* liv. V, chap. xxxvii, xxxviii, etc.

41. *Durocortore.* Aujourd'hui Reims.

42. *Sénonais.* Sens.

43. *Carnutes.* Pays Chartrain.

44. *Voyez* plus haut, chap. iv.

45. *Lingons.* Langres.

46. C'est-à-dire dans la Gaule Cisalpine.

TABLE

DES MATIÈRES DU TOME I.

GUERRE DES GAULES.

FIN DU PREMIER VOLUME.